3D电视节目创作研究

郭艳民◎主编

中国电影出版社
北京·2013

目录

实践篇

理 论 篇

评 论 篇

前　言

2010年1月4日,《阿凡达》(Avatar)开始在中国上映,人们没有想到,这部电影不仅掀起了人类历史上第三次3D电影创作的高潮,还将这股冲击波延伸到了电视领域。索尼、松下等主要的3D影视设备制造商开始大力推广自己的产品,各电视机生产厂商也将自己的营销重点转向了3D电视,3D电视节目制作和播出试验广泛出现,世界各国不断传出3D电视频道开播的消息。人们对这个并不是全新的"新技术"充满了好奇和期待,甚至有人称,这将成为继声音、色彩之后,第三个彻底改变影视创作本质的因素。

2010年7月,《3D电视节目创作研究》项目获得立项批准,在大多数人们关心3D技术的新发展时,我们的研究方向指向了3D电视节目的创作理念及创作方法,重点研究3D技术在电视节目创作方面带来的影响和变化。

当前3D电视产业发展主要受到技术和商业两大因素的制约,一方面3D电视技术还不够成熟;另一方面绝大多数3D电视实践还没有形成良好的商业运营机制。但是,如果只从这两个因素考虑3D电视的发展,就显得有些目光短浅、未及本质。

3D电视节目能否被广大观众接受,能否为广大观众带来舒适、神奇的视觉效果,不仅取决于3D电视节目制作者的努力,还在很大程度上取决于未来3D电视机功能的进步和完善,3D电视的观众需要根据自己的具体条件(如年龄、立体感知能力、心理承受能力等)对3D电视节目的播出效果(如视差、景深等)进行相应的设定和调节。现在看来,这会使电视节目变得有些类似于"电脑游戏",收视过程显得繁琐和困难,但是,科技的进步很快会使其变得简便、可行,毕竟在一个科技创造奇迹的时代,我们更容易对某种可能性说"是",而要对一种新技术、新事物说"否"则变得很难,需要非常谨慎和小心。

我们认为,现有的技术障碍、商业因素只是影响3D电视发展的阶段性问题,3D眼镜并不是制约人们青睐3D电视的根本因素,3D电视机的迅速降价,使其不再是大众购买力难以承受的奢侈品,裸眼3D电视机也已经开始推向商业市场,未来其售价也会迅速地下降。真正影响3D电视发展的还是内容问题,即3D电视节目的创作问题。哪些题材适合3D电视节目制作?3D电视有哪些2D电视不可比拟的优势?怎样才能使3D电视节目对观众产生足够的吸引力?3D技术会给电视节目创作带来哪些新的理念和方法？当今 3D 电视发展的过程中，面临着哪些问题？其未来发展又将是怎样的趋势和前景？这些才是影响 3D 电视发展的根本问题。

本论文集分为“实践篇”、“理论篇”、“评论篇”三大部分，既包括一些探讨 3D 电视技术的论文，也包括一些研究 3D 电视创作的论文，我们努力从技术和艺术两个方面对 3D 电视进行思考与观照。随着时间的推移，现存的种种技术难题将很快得到解决，而对其创作规律的探索和总结则需要一个较长的过程。

本论文集中的研究成果涉及 3D 动画、3D 广告、3D 体育、3D 晚会、3D 纪录片、3D 影视剧等内容，几乎涵盖了目前 3D 电视节目的全部类型。还有一些文章是关于 3D 电视技术、3D 影视美学、3D 电视事业发展、3D 电视作品评析等论题的研讨，都具有一定的代表性。

至此论文集即将出版付梓之际，该项目的研究已经进行了将近三年，三年时间里，我们从来没有对此研究懒惰和懈怠，然而，3D 电视实践的发展并没有如人们预期的那样迅速和顺利，时光匆匆流逝，3D 电视的发展却还停留在初级阶段，绝大多数业界人士还是专心于 3D 技术的研究和试验，3D 电视节目的播出并没有带来收视热潮，3D 试验频道播出的节目尽管给观众带来了一些视觉上的新体验，但是，除了好奇、新鲜、刺激之外，大家也不觉得有太多“非看 3D 不可”的理由。关于 3D 电视的学术研究成果也多集中在技术的探讨上，而缺乏比较“形而上的”艺术、美学理论方面的分析。

今天，我们将自己的阶段性研究成果结集奉献给大家，不敢言领行业之先，只能是抛砖引玉，我们真诚地认为，对于该课题的研究还只是刚刚开始，今后我们将继续关注中外 3D 电视的发展，并对其进行认真、科学地研究。技术与艺术的发展是相辅相成、相互推动的，技术的进步如何带来艺术的嬗变，我们将持续关注。

在本论文集的编写过程中，得到了江苏广播电视总台电视技术部主任薛兵先生和电视技术部综合部主任李世萍女士、深圳广播影视集团技术部主任周汝文先生和副主任李新女士、北京电视台技术部赵博先生和匡奎先生、中国网络电视台 3D 项目负责人金楷先生、江苏电视台国际部董明先生、深圳电视台许悦女士、安徽电视台从晓阳先生的大力支持和帮助，在有关 3D 技术及创作问题上，也曾向石家庄东升数码影音设备有限公司的王东升先生求教，在此一并表示感谢。

郭艳民

2013 年 3 月 12 日　北京

实践篇

3D 电视节目创作研究

世界各地区3D电视频道及其节目播出概况

中国传媒大学电视与新闻学院电视系教授　**郭艳民**
中国传媒大学2011级广播电视专业艺术硕士　**张瑜珂**

【**摘要**】本文全面介绍了当今世界各地区3D电视频道及节目播出情况，亚洲、北美、欧洲是3D电视发展最具代表性的地区，开设了多家3D综合频道和3D专业频道。文章在介绍各个3D频道历史、节目内容及形态的基础上，对世界3D电视的发展现状及未来进行简要分析。本文认为由于影视的生产消费方式不同，因此，3D电视的发展面临更多的现实问题，技术缺憾仍是制约3D电视频道发展的主要因素，3D影视剧、现场演出节目、体育比赛、纪录片、旅游风光等题材节目比较适合3D电视频道制作和播出。

【**关键词**】世界;3D电视频道;概况

作为高清电视之后的新技术产物，3D电视产业目前继续在全球蓬勃发展。市场上3D电视机销量不断增多，人们也越来越需求更多的3D电视节目。自2010年以来，世界各地3D电视频道纷纷开播。目前国际上开播的3D频道，包括上星节目、点播节目或高清频道里的一个栏目，一共是四十多个，其中，欧洲和美国三十多个，在3D电视节目制作和传播领域占据主流。

在2010年各国3D频道起步之时，3D电视节目还仅限于包括足球世界杯在内的体育节目和音乐会等少数内容，而近年来随着越来越多的节目制作商都开始使用3D技术制作出更具创新力的内容，3D电视节目类型正在趋向多元化发展。

大部分的综合性3D电视频道普遍的节目形态有纪录片、电影、体育比赛、艺术表演等节目。此外，还出现了一批各具特色的专业频道，如欧美地区已经开播的文化、体育、野生动物、时装表演等专业性的3D频道。之所以以上类型的3D节目比较多，一方面是因为这几大类的节目比较有动感，适合用3D来表现，尤其是3D体育赛事的直播是目前3D电视推广的重要推动力之一，如欧洲杯、奥运会等3D转播使观众坐在自家的客厅中，也能畅享置身于比赛现场的完美观感，为观众带来身临其境般的视觉盛宴。另一方面来看,国外3D 节目是一种市场化行为,纪录片、体育赛事、艺术表演等娱乐性节目可以筹集到比较多的资金,来维持3D 节目的生产和运营。

下面本文将选取部分国际上重要的3D 频道及3D 电视节目播出情况为大家作一简要介绍。

一、亚洲

在亚洲,日本和韩国的3D 电视节目起步较早。从全球的3D 产业链来分析,日本掌握着约50%的专利,而日本索尼、松下和韩国三星也是全球3D 产业的三家主要企业,在3D 电视节目制作、传输、接收三个环节,这几家企业生产的设备占据市场主导地位,并引领3D 技术的发展潮流,因此,3D 电视的发展与推广的原动力在很大程度上也来自于这三家企业。

(一)韩国

韩国是世界上第一个开通3D 电视频道的国家,一向乐于尝试高科技成果的韩国人,早早地开始享受3D 电视的乐趣。

1. Sky 3D 频道

2010 年1 月1 日,世界上第一家3D 电视频道——Sky 3D 在韩国诞生,开始播出覆盖全国的3D 电视节目,该频道隶属于韩国数字卫星广播公司(Korea Digital Satellite Broadcasting)。这个频道的宣传语是"世界第一 3D 电视频道"。这个频道全天24 小时播出,采用左右格式、1920 × 1080i 为技术解决方案,3D 电视节目内容包括教育节目、动画节目、体育节目、纪录片和文艺节目。2010 年的南非世界杯时播放了25 场3D 版足球比赛。

SKY 3D

图1 韩国 Sky 3D 频道标识

2011 年3 月29 日,韩国数字卫星广播公司更名为KT SkyLife。

2012 年2 月1 日,韩国KT SkyLife 制作的3D 超微距自然纪录片《萤火虫森林》(3D Micro - space)在国际3D学会(International 3D Society,简称I3DS①)主办的第三届3D Creative Arts Awards(该奖项有“3D奥斯卡奖”之称)上荣获“Jury Prize(评委会特别奖)”。《萤火虫森林》是由KT SkyLife的3D电视专业制作团队,在世界率先通过3D超微距及红外线摄影机,将神秘的自然之光“萤火虫的世界”拍摄成3D自然科学纪录片的作品,凭借KT SkyLife纯韩国制作团队自主开发的夜间红外线摄影技术,在拍摄3D超微距纪录片方面备受好评。评委会委员特别指出,“《萤火虫森林》作为一部科学纪录片所展现出来的超微距3D影像为我们奉献了一场视觉盛宴,对学生们来说也是一部教学效果明显的教学资料”。②

2. Sky choice 3D频道

韩国第二个卫星3D电视频道Sky Choice 3D于2011年7月1日推出。该频道是一个按片付费的卫星3D电影频道。主要播放国外3D电影大片,新3D电影大片主要从美国迪士尼公司和环球公司等提供商及批发商引进。已引进的3D电影大片包括动画片《长发公主》、《加勒比海盗4》、《玩具总动员》系列和《爱丽丝梦游仙境》等。Sky Choice 3D频道也播放韩国生产的3D影片。

韩国2011年3D电视节目制作生产量从2010年的75小时增加到200小时,节目内容包括旅游、纪录片、体育、教育、娱乐等。韩国3D电视节目不仅在国内3D频道播出,而且还在海外市场推广,并已销售给日本Sky Perfect JSAT公司和俄罗斯NTV Plus公司等卫星电视运营商。

(二)日本

日本是世界上较早开展3D电视播出的国家之一。

1. BS11 3D频道

2008年开始,BS11卫星频道开始免费播放一些3D电视节目,由卫星电视运营商日本BS放送株式会社提供,每天最多4次播放,播出的节目主要包括一些音乐节目、旅游节目和体育节目。

2. Sukachan 3D169频道

通过收费播放的3D专业频道是Sukachan 3D169频道,2010年6月由日本

---

① 国际3D学会(International 3D Society)是为了推动全世界3D内容产业的发展而由电影及电视等内容制作公司、制作人、技术提供商、策展人、发行人等组成的协会,总部在洛杉矶。2011年10月27日,国际3D学会中国分会在北京成立,该组织成立的目的是通过3D培训教育和评奖等活动推进中国3D影视科技和影视节目内容市场的发展。

② 《KT SkyLife 3D超微距自然纪录片〈萤火虫森林〉荣获2012 I3DS评委会特别奖》,中国产业经济信息网,http://www.cinic.org.cn/site951/hwcj/2012-02-01/532270.shtml。

付费电视平台(卫星电视运营商)Sky Perfec TV! 开通,主要播放电影、体育节目。

配合3D电视播出,日本也有一些3D广告制作,在连续剧方面也做了一些尝试。2011年1月19日,日本有线电视台Sky Perfec TV! 的3D频道开始播放3D连续剧《东京控制》(Tokyo Control)。这部以空中交通管制官为主角的10集电视剧是日本首部3D版连续剧,每集大概60分钟,这部电视剧并不通过蓝光盘的方式发售,而是通过传统的有线电视网络进行广播。该电视剧结束了Sukachan 3D169频道原有"电影+体育"的节目模式。在这部电视剧拍摄之前和过程中都有《阿凡达》的技术指导参与,即便如此,在这样一个连续剧的制作过程当中还是发现了很多要克服的问题。由于存在诸多技术难题,最后的制作周期、成本比预期长了很多,因此,此后很长时间日本国内都没有制作第二部3D电视剧的计划。

日本的索尼公司、松下公司是目前世界上专业3D摄像、转播、后期制作设备的主要生产商,3D电视事业的发展与这两大公司的推动有着密切的关系。然而,就在这两大公司所属的国家并没有出现3D电视频道群雄并起的繁荣景象,这在一定程度上体现了日本人对3D电视技术的谨慎态度,就在他们向全世界积极推销3D电视技术和设备的同时,其自身对其成熟程度却显得并不十分自信,3D电视的未来发展还存在诸多不确定性。

(三)中国

与日、韩相比,中国的3D电视节目发展起步较晚,2012年开播的3D电视试验频道是我国首个立体电视节目综合性试验频道,由中央电视台、北京广播电视台、上海广播电视台、天津广播电视台、江苏广播电视总台和深圳电视台六家单位联合开办,各电视台分栏目制作3D电视节目,中央电视台统一播出。每天播出时间为10:30—24:00,每晚首播4.5小时,重播两次,共播出13.5小时。

3D试验频道

图2　中国3D试验频道标识

3D试验频道的节目主要有文艺节目、体育节目、少儿节目、动画片、纪录片、自然风光片、专题片、影视剧以及重大活动的现场直播(或转播),除六家电视台制作外,主要向国内外3D电视节目、影视剧提供商购片播出。截至目前,该频道已经播出过2012年中央电视台春节联欢晚会、2012年欧洲足球锦标赛、2012年国际乒乓球中国公开赛、2012年伦敦奥运会开闭幕式及多场体育比赛、2013年中央电视台春节联欢晚会、2013年北京电视台环球春晚、2013年东方电视台春晚等较有影响力的节目。虽然中国六家一线电视台联合开播3D试验频道,但是,自制3D电视节目的数量、质量还是存在明显不足,节目重播率较高。此外,开播一年多以来,3D试验频道的赢利机制尚未形成,这在很大程度上制约了该频道的健康良性循环发展。

3D电视节目在中国的接收还远未普及,受到有线电视运营商、高清机顶盒、3D电视机三个主要因素的限制,能够收看3D电视的观众人数还是比较少的。截止2013年初,"根据公开的资料,目前北京歌华、东方有线、河北有线、武汉有线、成都有线、合肥有线、重庆有线、陕西有线、湖南有线等有线运营商先后开通了3D频道、3D回看、3D点播,约覆盖2300万数字电视用户"。[①] 截至2013年3月10日,3D电视试验频道落地单位累计达183家。[②] "按照国家广电总局公布的数字,全国有线电视用户基数为20152万户,那么高清机顶盒用户占全国有线电视用户的6.4%。根据中国年鉴发布的数据,2009年我国大约有4亿1千万户家庭,那么高清机顶盒用户在全国观众中约占3%"。"2012年国内市场共售出电视机约4000万台,3D电视机约占40%,也就是1600万台。再加上2011年及以前的销售量,全国3D电视机保有量约在2000万台上下。""在最理想的情况下,全国有3%的观众能够收看3D电视;如果拥有高清机顶盒、3D电视机、所在有线电视网络传输3D频道三个条件的重合率是50%,那么全国有1.5%的观众具备了收看3D节目的硬件基础。"[③]由于3D电视节目收看对观众的年龄、视力情况、健康情况还有一定的要求,儿童、老人、运动官能欠佳等人群不适合收看3D电视,考虑这些因素,真正的3D电视观众在中国国民中的比例还会进一步下降。

按照中国国家有关电视管理部门的规划,至2015年,计划推出10个3D电视频道,从目前的发展现状来看,要想实现这一目标,还存在较大的难度。

---

① 《3D试验频道开播一年,想看仍然不容易》,科讯广电网,http://bc.tech-ex.com/2013/exclusivenews/29359.html。

② 《中国3D电视试验频道已落地地区》,3D试验频道官网,http://bbs.tv.cn/portal.php?mod=view&aid=36。

③ 《3D试验频道开播一年,想看仍然不容易》,科讯广电网,http://bc.tech-ex.com/2013/exclusivenews/29359.html。

二、北美

(一)美国

美国是全世界电视产业最发达的国家之一,3D 电视频道较多,3D 节目内容较为丰富。

美国最大的直播卫星电视运营商 DirecTV 公司通过与松下、索尼等多家专业公司的合作,迄今已经在其卫星平台上为数以百万计的订户提供了 4 个以上的卫星 3D 电视频道,包括 3net、N3D 、ESPN 3D 以及按次计费的 DirecTV cinema3D、DirecTV On Demand,成为当今世界上提供3D 电视频道最多的付费电视运营商。其竞争对手康姆卡斯特公司(Comcast)、DISH Network 公司也不甘落后,纷纷推出 3D 电视频道。

1. 综合性 3D 频道

DirecTV 公司旗下的 3net、N3D、康姆卡斯特公司(Comcast)旗下的 Xfinity 3D 频道,属于综合性 3D 频道,节目类型较为丰富,多为 3D 纪录片、电影、体育、音乐会、娱乐等类型的节目。

(1)3net 3D 频道

3net 3D 频道由美国 Discovery 传播公司、索尼公司和 IMAX 公司三方合资创办,2011 年 2 月 13 日开播,全天 24 小时播出。目前 3net 频道在 DirecTV 平台上已向美国和加拿大用户家庭播出(亦由天空电视台在英国播出),并不断地增加节目库和首播节目数量。提供全球最丰富的 3D 电视内容库,涵盖最适合 3D 电视的主题,如自然历史、纪实、动作、探险、旅游、历史、超现实、生活、美食、音乐、电影、戏剧等。

图 3　3net 3D 频道标识

依托 Discovery 传播公司的独特优势,在 3net 3D 频道中,纪实、科普类节目是一大重点，多安排在晚间黄金档播出，例如3D电视纪录片《奇景中国》、《深海奇观》和《被遗忘的星球》等，运用全球领先的3D制作技术，拍摄出震撼性的立体画面。3net 3D开播之初，10集3D电视纪录片《奇景中国》首次运用全球领先的3D制作技术，以震撼性的立体画面呈现中国独具特色的自然风光和人文底蕴，用磅礴大气、美轮美奂的镜头记录了包括长城、九寨沟、黄山、张家界、西双版纳、桂林、上海和乌镇、敦煌、云南香格里拉及哈尔滨冰雪节等中国奇景，拍摄了诸如野生大象、莫高窟壁画、冰雪雕制作等难得一见的珍贵画面，为观众带去身临其境般的中国视觉之旅。

2013年初，面对3D电视未来发展前景的争论持续升温，一部分人认为"戴眼镜3D已死"，但3net电视网CEO汤姆·斯格罗夫（Tom Cosgrove）则认为，"2012年全球家庭3D电视增长到72%，已看到去年新售出4100万台新电视机的影响，全世界消费者期待娱乐提供商提供原创3D内容"。"预测2013年3D TV渗透率继续显著增长，而4K发展快于预期，3net Studios正在增加其原创3D和4K制作，与全球市场不断增长的要求同步"。[①] 为此，3net及其制作部门3net Studios加大原创3D节目的制作量，正在制作2部3D真人秀系列节目，还有一批2D/3D同播节目，同时，还制作了3部4K原创纪录片。

（2）N3D频道

N3D是卫星电视运营商DirecTV推出的一个全天24小时播出的3D频道，2010年6月开播，为用户播放高品质的3D体育、音乐、艺术、自然科学等节目。

（3）Xfinity3D频道

美国有线电视运营商康姆卡斯特公司（Comcast）的Xfinity3D频道于2011年2月20日开播，该频道全天24小时播出，播出内容主要为音乐会、体育比赛、电影等。

2. 专业性3D频道

专业性的3D频道主要有体育频道（如ESPN 3D）和电影频道（如DirecTV Cinema 3D）。

（1）ESPN 3D体育频道

美国人素有爱好体育的传统，体育是全国性的休闲活动，其受欢迎的程度是其他休闲活动都无法相比的。体育3D频道如ESPN 3D、MSG 3D等，专注于转播全球各类体育赛事。

---

① 《为家庭3D电视辩护，3net新增3D原创和超高清节目》，立体中国网站，http://60.190.223.167/news/view/2013032710520.html。

图 4　ESPN 3D 频道标识

2010 年 6 月 11 日开始，ESPN 推出了一个新的频道——ESPN 3D，专门用于播出 3D 体育节目，大约每年 3D 直播 85 场体育赛事。ESPN 3D 频道是世界上第一个全天 24 小时播出的 3D 体育频道，它随着 2010 年南非世界杯赛而推出，至 2013 年初可供将近 7000 万用户通过 DirecTV、Comcast、Bright House Networks、Cablevision、时代华纳有线电视（Time Warner Cable）和 Verizon FiOS TV 来接收。国际方面，在澳大利亚也可以收到 ESPN 3D 频道。

ESPN 3D 频道领导 3D 技术潮流，至今已经完成了超过 250 场体育直播及多个体育节目，其中包括：2010 年南非世界杯足球赛（2010 FIFA World Cup）、2011 年 NBA 季后赛和决赛（2011 NBA Playoffs and Finals）、2011 及 2012 年温布尔登网球赛（2011 and 2012 Wimbledon，仅选择中央球场比赛转播）、2012 年大学生篮球联赛（2012 College Basketball College GameDay）、2010—2012 年极限运动会和冬季极限运动会（2010，2011，and 2012 X Games and Winter X Games）、2012 年受欢迎的演播室节目《运动国度》（2012 popular weekday studio show SportsNation，周一至周五播出）等。

从 2011 年 1 月开始每天全天转播全球各类体育赛事的美国 ESPN 3D 频道，通过与英国天空广播公司（BskyB）的合作，推进了该 3D 频道在欧洲的覆盖。

在 ESPN 3D 开播前，2010 年 3 月 24 日，美国的 Cablevision 电视网就推出了 3D 版节目，在其下属的 MSG 有线电视频道播出。这个频道主要播出体育节目，播出的 3D 节目有纽约流浪者队（New York Rangers）与纽约岛人队（New York Islanders）的棒球赛，2010 年大师高尔夫球赛（2010 Masters Tournament）的部分比赛，还和 Yes 电视网合作播出了纽约洋基队（New York Yankees）和西雅图水手队（Seattle Mariners）的棒球比赛。

（2）DirecTV Cinema 3D 电影频道

DirecTV Cinema 3D 频道为观众播放最热门的好莱坞大片、纪录片 3D 版本。

（3）Penthouse 3D 成人频道

2011 年 3 月 1 日，美国的 FriendFinder 网络公司（FriendFinder Networks Inc.）推出了一个覆盖欧洲的 3D 成人频道——Penthouse 3D 频道，值得注意的

是，该频道的播出覆盖范围是整个欧洲地区，它也是第一个覆盖全欧洲的 3D 成人频道。作为全球首个百分之百 3D 内容的成人频道，Penthouse 3D 频道每天晚上 11 时至第二天早上 5 时以加密信号经由 Astra 卫星传送到欧洲各地运营商的电视平台。

3. 3D 点播频道

(1) DirecTV on Demand 点播频道

DirecTV on Demand 频道提供可供观众选择的 3D 电视节目，但点播需要配置一台连接到家里互联网服务的 HD DVR 机顶盒。

(2) Dish Cinema Demand 点播频道

2010 年 12 月 16 日，美国第二大直播卫星电视运营商 Dish Network 公司推出的 Dish Cinema Demand 3D 频道为观众提供 3D 电影点播服务。该项服务允许公司的 HD 订户在自家客厅观看各类卫星直播的热门 3D 电影，获得如同身在电影院的立体感觉。这是 Dish Network 公司应对竞争对手 DirecTV 公司 2010 年 6 月以来启播了 ESPN 3D、N3D、DirecTV Cinema 等多个卫星 3D 电视频道的一项重要举措。为争夺美国 3D 电视市场的份额，Dish Network 公司今后将扩大 Dish Cinema 平台，为观众提供更多的 3D 内容的电影，并与各 3D 内容提供商合作，使公司 HD 订户也可以收看 3D 体育节目。

4. 全球性频道——High TV 3D

美国 High TV 公司提供的 High TV 3D 频道是一个面向全球的 3D 家庭娱乐频道，2011 年 4 月启播。该公司总部设在纽约，并在香港、巴黎、伦敦和新加坡设有办事处。得益于大型的全球生产能力，High TV 3D 频道节目内容涵盖戏剧、喜剧、生活时尚、旅游、烹饪、动画、娱乐、真人秀及好莱坞名人访谈等生活类和娱乐

图 5　HIGH TV 3D 频道标识

类的节目，并拥有一个超过 450 小时的原生优质的 3D 视频库。

High TV 3D 频道是首个面向全球的全天候(每周播放七天,每天播放 24 小时)3D 全高清家庭频道,该频道播出的节目包括了娱乐节目、生活方式类节目、真人秀节目等,用全高清 3D 模式制作和播出。这个频道通过全球八个卫星播放节目,其覆盖范围包括欧洲、亚洲、北欧地区、俄罗斯、南美洲、非洲、中东以及北美。

(二)多米尼加

2012 年 2 月,多米尼加主要的有线电视运营商——Telecable de Tricom 宣布推出拉丁美洲第一个 3D 电视节目包。2012 年 7 月 3 日开始,能够收到的 3D 频道只有 Wild Earth 和 High TV 3D。

三、欧洲

欧洲是世界上 3D 电视发展最快,频道也最多的地区。2010 年被称为"3D 电视元年",英国、法国、葡萄牙、西班牙、卢森堡、德国、俄罗斯、意大利、荷兰等欧洲国家先后共推出了十多个专用的卫星 3D 电视频道播放 3D 电视节目,占全球电视频道总数的一半以上。

欧洲的 3D 电视频道中既有英国 Sky 3D、俄罗斯 NTVPlus3D、德国 Sky 3D、法国 Canal +3DFrance、西班牙 Canal +3DEspana 等综合频道,又有意大利 SkySport3D 频道、荷兰 Brava3D 频道等专业频道(分别播放 3D 体育节目和 3D 文化节目),标志着欧洲 3D 电视节目市场正走向细分化,以更好地满足不同收视群的需求。

(一)英国

1. Sky 3D 频道

2010 年 4 月 3 日,英国天空广播公司(British Sky Broadcasting)推出了有限度的 3D 电视播出服务。通过位于东经 28.2°的 Astra 2A 卫星传输信号,Sky 3D 频道向一千多家装备了天空高清电视盒和 3D 电视的酒吧、俱乐部播出英格兰足球超级联赛的直播比赛。2010 年 10 月 1 日,这个频道的 3D 电视节目发展为包括电影、体育节目、娱乐节目等多种类型内容,Sky 3D 频道也开始进入所有 Sky HD 订户的家庭。

Sky 3D 频道主要播放三类节目:体育赛事、电影、具有创新性的娱乐和艺术表演节目,尤其在对体育赛事上投入了相当大的力量。至 2012 年 7 月,已经为 160 场赛事提供了 3D 直播,其中包括了不少英国足球超级联赛赛事,收看者超过 25 万户。作为 3D 推广的重要一部分,Sky 3D 频道对 2012 年的伦敦奥运会进行了3D的播放，包括开幕式、男子100米决赛、体操、游泳、篮球、皮划艇等体育赛事的3D实况，3D直播赛事每天8个小时，总共超过100小时。

2. BBC HD频道部分播出3D电视节目

BBC对3D电视采取了比较谨慎的态度，到目前为止，并未开设专门的3D电视频道，而是在现有的BBC HD频道进行了一些3D电视节目的播出试验，其中包括3D版温布尔登网球公开赛决赛、3D《舞动奇迹》和3D《古董巡回秀》等。

2012年伦敦奥运会期间，BBC进行了3D电视转播，只包括了开幕式、闭幕式、男子100米决赛还有每日赛事焦点。内容非常有限，主要是资源占用的原因。因为BBC播出的3D电视节目内容通过BBC HD频道播放，所以，插播3D赛事就会失去高清直播其他赛事的机会。

（二）法国

1. Canal + 3D

2011年2月，法国Canal + 电视台推出Canal + 3D频道，该频道并非全天播放3D节目的频道，该频道每月仅会播出一档直播类3D节目，还有一部3D电影。所有Canal + 的用户均可免费收看该3D频道的所有节目。

有资料显示，由于收看用户只有3万户，能够提供的3D节目资源也比较匮乏，所以，Canal +3D频道于2012年1月18日停止播出，但会看实际情况择机恢复3D节目播出。目前，在Canal +电视台的官网上，已经看不到关于其3D频道的信息。

2. Ma Chaine 3D频道

2010年9月，法国有线电视运营商Numeri cable的Ma Chaine 3D频道开播，播出内容包括电影、体育赛事、纪录片等。

3. TF1 3D频道

2010年夏，公共电视服务商法国电视1台的TF1 3D频道开播，播放3D体育类节目。

4. Orange 3D频道

电信运营商Orange的Orange 3D频道于2010年5月通过IPTV试播法国网球公开赛，12月开始正式播出，主要播出体育类节目。

5. Fashion TV HD频道部分播出3D节目

Fashion TV是一家全天24小时播出的聚集时装、美容和时尚生活方式类节目的电视台，节目内容专注于时装表演、后台访问、摄影师、模特和名人。

自2011年2月以来，FashionTV公司在多个FashionTV HD卫星频道上进行了每天 4 次、每次 10 分钟的 3D 时装表演的播放测试，让观众体验 3D 时装电视的魅力。在经过 10 个月成功测试之后，从 2011 年 12 月 18 日开始，FTV HD 频道的 H3D 节目模块播出时间将由开始的每天 4 次、每次 10 分钟，增加到每天 4 次定时播出、每次半小时，并且卫星 AsiaSat 5 覆盖的亚太地区 53 个国家的观众都可以收看该节目。

6. Wild Earth 3D 频道

2011 年 4 月 1 日，Wild Earth 频道开始在法国播出，这是一个专门播出野生动植物内容的频道，节目完全由 Wild Earth 频道制作并拥有。最初，节目主要集中于狩猎、远征等题材，现在，已经拓宽到包括水下 3D 等内容。该频道还通过全球媒介咨询公司（Global Media Consult）发行 3D 电视剧及电视节目，也将为野生动物爱好者推出该频道 2D 版本内容，而无需其购买新的 3D 电视。

（三）荷兰

2010 年 11 月，荷兰电视频道 Brava 3D 国际文化频道（Brava HD 的 3D 版）通过卫星开播。

图 6　Brava 3D 频道标识

此频道为首个覆盖欧洲的 3D 频道，也是第一个覆盖全球的文化艺术类节目 3D 电视频道，该频道主要以全高清（1920 ×1080i）格式和极佳的杜比音效来制作播出歌剧、芭蕾、音乐会等节目。他们的宣传语包括“为观众提供全球知名剧院的奢华头排座椅”、“所有古典音乐爱好者必须拥有的频道！”

从 2011 年 4 月开始，Brava 3D 频道开始扩展到 24 小时全天播放独家 3D 节目，目前已经拥有上百小时的歌剧、芭蕾舞剧和音乐舞台剧 3D 版节目。

（四）西班牙

Canal + 3D Espana 频道于 2010 年 4 月开播，播出内容包括电影、纪录片和体育赛事等。

（五）德国

卫星电视运营商 Sky Deutschland 的 Sky 3D（Germany）频道于 2010 年 5 月试播，9 月正式播出。频道播出很多不同类型的节目，如体育、电影、纪录片以及音乐会等。

（六）波兰

波兰 nShow 3D 电视频道是东欧的首个卫星 3D 电视频道，于 2010 年 12 月 4 日开始播出，其 3D 节目涵盖娱乐、体育、音乐、电影和特别节目。

总的来看，欧洲自 2010 年以来推出了多个专业的卫星 3D 电视频道，这些专业频道的推出，标志着欧洲卫星 3D 电视市场正走向细分化，以更好地满足不同收视群的需求。但是，除了少量以播出体育节目、电影、文艺节目为主的频道外，大多数欧洲 3D 频道都缺乏足够的收视用户，所拥有的 3D 电视节目资源也不够充足，其同样面临着中国 3D 电视试验频道发展所面临的问题。

四、结语

纵览全球 3D 电视频道的播出和运营情况，我们发现，自 2010 年“3D 电视元年”以来，3D 电视频道的推出经历了一个短暂的高潮，绝大部分 3D 电视频道都是在 2010 和 2011 年这两年开播，推出 3D 频道的电视台或电视节目公司大都拥有较好的电视节目制作、播出基础，也都立足于自己原有的资源基础进行 3D 电视的业务拓展。然而，短暂的热潮过后，人们发现，3D 电视与 2D 电视还是存在诸多不同，其节目制作与 2D 电视节目制作存在巨大差异，其推广方式与 HD 电视的推广方式也不能等同视之。

电视机只是人们收看节目的一个工具，高品质、原生 3D 内容才是吸引消费者的关键，只有 3D 内容丰富了，人们才有更大的动力去购买 3D 电视，而目前 3D 内容市场面临着内容和标准的双重缺失。

一是 3D 电视播放的内容并不丰富，不仅 3D 节目的频道少，而且播出的节目类型不够丰富方面，电视观众喜闻乐见的 3D 电影和电视剧等也很少。如我国

3D 电视试验频道,节目类型不够丰富,多是制作成本低的戏曲、体育、舞蹈教学、养生保健类型的节目,场景设计单一、舞台缺乏层次感,不能凸显 3D 优势,节目内容吸引力不够。此外,节目重播率较高,频道时段归属不明,各自的特色和整体性难以实现。

二是各国 3D 内容拍摄制作标准不统一,各国企业都生产不同标准的产品,结果 3D 节目信号互不兼容,即使找到片源,也常常是不能播放。

虽然现在 3D 电视机和 3D 电视节目的制作仍然面临着技术上的很多问题,观众接受 3D 电视节目也将有一个较长的过程,但是 3D 电视节目带给消费者的感官体验是不可否认的,3D 电视的先行者们所做出的努力尝试也为我们积累了宝贵的经验。体育赛事直播、电影、现场演艺节目、纪录片等已经成为当今 3D 电视频道主流节目形态,“频道专业化”也成为业界对于 3D 电视频道良性发展的一个基本共识。3D 电视将是未来电视发展的一个趋势,随着技术的不断成熟和 3D 节目制作经验的积累,3D 内容市场会出现更多的有魅力的电视节目,带有 3D 功能的电视机取代 2D 电视机已经在逐渐成为现实。

附:世界各国 3D 电视频道一览表

频道	播出地区	开播时间	备注
High TV 3D	全球	2011 年 4 月	娱乐节目
WildEarth	全球	野生动植物节目	
N3D	美国	2010 年 6 月	DirecTV 提供
Cinema 3D	美国		DirecTV 提供
3net	美国	2011 年 2 月 13 日	DirecTV 提供
MSG	美国	2010 年 3 月 24 日	Cablevision 提供 3D 节目
ESPN 3D	美国	2010 年 6 月	
Xfinity 3D	美国	2011 年 2 月	Comcast 提供
NTV Plus 3D	俄罗斯	2010 年 10 月	NTV Plus 提供
Sky 3D	英国	2010 年 4 月	BSkyB 提供
Foxtel 3D	澳大利亚	2010 年 11 月	Foxtel 提供
HD1	比利时等欧洲国家		免费接收
Brava 3D	荷兰	2010 年 11 月	Brava 3D 提供
Sky 3D	德国和奥地利	2010 年 5 月	Sky Deutschland 提供

续表

频道	播出地区	开播时间	备注
Anixe 3D	德语国家		免费接收
Sport 5 3D	以色列		
Sky 3D	意大利	2010年10月	Sky Italy 提供
La7 3D	意大利	2011年6月	La7 提供
Penthouse 3D	欧洲	2011年3月1日	
Brava3D	欧洲	2010年11月	免费接收
Canal + 3D Espana	西班牙	2010年4月	Canal + 提供
Orange3D	法国	2010年5月	Orange 提供
TF13D	法国	2010年7月	法国电视1台
Ma Chaine3D	法国	2010年9月	Numeri 有线电视提供
Canal + 3D	法国	2011年2月	Canal + 提供
nShow 3D	波兰	2010年12月	ITI 集团提供
NEXT Man 3D	波兰		
NEXT Lejdis 3D	波兰		
NEXT Young 3D	波兰		
CANAL + 3D	波兰	2010年5月	CYFRA 提供
Active 3D	印度		Videocon d2h 提供
Viasat 3D	瑞典		Viasat 提供
Meo3D	葡萄牙	2010年5月	Meo 提供
RedeTV!	巴西		
TV Azteca 3D	墨西哥		免费接收
Teledünya 3D	土耳其	2011年5月	Teledünya 提供
Digi3D	土耳其	2011年3月	Digiturk 提供
Channel699	阿联酋	2010年6月	Du 提供
Sky 3D	韩国	2010年1月	SkyLife 提供
Sky Choice 3D	韩国		SkyLife 提供
BS11	日本	2007年12月	
Sukachan 3D169	日本	2010年6月	SKY PerfecTV 提供
Chinese 3D Test Channel	中国	2012年1月1日	由6家电视台联合制作、播出

参考文献:

1. 谢丰奕:《南非世界杯后欧美卫星 3D 电视的新发展》,《卫星电视与宽带多媒体》,2010 年第 9 期,第 20 页。

2. 穆洁:《3D 电视发展现状解析》,《中国传媒科技》,2010 年第 12 期,第 68 页。

3. 尔东:《3D 电视在日本的现况与发展》,《卫星电视与宽带多媒体》,2011 年第 1 期,第 21 页。

4. 王甫、李其芳:《我国 3D 电视发展现状、困境及对策探析》,《现代传播》,2012 年第 9 期,第 1 页。

5. 田霖:《3D 电视技术:发展机遇与变数并存的结合体》,《影视制作》,2013 年第 1 期,第 26 页。

6. 孔琳:《产业运营:3D 试验频道走向何方》,《影视制作》,2013 年第 1 期,第 32 页。

7. 维基百科网,http://en. wikipedia. org/wiki/3D_TV

江苏台3D电视节目制作探索与展望

江苏广播电视总台技术部　薛　兵　李世萍

【摘要】立体电视又称3D电视，它是继高清电视以后电视发展的又一个全新的模式。3D电视立足身临其境的立体画面体验，创造不一样的视觉感受，它的制作流程和发布模式具有前所未有的挑战性，本文阐述了江苏台3D电视的相关实践以及思考，力求抛砖引玉，为广电行业发展做出一些贡献。

【关键词】3D电视；节目制作；特点；经验；展望

一、3D电视发展概述

随着《阿凡达》的热映，全球3D影视热潮的持续升温，3D电视已成为继高清电视之后又一个新的技术亮点与产业热点。欧美和日本等发达国家逐步扩大3D的播出业务，欧洲有34家，日本有10家，北美有11家电视台开展卫星和有线网的3D播出业务。（如图1）

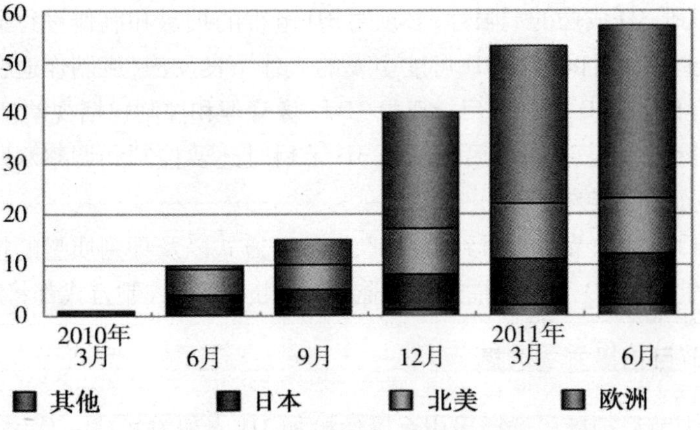

图1　欧美等发达国家3D电视播出的发展情况

国家广电总局在广播影视科技发展“十二五”规划中明确了我国“十二五”期间3D电视的发展目标:一是要制定国家3D电视标准;二是要提高3D影视制播能力,到“十二五”末开通10个播出3D电视节目的频道,对3D影视存储量和播发能力都提出比较高的要求。

2012年伦敦奥运会上首次采用3D电视直播,计划总播出时间约300小时。我国3D电视试验频道于2012年元旦试播,2012年春节正式播出,频道内容主要包括动漫、体育、专题片、影视剧、综艺等类型的3D电视节目,以及重大活动的现场直播。可以预计,随着3D试验频道的开播,观众在家中就可以欣赏到身临其境的震撼画面和耳目一新的视觉体验,而随着3D收视群体的增长,3D电视节目制播将会逐步纳入我国一线电视台的发展战略。

二、3D 电视制作特点

3D电视节目制作,是希望能给观看者带来一种前所未有的身临其境的感受,力求给观众带来3D画面感受和信号品质。3D电视节目在拍摄和后期制作上与高清电视节目有着很大的区别,3D电视节目前期拍摄、后期制作、节目传输及播出涉及的设备较多,包括3D摄像机和3D拍摄支架等拍摄设备,信号切换台,信号记录,后期制作,编码器、解码器以及传输、播出设备、3D信号监测和显示器等。

双眼3D成像是利用会聚角和视差使观看者产生3D视觉,但在某些条件下这种双眼3D视觉会与单眼3D视觉产生冲突。这种3D信息的冲突会使观看者产生视觉疲劳和不舒适的感受,造成了双眼3D成像的局限性。

针对双眼3D成像的局限性,必须对3D电视的拍摄和制作进行适当的管理和控制;为避免长时间观看3D可能引发的人体不良反应,应制作适合长时间观看的安全、舒适的3D电视节目。双眼3D图像管理和控制包括视差管理、误差控制和视野冲突控制。拍摄和后期制作3D节目时还要控制和调整双路信号的电气、几何与光学等误差。

3D节目制播从节目拍摄到节目制、播流程方式以及评判质量的技术指标都发生了质的变化,3D节目制播过程的监看、监测内容和控制方式都将随之改变。

(一)节目拍摄方式选择

3D电视节目拍摄可选择采用双摄像机加3D支架方式或一体化3D摄像机方式。双摄像机加3D支架拍摄方式可采用广播级高清摄像机和镜头,从而获得广播级拍摄质量；可更换镜头，满足不同拍摄场景的需求；可精确调整支架的间距、会聚角以及摄像机位置，获得高质量的3D电视效果。但该方式拍摄准备时间长，移动拍摄困难，在调整不正确时可能3D图像质量很差。

一体化3D摄像机拍摄准备时间短，便于移动拍摄，但由于目前成像器件尺寸较小，成像质量不如双摄像机加3D支架方式。此外，由于其镜头间距固定，超过其允许拍摄范围时，3D真实感、观看舒适度下降。

3D拍摄需要综合考虑节目制作对画面质量、效率的要求以及拍摄环境等客观因素对拍摄的限制，针对不同的拍摄需求，可以选择双镜头一体摄像机或者双摄像机加3D支架方式进行拍摄。

（二）拍摄、制作流程的设计

为了制作高质量的3D电视节目，应设计科学的拍摄、制作流程，内容包括3D节目内容的打造、场景的构思、机位的架设、拍摄方法等，制定拍摄和制作方案以及质量控制方案等。

1. 前期拍摄

3D拍摄流程主要包括机位架设、光学及机械校正、信号同步、构图、视差光学调整、质量监控、误差数字校正、视差数字控制、信号记录等环节。拍摄时应尽量使用光学和机械调整合理地控制视差，并将拍摄误差减至最小。对于拍摄端通过光学或机械调整未解决问题的节目，可经过误差数字校正和视差数字控制设备进行处理，然后送至记录设备。系统拍摄流程还应注意以下几个方面：

演播室拍摄3D电视节目的摄像机性能应不低于现有广播级高清摄像机，双路均应符合1920×1080/50i高清图像格式。

3D摄像机位架设可以比普通高清机位在高度上略低一些，这样可提供更好的3D电视节目效果（更广的水平视角和画面深度）。

在拍摄过程中，应尽可能减少镜头快速横摇和变焦。尽可能避免使用长焦镜头。每个镜头最好包含前景和背景，这样可以更好地展现画面深度和层次，具有更好的3D效果。

远距离机位应尽量采用间距比较大的水平支架，近距离及移动机位应尽量选用间距比较小的垂直支架或一体化3D摄像机。

应尽可能使各机位的会聚平面保持一致。

应明确标示出多机位共同的或单机位单独的3D拍摄安全范围，供导演和摄像师参考，避免拍摄超出视觉安全范围的景物。

演播室对3D电视节目信号的记录、传输采用HD-SDI双链接。

为实现质量控制，可利用专用的3D信号处理设备提供的检测数据为参考，监控和调整摄像单元镜头光轴的间距、会聚角以调校视差，校准拍摄误差，进行合理的构图，避开超出视差的拍摄物。

2. 后期制作

3D电视后期制作流程与高标清电视节目后期制作有所不同，主要包括素材采集、3D剪辑、3D效果调整、3D预览、音频/字幕/特效制作、成片输出等流程节点，为保证3D电视后期制作质量及效果，应采用双路高清方式进行信号采集、制作。在格式、码率的选择上，应采用与现有普通高清相同的标准。

3D节目后期制作除了需要对拍摄内容进行合理的衔接，还需要对不合格的3D节目画面进行修正，对字幕内容进行调整，以达到视觉安全和有较好的3D效果。

在进行3D剪辑时，应注意镜头之间的衔接，避免会聚平面相差较大的镜头之间的直接切换；应避免不同镜头间的快速转换，并同步监看3D输出画面。

后期制作中还需对节目的3D效果进行调整，使得3D效果达到最佳，包括视差调整和误差调整，可采用的手段有：

通过后期调整图像的水平位置，等效实现调整摄像单元间距的视差效果；

视差调整的范围应符合视差安全指标要求；

应把主要节目内容的视差控制在舒适观看3D电视节目的区间内，为展现3D的视觉冲击力，少数短时间的镜头可超过舒适区间；

应谨慎使用画幅的平移、放大、裁剪等后期视差调整手段，一般不要进行大范围的视差调整。画幅的放大将可能造成分辨率的损失；画幅的裁剪将可能导致边缘闪烁；同一图像中可能存在不同视差的多个物体，视差调整有可能造成视差混乱。

在后期制作阶段对前期拍摄中遗留的左右眼信号的光学、几何、电气误差，包括光轴误差、画面变焦匹配失调、色调匹配失调、画面的色彩、亮度差异等进行调整，对闪烁、畸变等各种3D瑕疵进行修饰等，即通过使用数字处理技术在一定程度上进行误差校正。

3. 画面过渡

为避免视觉疲劳，在3D电视节目系统拍摄和后期制作的画面过渡方式上，应采取如下策略：

放慢画面之间的切换节奏，避免过于频繁地切换；

尽量避免在切换过程中主体出现过大的视差变化，当需要从一个主体处在正视差位置的画面切换到另一个主体处于负视差位置的画面时，建议使用几帧主体处于会聚平面上的场景进行过渡；

尽量避免前后衔接的景别落差过大；

主要采用硬切换方式，兼用闪黑、渐隐等过渡方式，慎用软叠、划像等过渡方式。

4. 字幕、动画制作

在3D节目图像上叠加字幕、动画时，应注意遮挡关系等问题：

叠加字幕和动画的空间位置应尽量避免视野冲突；

对于长期叠加在画面上的角标、动画，建议适当飘出屏幕，但不宜处于3D节目图像最前面的位置，建议将其处理成半透明，以减轻其在整个画面中对观众视觉的吸引力；

唱词为画面的组成部分，建议不与画面的主体部分重叠。

3D电视节目的拍摄和后期制作是一个紧密联系的整体，在拍摄前期应做好周密的准备工作，尽量有效地利用双眼3D视觉，在拍摄中小心规避各类引起视觉疲劳的情况发生，正确地控制3D制作质量，通过后期进行合理的剪辑与双眼画面参数的校正，才能制作完成一档高质量的3D节目，创造出2D图像无法达到的、身临其境的视觉效果。

（三）灯光及舞美场景的优化

在3D电视节目拍摄时，在布光方面可以采用如下优化措施：

增加拍摄角色的轮廓光；

针对大景深的拍摄场景，应当增加后景布光的照度和层次；

为突出3D效果，可适当提高灯光照度。

3D电视拍摄并不适合表现所有场景。制作3D电视节目时应尽量避免拍摄以下场景：不容易看到3D效果的图像，包括水平方向重叠的形状，如格子、LED显示屏等；融合成对的图像，如雪花等；背景无纹理的图像，如蓝天、白墙等；只能单眼看到的图像，如从树叶空隙中透过的阳光、光晕、镜头眩光等。

（四）存储方式的选择

3D信号可以根据制作和交换的需要，选择双路或单路存储方式。双路方式是指对左右眼信号分别进行存储，在节目合成时输出双路高清文件。单路方式是指对左右眼信号进行左右拼接形成3D电视节目再进行存储，在节目合成时输出单路高清文件。

对于需要作为素材进行交换和再制作的节目，建议采用双路方式存储；对于仅作为播出、发布和存档的节目，建议采用单路方式存储。

(五)信号监测及质量控制

3D 电视图像质量由两部分构成:一是单眼高清图像,对应于左右眼的单眼高清图像是 3D 电视质量的基础,单眼高清图像质量控制与普通高清制作完全相同,应符合高清电视节目技术质量相关的标准、规范。二是双眼 3D 图像,双眼 3D 图像质量控制则是确保能够安全、舒适地观看 3D 电视节目,主要包括真实感、观看舒适度两个方面。真实感是 3D 电视 3D 效果的真实性,取决于分辨率、锐度、色彩逼真度、深度参数(如双目视差、遮挡、目标的相对尺寸、消失点感觉等)以及画面内容本身;舒适度是长时间观看 3D 电视的舒适性,主要是拍摄、制作中通过视差管理、误差管理以及避免出现视野冲突来实现。

在 3D 电视节目拍摄、切换、后期制作等各个环节,应采用专业的监视、监测和控制设备,对左右眼图像信号及合成的 3D 信号进行监测。根据监测结果对左右眼图像信号和 3D 信号进行分析和调整,尽可能减小两路信号图像误差,确保 3D 电视节目质量。在 3D 电视节目拍摄、切换、后期制作、播出等各个环节应配备与终端用户尺寸相近的 3D 监视器(目前可选择 40 ~ 70 英寸)进行 3D 信号效果的监看,并严格进行 3D 技术质量的检查。

(六)节目类型选择

遵循"内容为王",须精选制作的 3D 节目类型,力求有较好的 3D 展示效果,同时制作的 3D 效果要真实、自然、符合人眼视觉习惯。随着观众的视觉体验逐步提升,展现给观众的 3D 画面应更清晰、真实。适宜 3D 电视制作的节目类型如下:

●综艺、专题等;

●各种体育活动和赛事;

●风光、旅游、购物等。

(七)制播人员技能培训和管理

3D 节目制作团队应包括以下人员:导演/制片人、视频切换/导演、字幕操作员、摄影师、3D 设计师、3D 调整师、支架技术人员、音响师等。

3D 拍摄手法和技术不同于传统方法,需要节目制作人员结合实际,进行多种尝试和探索,积累更多的经验。配置合格并掌握专业技能的操作人员,是确保整体节目制作符合规范并具有较高技术质量的前提。

应建立人员培训考核制度、岗位职责制度等。制播人员应了解系统设备构成，掌握设备的使用和调整。培训考核制度确保3D节目制播的所有工作人员必须经培训持证上岗，以确保制播人员的专业技能应符合3D节目制播的要求。

3D电视技术也在不断发展之中，更好的3D电视节目质量和更高的拍摄效率均需要3D电视技术和设备的持续创新。

三、江苏广电总台3D节目制作探索和实践

江苏台按照国家文化产业发展和省委、省政府建设文化大省的要求，抢抓机遇，全面推进“十二五”产业经营跨越式发展的战略实施。总台在科技发展“十二五”规划中明确提出了“跟进3D电视的技术发展，建设小规模的3D制作系统，开展3D电视的节目制作，积累3D电视的节目制作经验，培养相关人才”的发展任务。

总台电视技术部围绕总台战略、事业、产业发展需要，加快技术平台和人才队伍建设，紧密跟踪电视新技术和应用的步伐，于2011年5月成立了3D电视实验项目组，展开对3D理论知识的学习，进行3D节目拍摄以及后期制作技术的研究；BRTV展会期间，江苏台与松下公司在北京签订《3D电视节目制作发展战略合作协议》，宣布双方将共同携手，推进3D电视的发展。我们借助松下等公司的设备和技术支持，对台里具有较高知名度的综艺类节目《非诚勿扰》、《老公看你的》、《欢喜冤家》及《江苏省建党90周年庆祝活动》等进行3D拍摄和后期制作实践，将这些节目中能较好表现3D电视效果的片段进行剪辑制作，于2011年8月在新广电城大厅作了为期一个月的展示播放。

2011年9月17日，国家广电总局科技司下达3D项目研究任务，江苏台电视技术部迅速成立项目组开始《3D电视技术指导意见》的起草工作。通过专家讲座和大量资料的分析，撰写了《3D电视技术研究报告》，在此基础上，提炼完成了3D电视节目的拍摄、制作图像安全准则，对于3D电视节目编码、存储及播出、监看等内容进行了阐述和定义。10月中旬项目组完成撰写工作，11月上旬指导意见通过专家修改、评审，作为总局规范性文档发布，指导和规范目前3D电视节目的拍摄、制作和播出。

根据总局2012年1月1日试播3D节目的目标和需求，总台领导非常重视，听取技术准备情况及工作计划的汇报，批示参加联合频道。通过对卫视及各地面频道的日播节目进行分析，综合考虑演播室条件、制作技术手段等方面的因素，明确了我台的3D节目制作内容，以每天制作30分钟的《万家灯火》节目为例，一周提供三个半小时的节目在3D频道播出。

总台成立了由城市频道、包装工作室、电视技术部、媒资中心组成的 3D 节目项目组，对如何进行 3D 节目的拍摄、制作以及节目传输方式、节目制作流程、节目版式等进行了充分的讨论，制定了《万家灯火》3D 节目拍摄技术方案及制、播、管、存工作流程。目前，《万家灯火》3D 节目的录制、后期剪辑、包装制作等正紧锣密鼓、有条不紊的展开，圆满完成了联合频道节目播出送交的进度要求。

（一）拍摄系统构成

《万家灯火》节目的拍摄系统为 3 讯道 3D EFP 系统，实现多机位切换需求。（如图 2）

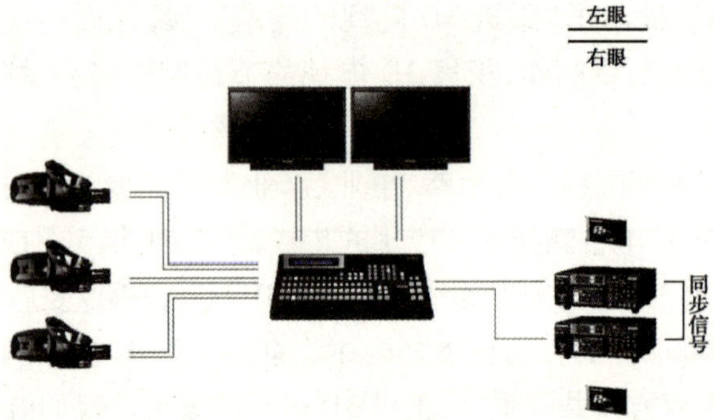

图 2 《万家灯火》节目的拍摄系统构成

（二）拍摄机位图

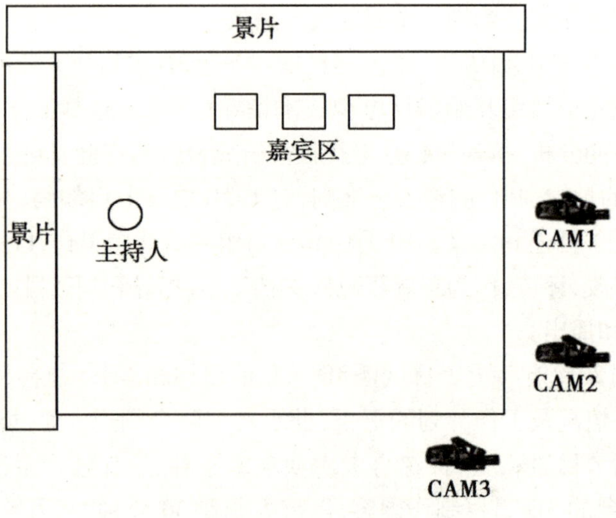

图 3 《万家灯火》3D 拍摄机位图

（三）拍摄方案及流程

1. 系统方案

目前使用2D、3D两套系统同时进行拍摄。2D、3D分别制作各自的播出版本。（如图4）

该方式需要两班人员各自完成拍摄到切换的全部任务，需要投入较多的人力，但可以最大程度的保证3D拍摄的质量。

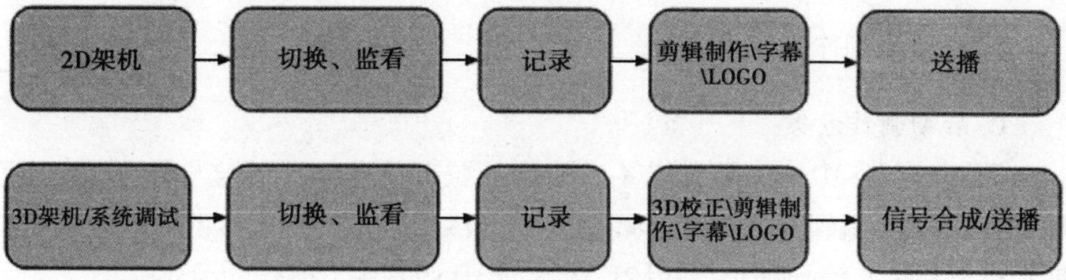

图4 2D、3D两套系统拍摄流程图

2. 拍摄流程

拍摄流程主要包括机位架设、光学及机械校正、构图、视差控制、质量控制、误差数字校正、视差数字控制、记录等环节（如图5）。

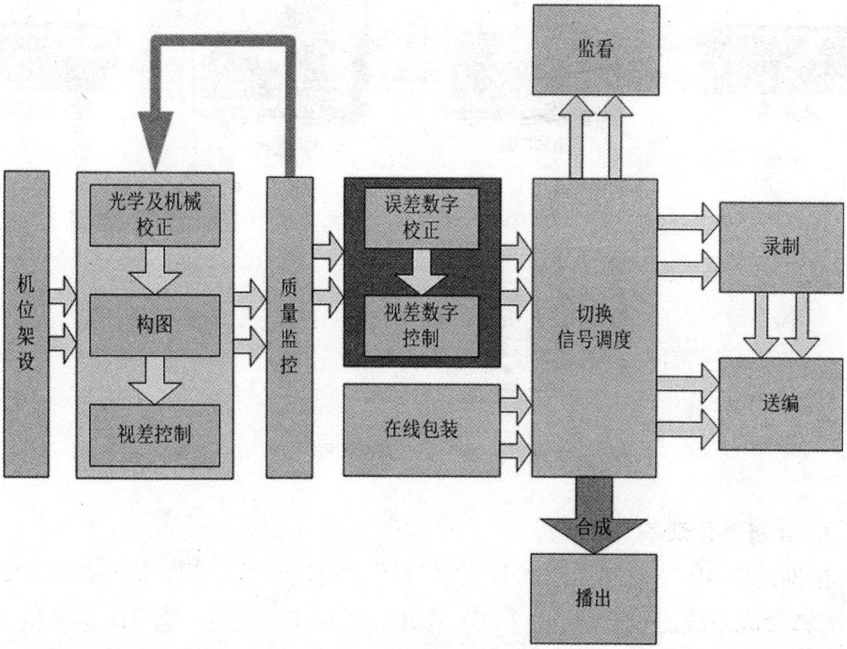

图5 系统拍摄流程示意图

拍摄中应当尽量使用光学和机械调整合理地控制视差，并将拍摄误差调至最小。在面临以上手段无法解决的问题时再借助数字处理手段进行补救。

3. 人员配置

3D 系统拍摄人员配置：约 8 人。

其中：3D 讯道摄像师 3—4 人，切换导演 1 人，3D 技术工位 2—3 人，音频 1—2 人。

（四）后期制作方案及流程

1. 后期制作方案

《万家灯火》3D 节目制作以不大量增加城市频道节目制作人员的压力为前提，由城市频道编辑完成 2D 版本制作，3D 项目组完成 3D 版本的制作。根据前期拍摄及整体方案，现阶段采用 2D 版本与 3D 版本独立制作的模式。

2. 后期制作系统示意图（如图 6）

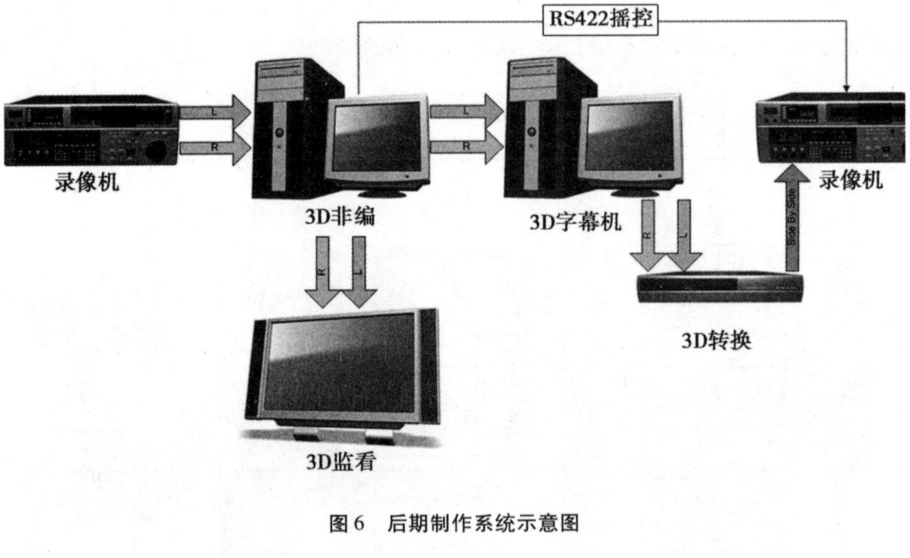

图 6　后期制作系统示意图

3. 后期制作设备

根据目前 3D 节目制作需求和人员设置，将我台包装工作室现有的 SMOKE adv 剪辑合成系统进行升级，用于 3D 节目后期制作。配置一套 3D 字幕机，用于 3D 字幕实时编辑和输出。

4. 后期制作流程(如图7)

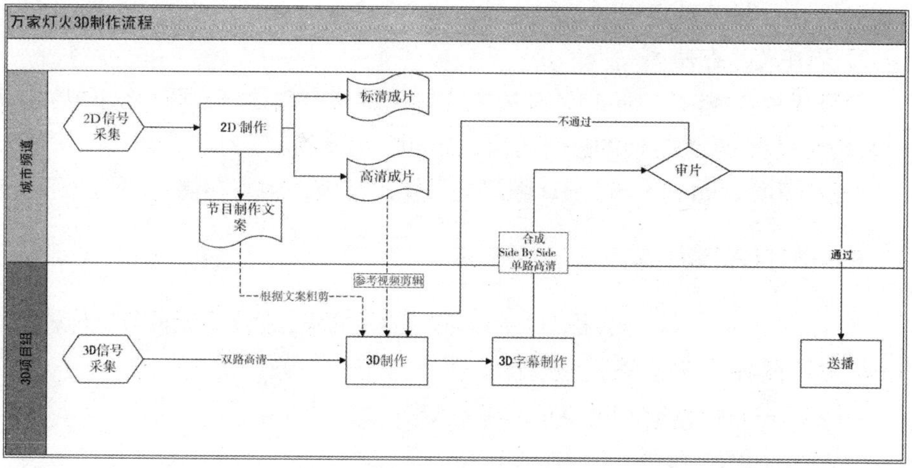

图7　后期制作流程

3D制作过程中，均采用双眼信号进行采集、监看、字幕制作等，输出阶段采用Side By Side方式提交播出。

3D剪辑：根据提供的文案进行节目结构的剪辑，2D节目成片作为参考画面进行调整。字幕：以角标、标版字幕为主。

（五）拍摄、制作中的节目质量控制

在3D电视节目的拍摄、制作中，按照国家广电总局《3D电视技术指导意见》的规定，调整、制作出安全、舒适的3D电视节目。

3D摄像机尽可能固定景别及会聚面，必要时进行微调；

舞美设计应根据3D特点进行调整，在较为局促的空间内，通过道具的摆放等手段，增加场景的纵深感，有利于突出3D的拍摄制作效果。

3D现场多机位拍摄时，采取了如下策略：

为减少人眼因频繁调焦产生的视觉疲劳及不适感，尽量减少多机位场景的差别，利用中景过渡；

每个单镜头时间应比平面节目切换时间长2—3倍；

3D摄像机的推拉摇移的操作也应比平面电视拍摄时间长2—3倍。

（六）节目存储方案

1. 节目素材存储

记录方式采用P2卡对3D电视节目素材进行记录和保存。

将左右眼信号同步分别记录在 P2 卡上。可同步重放取得完全同步的左右眼信号进行后期包装、剪辑。

2. 节目成片存储

节目成片合成时以 Side By Side 方式输出单路高清信号,同时叠加相关字符和包装元素。可较为方便的进行再次播出和节目交换。

成片节目以 Side By Side 3D 编码信号输出至媒资中心存储。

（七）节目送播方案

鉴于目前 3D 节目是传输到中央电视台进行播出,故只需考虑节目传输技术方案。共有两种技术方案可供选择。

1. 方案一:传输 Side By Side 信号的节目

共有光缆和卫星两种传输方式。

光缆传输方式：租用省网公司光缆将编码后的 TS 信号通过国干网送至中央台。（如图 8）

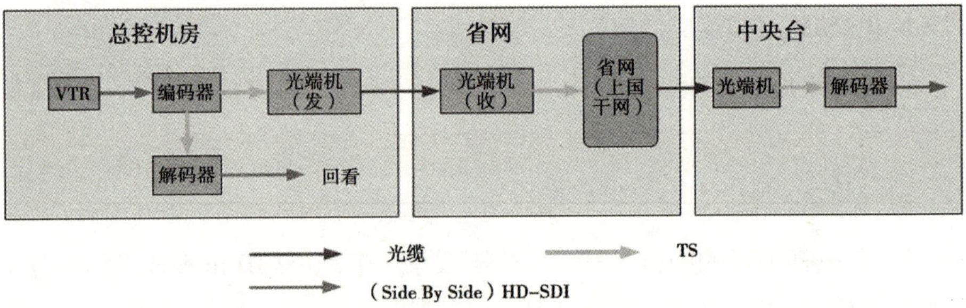

图 8　光缆传输方式（Side By Side 信号）

卫星传输方式:将编码后的 TS 信号通过卫星送至中央台,可利用现有高清卫星车进行传输或者在地球站增加上行设备后进行传输。（如图 9）

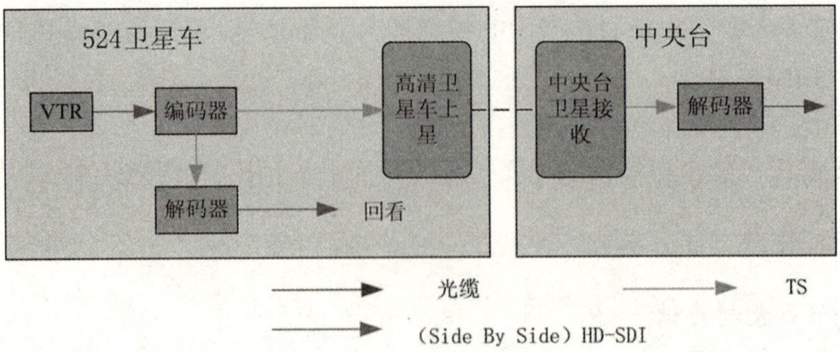

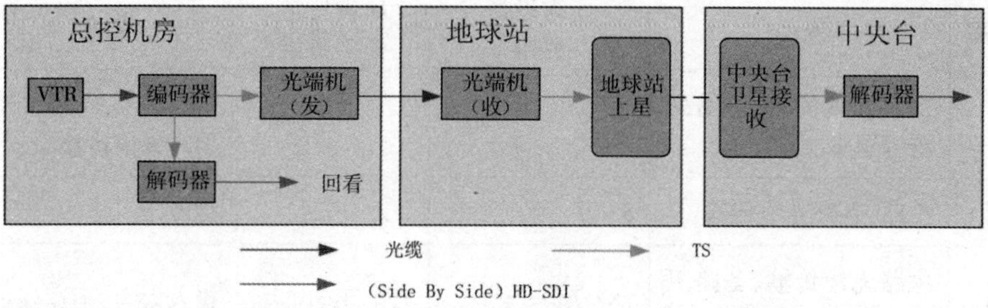

图 9　卫星传输方式

2. *方案二：传输左右眼信号的节目*

共有光缆和卫星两种传输方式。

光缆传输方式：租用省网公司光缆将编码后的 TS 信号通过国干网送至中央台。（如图 10）

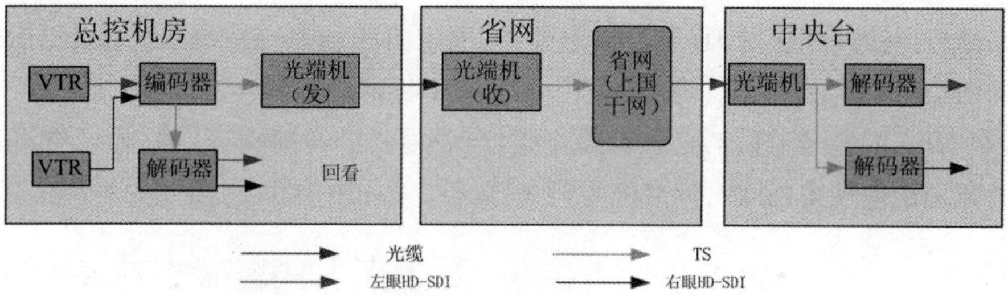

图 10　光缆传输方式

卫星传输方式：将编码后的 TS 信号通过卫星送至中央台，由于编码后的 TS 流信号码率要求为 100Mbps（MPEG2）或者 60Mbps（H.264），而卫星单个转发器的带宽为 36M，故使用卫星传输高带宽的码率节目从技术上难以实现，不建议使用。

3. *节目送播方案比较*

在 3D 频道开办初期，对节目时效性要求不高，我台目前是安排专人每周定期前往北京送交磁带，或快递寄送磁带，该方案成本最低。

表 1　节目送播方案比较

方案	说明	所需设备费用	所需日常使用费用	备注
1	主路光缆传输、备路高清卫星车	41 万	1.1 万/小时	高清卫星车外出使用时无法传输
2	主路、备路光缆传输	82 万	1 万/小时	可考虑
3	主路光缆传输、备路卫星地球站传输	282 万	1.6 万/小时	投入太大、不建议
4	专人去北京送磁带或快递寄送	P2 卡费用	或快递费用	节目无时效性要求时可用
5	网络传输素材文件	高清非编 + P2	录机、卡	需做测试

(八)探索 3D 节目的播出和发布渠道

项目组通过开展对 3D 节目播出渠道、播出方式、业务模式探讨,探索 3D 节目的播出渠道:有线电视、卫星接收、网络、IPTV,移动多媒体:CMMB、手机视频等,对 3D 节目内容、播出方式、观看方式、产业模式进行探索,对 3D 显示终端目前的市场销售种类、品牌、价格进行调查、分析。(如图 11)

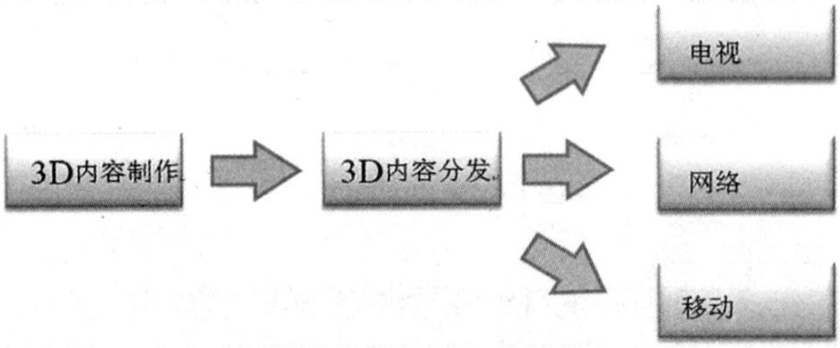

图 11　3D 内容发布渠道

探索 3D 节目作为江苏网络电视台、有线电视和 IPTV 等新媒体的点播或下载观看内容,进行卫视等频道相关栏目的包装和推广,扩大节目的宣传效应;进行 3D 节目内容网络发布试验,观众可通过网络下载,利用新媒体播放器、手持移动设备、蓝光碟、3D 接收器、显示器等 3D 设备进行下载观看,同时进行节目下载数量统计和收视情况等调查、统计。借鉴海内外同行的相关经验,探索把 3D 电视制作作为总台产业创新体系的组成部分,促进总台广播影视产业的发展。

通过3D实验项目和参加3D联合频道的节目制作,为江苏台今后开播3D频道和开展3D内容制作做好各项技术、人才和市场的储备。按照总局和省局及总台领导的要求,我们将进一步做好为3D试验频道提供3D电视节目源的各项工作,对节目内容进行策划,进一步研究舞美场景特点,开展对机架式3D拍摄技术的研究和实验,加强3D电视制作团队的建设,通过对3D电视技术的研究,建设高效、实用的3D电视节目制播系统,努力制作高质量的3D电视节目。

四、3D电视未来展望

国家广电总局的3D实验频道的实施方案在对于频道定位中指出:3D频道的开播是以顶尖技术、全新手段、多样形式、时尚风格开辟文化消费新领域,满足人民群众新需求、新期待,培育观众对3D电视的认知和忠诚度,同时可以探索我国3D电视产业的发展规律,锻炼和培养3D电视节目制作队伍,积累一批3D电视节目精品,带动文化产业发展,推动我国电视行业从技术到内容的新飞跃。

当前,3D电视发展亟须制定一些必要的标准和规范,应加强3D电视质量评测标准的研究,确保3D电视的制作、播出效果和质量。

在3D电视频道的建设初期,难免会遇到一些困难,除了人才缺乏、内容缺乏之外,还有收看观众的数量也不足,这样就不能采用电视频道靠高收视率来生存的模式,在这个收视率的生存法则面前,3D电视频道如何立于不败之地?3D试验频道如何快速、高效、顺利发展?如何确保3D电视频道的路越走越宽?我国的3D电视行业今后在技术、内容及发展模式等多方面要借鉴海内外成功的经验,需要把握好以下几个方面:

(一)3D板块内容的打造

"内容为王",开展节目研发,做观众的眼睛,设计能够体现3D电视特色的内容。用3D镜头带给观众真实的视觉体验,又给观众带来超越真实的世界。无论在盛典、综艺、赛事、教育、旅游、时尚还是购物等内容方面,3D板块都有可以一显身手的表现空间。

(二)"低成本,高效率"的生产和储备

在目前3D电视起步的初期,对于实力有限的电视台,采用2D+3D兼容的制作模式,实现3D节目"低成本,高效率"的生产和储备应是可行的策略。

（三）强化战略合作

通过和网络运营商、相关硬件厂商等合作，开创共赢的局面。

（四）开发 3D 内容提供的产业蓝海

加强和网络、新媒体等的合作，通过为网络、新媒体等定制 3D 节目内容，打造内容联盟；开展联合制作业务，和动漫基地合作等建立 3D 产业基地。

（五）拓宽 3D 节目的播出渠道

积极探索有线电视、卫星接收、网络、IPTV，移动多媒体：CMMB、手机视频等发布渠道和合作模式，开发新的盈利模式。

从目前国内外 3D 发展的趋势来看，3D 电视虽然不是今后电视发展的唯一方向，但可以说是传统电视(2D)的一个重要补充。发展 3D 电视，可以说是拓展节日形式，丰富电视节目内容，更好的服务观众，开拓市场的一个重要手段。广电行业如果不能搭上 3D 这艘大船，就必然会彻底落伍。通过及早布局未来，打造内容龙头、产业推动发展，中国广电人有信心、有能力推动中国的 3D 电视产业走向春天！

参考文献：

《江苏省广播影视科技发展“十二五”规划》，江苏省广电局和江苏省发改委联合发布，2012 年 7 月 26 日发布实施。

3D 电视工程技术及其未来趋势

深圳广播电影电视集团　**周汝文　李　新**

【摘要】本文阐述了3D电视的立体图像显示原理,剖析了3D电视拍摄、制作、播出、传输等流程中的应用技术,分析了3D电视广播的未来发展方向和工程实施方法,具有一定的参考价值。

【关键词】3D拍摄;视差;生产流程;趋势

一、引言

3D是"three - dimensional"的缩写,指三维立体图形,1922年美国诞生了世界上第一部3D电影,但直到最近几年,随着3D电影《阿凡达》的巨大成功,3D影视技术才受到全世界的关注。3D电视就是立体电视,2012年1月1日,中央电视台、北京电视台、上海电视台、天津电视台、江苏电视台、深圳电视台已联合开播我国第一个3D高清电视试验频道,每天播出13.5小时。3D试验频道采用卫星加密传输,各地有线电视网络前端接收,并在当地有线电视基本频道中传送,用户只要配置了高清机顶盒和3D电视机,就可以免费观看3D节目。

平板电视市场两年前就已有3D电视机销售,2010年全球3D电视的出货量为320万台,2011年约为1800万台。如今,随着2012年我国3D电视试验频道的开播,有线电视运营商还推出3D付费频道,3D电视广播无疑进入快速成长期,3D离普通人的生活已经非常近了。

二、3D拍摄及立体图像显示原理

3D立体成像的基本原理是:用两台相同的摄影机,分别模拟人的左右眼放置,双机同时拍摄同一个场景,得到两部影片;放映时,将两部影片同步放映到同一个屏幕,通过技术手段,让观众左眼只看到左眼摄像机拍摄的图像,右眼只看到右眼摄像机拍摄的图像,左右眼看到的两幅图像经大脑叠合后,就能“呈现”出3D 立体效果。

(一)用双摄像机模拟人眼的立体视觉特性

人眼在观察外界时,左右两只眼睛的位置不同,其距离(瞳距)大约为65mm,因此,人左右两眼看到的图像是有差别的,称为“视差”,视差携带了立体图像的主要信息,双摄像机模拟人眼3D 视觉的原理。(如图1)

图1　3D 成像原理示意图

3D 视差实际上是左右眼图像“重影”之间的间距,如果画面中某场景的左右眼图像完全重合,则其视差为零;如果左眼图像在左,右眼图像在右,则为正视差;反之,则为负视差。总体来讲,画面中零视差的场景显现于屏幕正中,正视差场景显现于屏幕后方,负视差场景显现于屏幕前方。

(二)3D 拍摄模式

3D 拍摄设备很多,大多为一体式(左右两台摄像机集成为一体)和机架式

(用精密支架将两台摄像机连接成一体)两种类型(如图 2),图中的机架式是将两台摄像机用支架垂直安装于一体,通过光学折射原理,实际等同于两台摄像机并排连接,可以精密调整机位间距等参数。

图 2　一体式和机架式 3D 拍摄设备

3D 拍摄主要有会聚法(交叉法)和平行法两种模式:

会聚法拍摄时,左右眼摄像机存在一定间距和会聚角,两机光轴交叉面为会聚平面,双机以会聚平面为假想屏幕,所拍会聚平面上的景物也应完全重合。观看时,感觉会聚平面就在屏幕表面,而会聚平面前方的被摄物呈现负视差,观看者感受图像跳出到屏幕前面,会聚平面后方的被摄物呈现正视差,观看者感觉图像远离到屏幕后面。(会聚法原理如图 3)

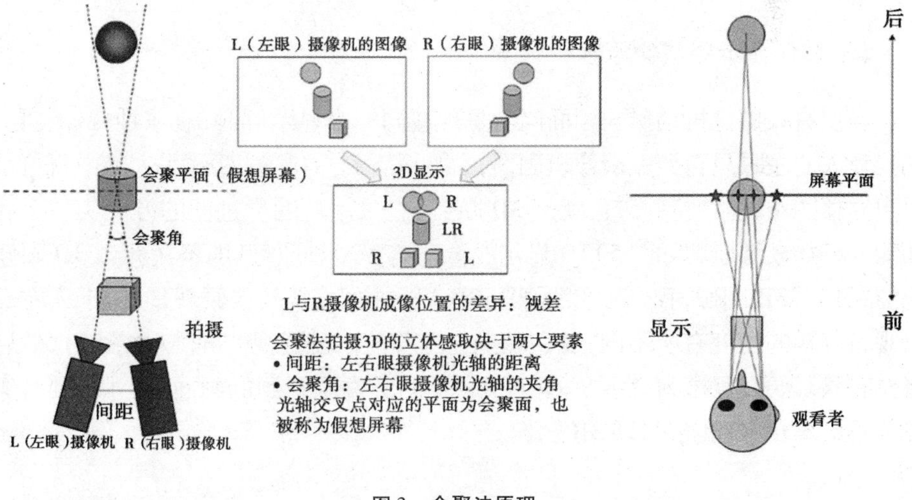

图 3　会聚法原理

用平行法拍摄时,其左右眼摄像机光轴平行,所有被摄物在屏幕上都呈现负视差,距离摄像机越近视差越大,需通过后期制作调节视差。(平行法原理如图 4)

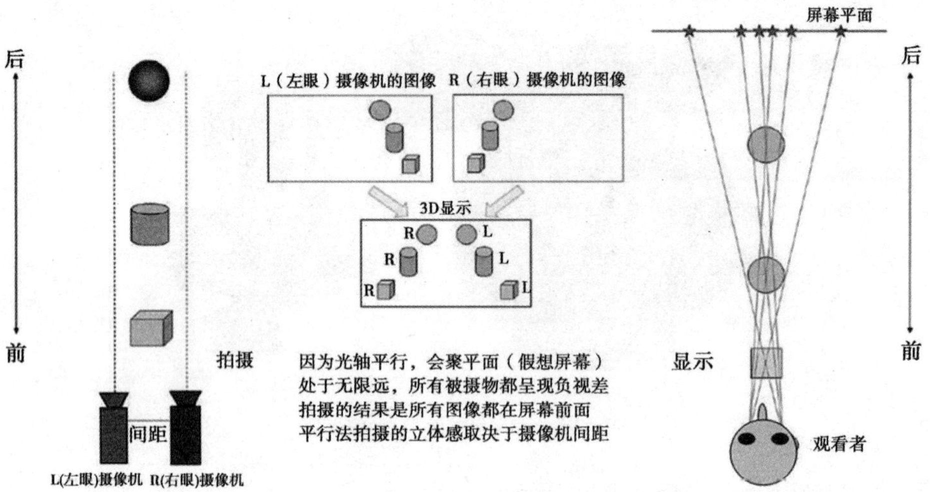

图 4 平行法原理

实际工作中,一体式和机架式 3D 摄像机常用会聚法拍摄,拍摄时机位间距、会聚角、焦距之一如有改变,会聚平面位置也必然改变,因此,导演确定会聚平面位置之后,技术人员常计算记录物距、间距和会聚角,并参照理论值调整左右摄像机位置,才能确保所拍画面达到较高要求。

(三)3D 显示器成像原理

当左右眼摄像机拍摄的画面同步呈现在同一个显示屏时,有一种特殊装置,它能让人的左眼只看到左摄像机画面,右眼只看到右摄像机画面,人脑中就可呈现出立体图像,这种特殊装置就是 3D 眼镜,它采用对图像过滤的方式实现上述功能。(3D 成像原理如图 5)3D 显示成像还有另一种原理,即不用佩戴 3D 眼镜也能“看到”3D 图像,我们称之为裸眼 3D 显示技术,其基本原理是:由于人左右眼观看屏幕的角度有所不同,我们事先在屏幕前端设置视差屏障(如图 6),然后将左右眼影像交互排列,在中心观看区域即可让左眼看到的画面与右眼不同,实现了不戴 3D 眼镜也能呈现 3D 图像。

将拍摄的左右图像同时显示在屏幕上

3D眼镜

通过3D眼镜分离出来的左眼图像

通过3D眼镜分离出来的右眼图像

图 5　3D 成像原理

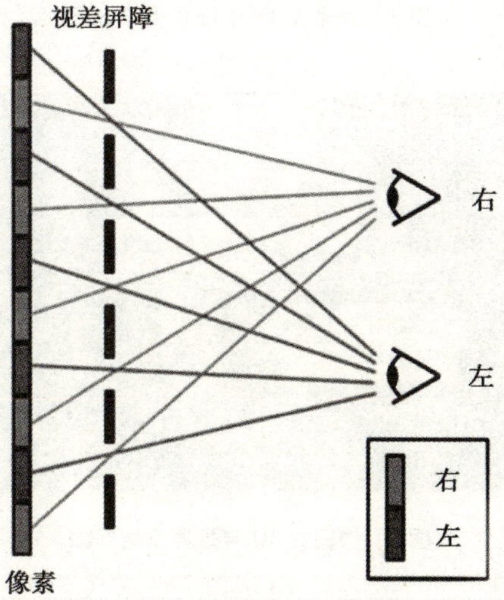

图 6　裸眼 3D 成像原理

（四）3D 电视机的市场状况

市面上 3D 电视机品牌很多，可分为偏光式、快门式和裸眼式三种。偏光式 3D 电视显像原理如图 7，其 3D 眼镜是偏振光过滤镜，左右眼偏振方向不同，事先将左右眼图像同时交叉显示在同一帧屏幕上，经过偏光眼镜过滤后，左右眼就看到了不一样的图像，形成立体画面。快门式 3D 电视机显像原理如图 8，它配置了左右眼电子快门眼镜，眼镜的左右眼刷新频率与电视机同步，事先将电视机画面刷新频率提高一倍到 100Hz，并将左眼图像和右眼图像分成 2 帧交叉排列，这样左右眼就可以看到不同的图像，呈现出立体视觉。

图 7　偏光式 3D 电视显像原理图

图 8　快门式 3D 电视显像原理图

裸眼式 3D 电视不需借助眼镜，其技术在不断发展。当前，市面上有柱状透镜式裸眼 3D 电视机销售，其显像原理如图 9。

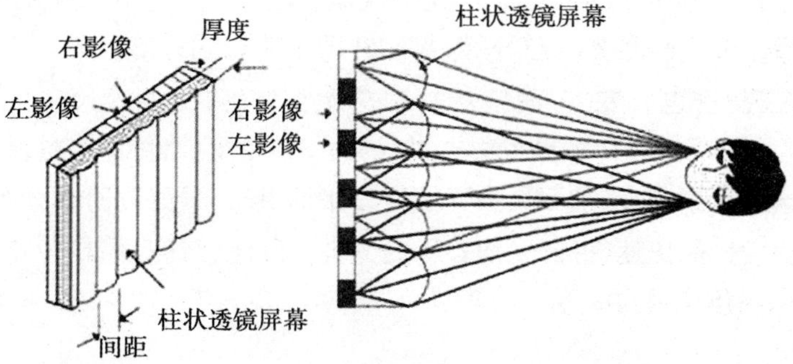

图9 柱状透镜式裸眼3D电视显像原理图

偏光式、快门式3D电视机市场竞争激烈，前者以LG、创维、康佳等品牌为代表，后者以索尼、三星、夏普、松下等品牌为代表。其中，快门式眼镜观看3D节目时会有轻微闪烁，但其图像清晰度高；偏光式眼镜观看3D节目不会闪烁，但牺牲了一半图像清晰度。目前，偏光式3D电视机市场占有率稍高；而裸眼式3D电视技术上还不怎么成熟，价格也很高，市场销量很小。

三、3D电视制播技术及其流程

广电总局近期发布了《3D电视技术指导意见 第一部分：节目制作播出》以及《3D电视技术指导意见 第二部分：高清帧兼容3D电视信号传输》，对我国3D电视技术进行了统一规范。3D电视信号的采集、制作参照现有高清格式，录制采用双路HD SDI或左右拼单路HD SDI格式。

（一）3D电视拍摄技术

拍摄3D与拍摄高清有很大不同，3D拍摄要根据不同场景、主题、物距随时调节两台摄像机间距、会聚角，还需对两台摄像机及其机架的参数、定位、对焦、变焦进行同步细调，才能确保左右眼画面匹配并呈现恰当的纵深效果。3D拍摄还要防止视差过大，或视点冲突过多，或视野不当，以避免造成观众疲劳、胀眼、眩晕等不适。因此，3D拍摄步骤繁琐，往往需要几个人同步作业，对拍摄者提出了很高的要求。

其中，视差控制要求大部分画面主体内容视差角小于1度，相当于屏幕左右眼视差小于高清电视画面水平方向的3%，约58个像素。要求左右眼摄像机画面的几何误差（高度误差、旋转误差、尺寸误差等）、电气误差（亮度差异、彩色差异、延时差异、信号同步不一致等）、光学误差（聚焦匹配失调、变焦匹配失调、焦点误差以及杂散光和眩光的差异等）控制在很不明显的程度。

3D 对被摄物也有要求，有些场景本身无立体感，比如蓝天、白墙、剪影、格子、LED 显示屏等，用 3D 拍摄就失去了意义。3D 拍摄前，可适当提高灯光照度，尤其对大景深场景，应增加后景布光照度；3D 拍摄时，最好同时包含前景、背景，并尽可能减少镜头快速横摇、变焦；3D 机位也可以比普通高清机位略低，以展现更好的水平视角和画面深度。

（二）3D 制作、播出技术

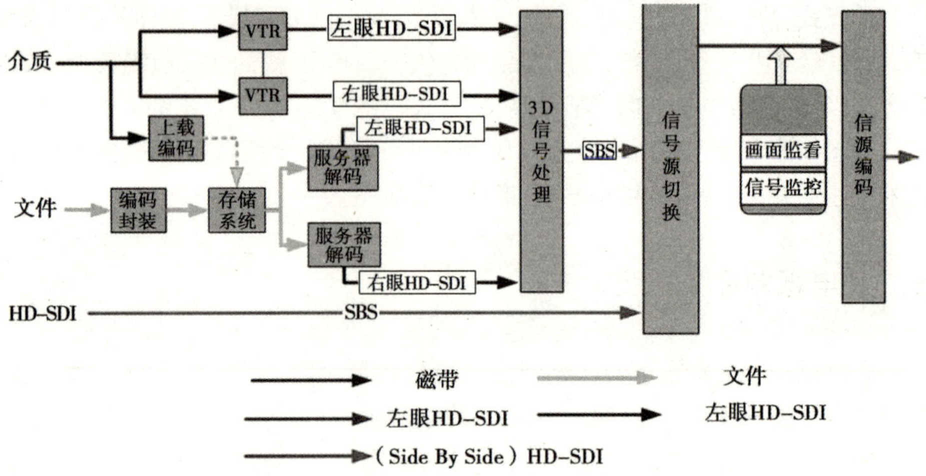

图 10　3D 播出系统框图

3D 后期制作一般采用非编，目前市面的 3D 非编系统可以对三路 3D 视频进行实时编辑，支持 2D、3D 混编，3D 非编操作也同 2D 非常接近。所不同的是，3D 制作要考虑 3D 深度，非编站点在素材 3D 深度超标时能发出警示，非编支持对画面立体深度及会聚平面进行调整，能调节控制视差，以确保观看舒适度；3D 站点还能分别对左右眼摄像机的图像误差进行调校，可对亮度误差、色彩误差、几何尺寸误差、旋转误差进行校准。特别要强调的是：3D 制作存在着立体效果与观看舒适性之间的矛盾，如果视差过大，3D 效果强烈，观看舒适度就会变差，因此，制作时要平衡好二者关系。此外，后期制作时要注意 3D 字幕，通常叠加在屏幕最前端，以确保较好的立体空间效果。

3D 播出采用文件和信号两种方式进行输出（原理如图 10），做好的 3D 节目通过录像机或者硬盘服务器双机同步播放，两路 HD - SDI 信号送达 3D 信号处理器，然后将两路视频拼接成一路“左右拼（Side By Side）”信号，通过一路 HD - SDI 接口输出，这样对传统电视播出系统改动较小，原系统硬件增加 3D 台标机、3D 字幕机、3D 信号处理器即可。我国 3D 试验频道输出多采用左右格式，并规定其视频压缩码流不低于 15Mbps，加上音频后总码流为 16 Mbps。

（三）3D 信号传输技术

3D 传输由于数据量大，只能选择压缩效率较高的 H. 264 或 AVS 压缩格式。传输往往把左右两路高清视频拼接成一路高清，这种拼接方式称为帧兼容 3D 模式，我国 3D 帧兼容全部采用左右拼（Side By Side）方式，所谓左右拼是指同一时刻对左路和右路的视频帧进行下采样，得到半水平分辨率的左路和右路视频帧，并将其水平并列拼接为一帧，其中下采样后的左路视频帧位于下采样后的右路视频帧左侧。左右拼封装格式如图 11。

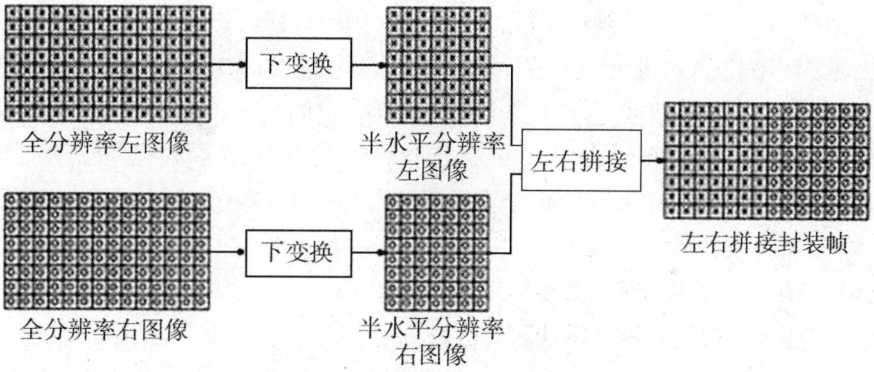

图 11　左右拼格式帧兼容封装图

（四）3D 节目的生产流程

3D 节目的生产流程也与高清不同，3D 节目生产包含了双摄像机拍摄、视差控制、双码流同步记录、双路编辑、双路切换、立体监看、安全性检查等，其典型流程如图 12。

3D 流程要求比较精细，全流程都贯穿着视差控制和质量监控，以确保最终达到舒适观看的效果。

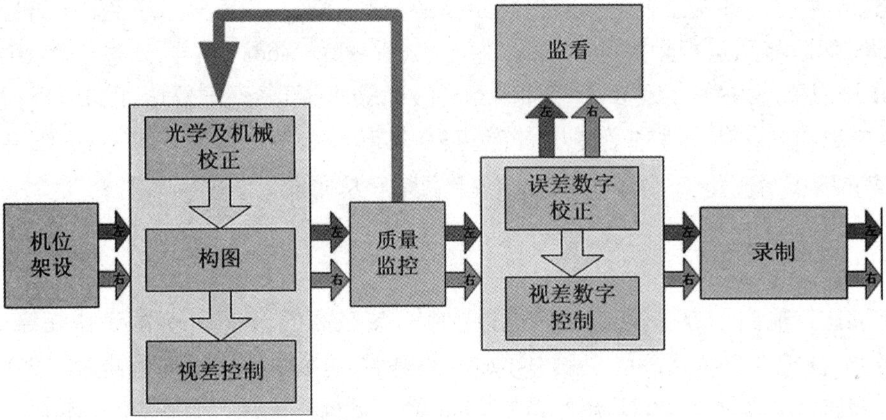

图 12　3D 节目生产流程示意图

（五）3D 图像误差控制

据悉，有些观众连续观看 10 分钟 3D 电视画面，就会产生明显的疲劳感，其原因是 3D 节目视差过大或视频误差所致，因此，控制 3D 图像误差十分重要！3D 图像误差控制包括视差控制、视野冲突控制、空间变换控制、双机光学/机械/电气一致性误差控制等。通常来说，大部分时间内的 3D 左右眼视差应小于高清电视画面水平方向的 3%，约 58 个像素；同时，要尽量避免产生过大的空间跳跃，物体从屏幕后面移动到屏幕前方时，应该在屏幕平面停留几帧，使其移动轨迹保持连续；3D 还要尽量避免视野冲突（原理如图 13 所示），拍摄时尽可能让被拍物处于灰色区域，特别要避开网状阴影区域的场景。

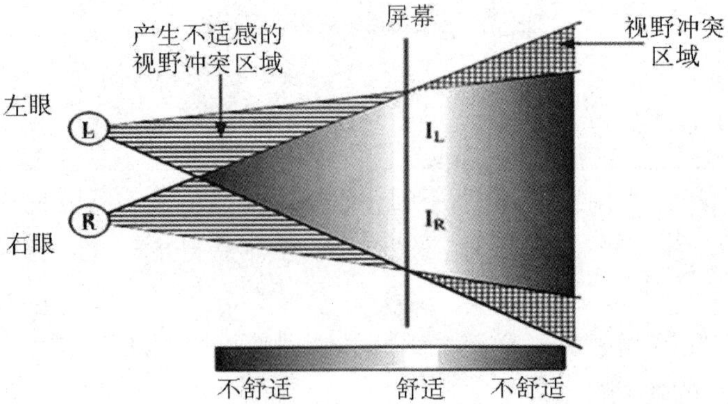

图 13　3D 视野冲突示意图

四、3D 电视广播的推行策略

（一）电视的未来方向

电视诞生于 19 世纪，至 20 世纪 30 年代进入实用期，如今已经历了机械扫描、电子扫描、模拟、数字、高清这几个重要时代。未来几年，电视正朝着 3D 和智能两个方向前进。而更长远来看，电视将走向何方？3D 电视能否成为电视发展的主流？50 年后电视会不会被其他技术取代？目前无人可以准确回答。

（二）3D 技术在电视中的发展趋势

3D 技术也在进化之中，我们可将其分为 3D 制作、播出、传输技术和 3D 终端显示技术，虽然目前 3D 电视在制作、播出、传输技术上还面临很多问题，但五年内必将得到基本完善。3D 电视的未来取决于其终端显示技术，希望就在裸眼 3D 电视！今后，裸眼 3D 电视机若能大幅降低成本，双眼图像清晰度达到高清全带宽像素水准，观看区域接近普通电视，能支持观众群躺着看，那么，高清电视必将被未来的裸眼 3D 电视所取代，3D 电视将成为主流！要做到上述几点，技术的难度非常大，梦幻未必成真。

裸眼 3D 之后，3D 技术仍然会向前发展，未来会推出多视点自动立体成像技术和全息立体显示技术，其面对的主要市场为数字影院或电视观众。

（三）3D 电视广播的推行

2012 年 1 月 1 日联合试播的 3D 试验频道具有重要意义，标志着我国广播电视发展紧跟世界潮流，迈入了新阶段，对推动 3D 技术进步，引导市场消费，拉动 3D 产业链快速发展都具有不可估量的作用！深圳广电集团储存有一定数量的 3D 片源，购置了少量 3D 制作设备，正计划将两档常规栏目进行 3D 套拍，从而完成 0.5 小时/日 3D 节目产量的要求。今后的 3D 电视怎么做？介入多深？我们不得不深思熟虑，因为 3D 频道要像传统频道一样通过广告盈利是非常困难的，未来很长的时期内，观看 3D 电视都不轻松，3D 电视用户数量不会太多，开播有线 3D 付费频道应该更具有实际的意义。3D 付费频道对推动 3D 节目制播分离，培育 3D 节目源壮大也具有积极意义。

五、结束语

3D 电视在中国才刚刚拉开序幕，未来几年，3D 电视从拍摄、制作、播出到传输，都将迎来技术上的飞速发展和节目的繁荣。

参考文献：

1.《3D 电视技术指导意见——节目制作播出》，广电总局科技司。
2.《3D 电视技术指导意见——高清帧兼容 3D 电视信号传输》，广电总局科技司。
3.《3D 基本原理和技术》，索尼公司技术演讲文档。

梦想照进现实
——BTV 3D 测试片创作心得

北京电视台制作部　赵　博　匡　奎

【摘要】本文对3D电视节目制作的技术特点、技术类型、前期应用、后期制作等做了全面系统的介绍，并立足于北京电视台3D电视节目制作实践，对3D电视节目制作过程中的经验教训、心得体会作出了总结，指出了3D电视节目制作过程中的常见问题，并提出了解决之法。

【关键词】BTV；3D测试；心得

艺术的发展和多元化呈现与科学技术的革命和创新密不可分，二者一脉相承，多年来，给亿万大众不断带来崭新的审美体验。正如意大利著名哲学家克罗齐所言，“艺术与科学既不同而又互相关联，它们在审美的方面交会。”

随着数字影视技术的不断发展，人们一直在不断地开辟新的技术来拓展传统的收视习惯。现代电视技术在过去几十年中飞速发展，从黑白到彩色，从标清到高清，现在，又从2D拓展到了3D。每次技术的更新和升级都使得电视艺术的表现形式与媒介属性发生了翻天覆地的变化，也给观众带来了全新的艺术欣赏环境和视听体验。

电视技术的每一次进步，都对电视工作者提出了更高的要求。3D这个早在20世纪初就试水于影院和特殊演示的技术，对于电视领域来说还是个新鲜事物。近年来，3D技术的迅猛发展以及关注度的提高，一方面得益于各厂家对3D技术的开发和大力推广，一方面得益于《阿凡达》一类的3D电影巨制创造的全球影响力。对于这个在传媒娱乐业赫然崛起的新卖点，业内都给予了前所未有的关注。事实上，站在普通受众的视角，3D收视的普及并非是一种对传统收视习惯的颠覆，而是对传统表现形式的丰富和拓展。受众有了新的选择，视听语言的立体化呈现对于老百姓来说是一种全新的体验，而传播介质属性的变化成为行业工作者丰富艺术表现形式的一把利器。

3D距离我们并不遥远，3D电视也并非遥不可及，圆梦3D，全球电视人也都纷纷行动起来。正是基于对 3D 技术在电视平台应用的探索，北京电视台成立了 3D 电视制作小组，制作测试短片，在实践中学习和摸索经验。全面认识和理解 3D 技术的核心内容，探索 3D 在电视行业的运用和发展方向。冷静分析国内外的技术发展趋势，为自身的发展规划方向。

经过为期一个月的策划、前期拍摄和后期制作，北京电视台的第一部 3D 测试片制作完成了。在整个学习和制作过程中，各部门紧密配合，克服了很多困难，学到了许多新知识新技术。我们作为制作部的成员有幸参与到了整个项目的制作环节中。通过学习和实践，对 3D 电视节目的制作有了更多的理解和认识。接下来的文字将简单阐述我们对于 3D 技术应用于电视领域的一些心得体会。

一、3D 技术特点分析

我们所说的 3D 就是三维空间的意思。与传统 2D 画面相比，3D 画面更具有立体感、纵深感，画面中的视觉元素不再局限在屏幕之上，而会从单一平面中解放出来，真正"走"出画面，带给观众更加真实的临场感。

3D 技术的原理就是通过模拟人眼的视觉差异来获得立体影像效果。3D 技术通过使用两幅互相重叠的画面（同一时间、同一场景）来增强观众视觉的深度感，左右眼分别接收一幅图像信息。影像通过专门的 3D 摄像机拍摄，这种摄像机通常有两只型号规格相同的镜头。两只镜头所拍摄的影像会存在空间上的透视差异，即我们所谓的视差，而正是这种视差，通过大脑的信息处理构建出了立体的空间效果，进而产生了深度感，使得画面内不同层次的元素或向屏幕外凸出，或向屏幕内深入。

二、主流 3D 技术分类

目前几种主流的 3D 实现方式在原理上不尽相同，但目的都是为了实现左右眼的差异成像。不同的实现方式通过不同的投影或放映技术以及相应的眼镜来实现左右眼的收视差异。

（一）分色方式（红蓝、红绿等）

分色方式实际上是让左眼和右眼的图像相互叠加，通过色彩来产生成像差异。通常会记录在一幅胶片上或同一景片上。观众戴上一副有色眼镜——红蓝

两色或者红绿两色，使得眼睛能够区别被叠加的两幅图像，以此来产生画面的深度感。（如图 1）

分色 3D 的优势在于其实现的门槛较低。分色方式被广泛用于现今的 3D DVD 和蓝光盘，是因为它不需要特殊的设备，不需要额外购置一台 3D 投影机或者电视机，它能够在传统的电视或投影上使用。而且，它是最廉价的 3D 解决方案。分色方式的 3D DVD 和蓝光碟片，碟片本身不会比普通 DVD 或蓝光盘更昂贵，因为没有额外的附加技术成本。而观看工具仅仅需要几毛钱成本的纸质边框红蓝（红绿）眼镜即可。免去了各种 3D 硬件的成本投入，这应该是目前市面上最便宜的 3D 系统。而眼镜的低成本，原因在于这种红蓝（红绿）眼镜属于被动式眼镜。被动式眼镜没有电路或者电子元件，既减轻了重量也节约了成本。

图 1　红绿分色 3D 眼镜

图 2　干扰滤波器 3D 眼镜

但与此同时，分色 3D 的劣势也是显而易见的。首先是色彩，分色 3D 的最大问题在于其差强人意的色彩还原，当两个镜片被主动染色后，色彩看上去会有些不正常。其次，亮度损失也是一个软肋。因为这种眼镜仅仅让特定波长的光线到达观看者的双眼，所有其他波长的光线都会被过滤掉。因此，通过分色 3D 眼镜所看到的图像要暗很多。另外,严重的串线问题也会困扰观看者。分色 3D 相比其他类型的技术更容易发生串线,一只眼睛看到了用于另一只眼镜的图像的一部分,在这种情况出现的时候会让观众分心,无法聚焦,长时间会造成眩晕的感觉。

(二)偏振方式

偏振系统被广泛用于影院和其他高端投影中。在一个偏振系统中,来自一台或者多台投影的光线通过一个偏振滤波器,使得所有的光波在同一方向上振荡。观众佩戴的眼镜上的特殊滤镜,仅允许属于某只镜片的光线通过。为两只眼睛使用不同的偏振方向,使得两幅分离的图像可以被投射,一幅图像用于一只眼睛,从而产生深度感。

目前在商用 3D 投影领域存在着两种主流模式。一种是双投影技术,每台投影通过自身的偏振滤波器分别投射左右眼图像。这种技术被广泛应用于 IMAX 3D 当中。另外一种系统,被称为 Real D(采用的是旋转偏振技术),由一台投影机和一个快速切换偏振器组成。该系统迅速地切换左右眼图像,偏振滤镜也在顺时针和逆时针偏振方向中配合左右眼图像的改变而切换。事实上,这种旋转偏振技术是在线性偏振的基础之上发展起来的。以前我们在使用线偏振眼镜看立体电影时,应始终保持眼镜处于水平状态,使水平偏振镜片看到水平偏振方向的图像,而垂直偏振镜片看到垂直偏振方向的图像。如果眼镜略有偏转,垂直偏振镜片就会看见一部分水平方向的图像,水平偏振镜片也会看见一部分垂直方向的图像,左右眼就会看到明显的重影。而旋转偏振光偏振方向是有规律的旋转着的,它可分为左旋偏振光和右旋偏振光,它们相互间的干扰非常小。现在看偏振形式的 3D 电影时,观众佩戴的偏振眼镜片一个是左旋偏振片,另一个是右旋偏振片,也就是说观众的左右眼分别看到的是左旋偏振光和右旋偏振光带来的不同画面,通过人的视觉系统产生立体感。在本次测试片的制作中,我们就是采用旋转偏振的监视器来进行监看的。

偏振光 3D 的优势在于较好的色彩还原。与分色系统相比,偏振眼镜透镜本身几乎无色,色彩更为准确。与此同时,偏振眼镜也是被动式眼镜,和分色 3D 一样,廉价并且不包含电器元件。偏振眼镜的框架通常是用塑料制作的,相比纸质框架的 3D 眼镜更耐用。不过很多分色眼镜也开始使用塑料镜框。另外,低串线率也是其优点之一。偏振光 3D 系统相比分色 3D 系统具有更低的串线发生率。由于偏振光线的特性,左右眼图像被彼此分离开,发生串扰的几率很低。

偏振光 3D 的劣势依旧是亮度损失。事实上,所有的单投影机 3D 系统都会有明显的亮度损失，因为左右眼在快速切换中每只眼睛只能看到屏幕反射的一半光线。另外，偏振系统的实现成本较为昂贵。虽然眼镜本身不贵，但系统的构建却需要一笔不小的开支，至少要有一个较高端数字投影机以及能与之配合来管理同步的特殊设备，一个偏振滤波器以及一块金属屏幕（传统的白幕不能反射偏振光）。双投影机系统当然需要两台投影机和两组偏振镜，搭建成本更高。

（三）干扰滤波器3D

干扰滤波器系统使用一台投影机来工作，并且不需要金属屏幕。这种被称为“Dolby 3D”的技术所兼容的投影机有一个特殊的色轮将主色分离成若干片段，特殊的干扰滤波器眼镜，允许左眼只看到特定的若干片段，而右眼看到其他片段。

干扰滤波器3D的优势是不需要金属屏幕。事实上早年的电影都是采用金属屏幕，其相比，白幕观看角度的限制更大一些。当投影机变得足够明亮，能够充分地照亮一张白幕的时候，金属幕就失宠了。因为对于坐在偏离中间的观众来说，金属幕的亮度下降明显。干扰滤波器3D不需要使用偏振光，就不需要镀银屏幕。坐在影院两边的人能够获得更为一致的屏幕照明度。另外，这种眼镜也属于被动式眼镜，但相比偏振光眼镜具有较高的耐用性，透镜由玻璃制作，与脆弱的偏振镜相比，更加耐磨。

干扰滤波器3D的劣势依旧是亮度损失。同时，专门的投影机购置和改造也是一笔不小的开支。此外，这种眼镜虽然也是被动式眼镜，但由于采用了特殊的透镜，其成本较之偏振光眼镜要高一些，每副眼镜需要30美元左右。

（四）快门眼镜方式

快门眼镜是家庭3D观影的主推方式。在使用这种眼镜的系统中，左右眼图像被快速交替显示。这种超快速的左右交替利用大脑的视觉暂留，将两幅图像融合成一体，从而产生3D纵深感。

快门眼镜的优势在于良好的色彩和无串线表现，因为在快速切换中单眼的图像会被快门主动地完全屏蔽掉，避免了双眼影像的相互干扰。

快门眼镜的劣势在于其高昂的价格。由于是主动式眼镜，眼镜构造复杂，带有电池、电器元件以及脆弱的LCD透镜，价格在100—150美元左右，而且任何破损以及电池耗尽都会对观影造成致命的影响。另外的缺点就是亮度损失。快门眼镜系统也使用单台投影机，所以和其他单投影系统一样有至少50%亮度输出的损失。

综上所述，各种3D实现手段各有千秋，但缺陷也是明显的，而对于3D电视的发展来说，最终是要落实到实现家庭3D环境搭建的完美解决方案，这需要仰仗技术的不断创新、成熟，来营造一个具有性价比的、易推广易操作的、具有广泛适用性的家用3D电视环境。

三、3D在电视转播中的使用

目前，3D技术在电视领域已经有了一些成功使用的案例，其优势主要体现在大型体育赛事转播和舞台演出等领域。3D技术所带来的画面临场感会带给观众更真实的视觉体验。

通过对3D实际拍摄以及相关素材（如2010年足球世界杯3D转播）的分析，我们得到许多不同于传统2D电视节目摄制习惯的宝贵经验。

首先，对于3D电视转播来说，要想获得舒适的视觉体验，在前后画面的景别控制上要保持有序的渐进过程。导播在切换画面时，不能随意地进行大差异景别的频繁切换，这样的操作会给观众带来强烈的不适感或晕眩感。要顺应人脑分析双眼画面的过程，给予较之传统2D收视更长的时间来进行条件反射。

其次，对于拍摄高速运动物体的画面，由于单位时间内的巨大位移可能导致左右眼视差过大，画面会出现闪烁等现象，需要相应地使用较大的景别来减弱这种不适感。另外，3D在捕捉高速运动元素时可能会出现单眼的元素缺失。比如，在世界杯转播中，有时会出现一个高速运动中的脚部带球动作特写，球或者运动员的脚部可能会在瞬间出画，这时可能会出现一只眼能看到的元素而另一只眼看不到的情况。在大脑处理这样的信息后，就会出现非常规逻辑的画面闪烁或成像障碍。

而3D电视本身的介质属性会加重以上各种不适感：3D电视和电影银幕的一个很大区别在于，电视较小的屏幕尺寸和实体的电视边框会人为的给观众造成一个画框平面的存在，在画框边缘的这种出画元素的频繁出现会造成观众空间识别上的错乱，特别是在元素不在电视画框平面（出屏或入屏）上的时候。正因为以上诸多元素的掣肘，我们看到，在世界杯第一场开幕式的3D转播中，导播在切换画面时格外谨慎，一个大全景甚至持续了十分钟之久。在后续的比赛中，随着经验的积累，画面切换也变得更加流畅自如。

由此可见，3D电视一方面需要前期工作人员对画面进行更精确的设计和把握，充分了解3D画面的特点，充分发挥3D画面的优势，避免不符合3D收视规律和习惯的镜头出现。同时，对于被摄物，场景以及事件的动态规律要有先行的了解和预判，以提前把握景别和镜头调度；另一方面，对于接收端来说，最好让观众在尽量大的放映平台上进行观看。换言之，电视屏幕越大，3D的收视效果越好。

四、3D电视前期解决方案

在本次测试片的拍摄过程中，我们先后采用了双机（水平支架，Sony P1双机）拍摄（如图3）以及单机双镜头（使用松下摄像机）拍摄两种3D前期解决方案。二者各有优势，对于3D电视节目的摄录来说，需要根据具体的节目类型以及操作成本和效率来进行最优化的选择。

图3　使用Sony P1摄像机双机拍摄

通过实践，我们不难发现，双机拍摄无论采用水平支架还是垂直支架，都需要花费大量的时间与精力来进行系统同步和画面一致性的调整，每换一个景别都需要进行新的设定和校正。并且，出现无法正常观看的3D逻辑关系错乱的镜头概率也比较高。这一方面需要操作者有丰富的3D拍摄经验；另一方面，需要有足够的时间来进行各种细微的摄像机调校。这种双机拍摄的优点在于可以有较大范围的视差调整空间以及更多的可用景别，并且可以保证较为优秀的图像质量，比较适用于3D电视纪录片、专题片以及演播室固定机位等场合。

与之相对的，是较为便携、易操作的单机双镜系统。由于这种3D摄像机将两支镜头位置锁定，所以不存在再调整的可能性，也就是说出厂时已经保证了两支内嵌镜头相对位置和物理属性的高度一致性。其优点在于拍摄时不需要进行复杂的3D设定，拿起机器就可以拍摄，并且可以保证很高的3D镜头成品率。但目前,这种结构的3D摄像机多是基于非广播级专业摄像机机身进行的设计,所以拍摄的画面质量比起双机系统来说要逊色一些。例如这次使用的 Panasonic 3D 摄像机只能提供4∶2∶0的信号质量,后期在监视器上与双机系统拍摄的画面对比,还是可以明显看出画质差异的。这种便携系统,对于新闻、纪实以及大量常规3D电视栏目来说都具有广泛的适用性。当然,随着技术的不断进步以及产品供应商的激烈竞争,我们相信,这种3D系统画质的进一步提升也只是时间问题。

五、3D 电视后期制作

首先介绍一下这次3D测试片的后期硬件系统:我们主要使用了 Quantel SID 系统来进行后期剪辑、字幕合成以及校色工作。相关设备有一台 Sony LMD－4251TD 42 寸 3D 监视器(旋转偏振),一台 Sony HDCAM－SR 5800 录像机。前期拍摄回来的素材(Sony P1 双机拍摄)在 HDCAM－SR 录像机中以两路 HD－SDI 4∶2∶2采入 Quantel 系统。(如图4)

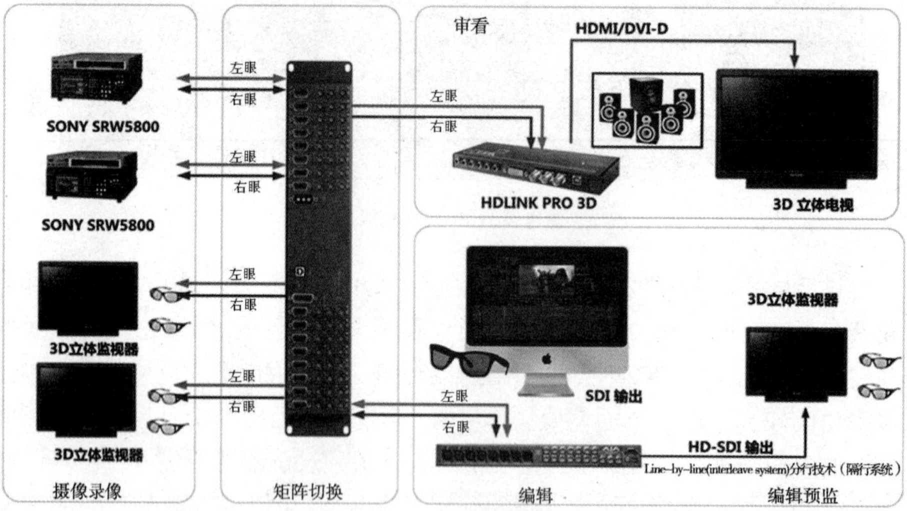

图4　BTV 后期3D环境系统构架

Quantel SID 是宽泰公司专门为3D制作推出的版本。采集到 Quantel 盘阵里的3D视频会在时间线上自动成为左右眼的双轨视频,在剪辑界面中可以有多种方式自由切换左右眼显示,用以观察画面的差异,而3D画面则需要带上3D眼镜(旋转偏振)通过3D监视器来观看。这次使用的3D监视器采用的是交错式(Interlace)显示模式,监视器接收左右眼各一路 HD - SDI 信号,左眼取奇数场,右眼取偶数场。Sony 这款 3D 监视器实际上通过在普通监视器的屏幕上贴一层偏振膜来实现 3D 显示的,这种显示方式的弊端是画面的垂直分辨率会下降一半,并且,在前后帧画面发生变化时,即切镜头时,画面会出现闪烁现象。在今后的 3D 电视节目的实际制作中,这种缺陷是可以容忍和忽略的,但在审片环节中,最好还是采用投影的方式来进行观看。

在这次测试片终版的审看中,我们使用了两台 Panasonic PT - DZ12000C 2K 投影加偏振镜片组(如图 5),配合一块大型金属幕,搭建了一个偏振投影审看环境。配合 5.1 声道环绕立体声监听系统,实现了比较理想的高质量 3D 监看环境。

图 5　两台 Panasonic PT - DZ12000C 2K 投影加偏振镜片组

在本次 3D 测试片的后期制作过程中,由于要同时兼顾双路信息,时刻做到左右眼画面内容上的匹配,因此一些常规制作方法和流程也发生了相应的变化。我们感触最深的是以下两个方面:

(一)“非法镜头”调整

3D 素材采集完毕后,基本的筛选和剪辑与处理普通 2D 素材并没有区别。额外的工作是我们要用 3D 后期处理平台对前期拍摄的 3D 素材进行视差的修正,以及左右眼的一致性调整。由于在前期双机拍摄时,两台摄像机在参数、镜头朝向、镜头运动等方面多少会出现不一致，抑或是变焦时出现微小的不同步或者透视变化的差异，这些都将直接导致人眼在观看时会产生不适感——我们称之为“非法镜头”。

事实上，在本次的测试中我们遇到了各种各样的“非法镜头”。例如双机的色彩差异，这可以依仗 Quantel 校色功能对双眼色彩空间进行匹配。再比如出现了左右眼逆视差过大的情况，即出屏过多（如图 6），给观众造成强烈的不适感，这时我们通过时间线上双眼画面的相对位置关系调整（目前仅限于 X、Y 轴的水平垂直位移）来修正视差以改变画面元素的出入屏程度。

图 6　谨慎把握荷花的逆视差出屏效果

每个镜头都需要进行单独的视差调整，并且要考虑前后镜头之间的衔接，前面已经提到，跳跃式（景别和视差）的剪辑会造成强烈的不适感。通过实践我们发现，人眼对于入屏和出屏画面的主观感受是不同的，对于相对保守的入屏画面，人们在视觉上是比较容易接受的，但对于出屏，则需要谨慎使用。如非刻意营造出屏带来的强烈立体冲击和瞬间的节奏变化，应尽量限制大尺度出屏元素的时间和比例。

另外，应尽量避免浅景深画面的出现。在传统 2D 表现形式中，景深是营造画面空间和深度感的重要武器，它很容易通过虚实变化来吸引观众的视觉焦点，但在 3D 影像中，即使在全合焦的大景深环境中，画面元素由于 3D 视差的关系已经具备强烈的前后关系，这时观众已经在不自觉地进行画面主体信息的甄别和搜索，实际上这种画面聚焦是一个高度用眼的过程。如在此基础之上，再营造一个浅景深的虚实环境，大脑很容易在识别顺序上发生错乱，是先对视差造成的前后景进行聚焦,还是先对浅景深造成的虚实关系进行分析,很容易让人眼不知所措,进而产生疲劳和不适。

值得注意的是,对于视差逻辑错误造成的不适,根源还是在于前期的镜头设计和把握,在后期,只能在有限的范围内进行视差的修正。

(二)3D 包装

在本次测试片的制作中,我们还进行了大量 3D 包装元素的合成和制作(如图7)。在这个过程中,我们利用对 3D 技术的理解和认识,采取了两种不同的操作方式。

第一种,即采用三维软件进行 3D 镜头设计和输出。利用 MAYA 最新版本中的3D 模块,对模型进行3D 渲染。模型和动画的搭建与以往相同,但软件中的摄像机却从以前的单摄像机变成了 3D 摄像机,其中各种 3D 摄像机的参数设置均参照真实拍摄时 3D 摄像机的参数进行设置,对视差进行估算后进行单帧的3D 渲染测试,通过红蓝的效果进行预览直到得到满意的立体效果。而后开始进行整个镜头的 3D 渲染,生成的左右眼各一组图像序列直接导入 Quantel,就可以在 3D 监视器上监看最终的 3D 动画效果。这其实是最真实和严谨的 3D 动画与包装制作方法,即所谓的真 3D 制作。

图7　演播室节目包装中的3D 运用,可以创造多层次的立体空间

与此相对的,是我们通过 AE 等合成软件,对常规的 2D 包装特效元素进行转制,这被我们称作假 3D,方法和以往 2D 制作一样,唯独在生成的时候,将各种叠加的前后层级的元素拆分,进行带通道的独立渲染。这样的好处在于,我们可以将一个制作好的片头或者特效镜头中的前后景元素单独提炼出来，导入到 Quantel 系统后，通过复制独立元素到左右眼，然后人为地进行同一元素在左右眼画面中 X、Y 轴的位移来创造视差。而在这个过程中，由于都是带通道的独立元素，因此，不会对其他元素构成影响。而对各层级元素进行不同程度的位移，就可以创造出不同的前后景关系。

例如 BTV 角标的制作，即导入一个带通道的角标图像到 Quantel 中，先将其嵌入左(或右)眼的视频层中，调整角标到合适的位置，之后，复制该角标视频层至右(或左)眼的对应视频层中，并将 DVE 中的 X 位置信息向负方向移动 8 个像素。这时我们带上眼镜看监视器，就会得到一个出屏效果的 BTV 台标。事实上，对右眼台标的 X 轴方向位移即是在人为地创造视差，而向负方向即是创造负视差。(负视差会产生出屏的效果，反之正视差会产生入屏的效果)而 8 个像素是通过实验得来的经验值，这是一个出屏比较保险的范围。根据我们对所创造的不同元素前后关系的定义，我们可以将视差从出屏到入屏，即从负值到正值进行递进的变化，就会营造出具有深度层次感的 3D 特效画面。(如图 8)

图 8　利用 2D 转制的 BTV 3D 角标，频道 LOGO

这种制作手法的优点在于，相比真正的 3D 制作来说，它只需要生成一路视频序列，会节省更多的渲染时间和存储空间。特别对于 3D 高清制作来说，其效率要高得多，而对于非专业观众来说，营造出的 3D 效果也是很逼真的。

缺点在于，其虽然创造出了视差，但对比分析双眼的透视信息会发现，元素没有透视角度的变化。因为我们是通过复制相同信息创造出的左右眼画面，这与我们实拍3D画面或者通过软件中的3D摄像机来进行双机位渲染所创造的真实透视差异是不可同日而语的。所以，在提高效率的同时，这种假3D牺牲了部分3D影像的真实质感，会在一定程度上降低受众的观影体验。实际上，现在很多3D商业电影就是2D拍摄，而后进行ROTO抠像分层，人为造视差。利用类似原理进行后期转制，烙上3D的标签，也可以赚取丰厚的票房收入，虽然其转制成本也是非常昂贵的，但相比全3D制作流程来说，时间和成本上都要节省很多，而票房回报依旧可观。

对于3D电视的后期制作和包装业务来说，也需要在性价比上寻求一个最佳解决方案。针对不同的节目类型、制作周期和预算来进行合理的3D方案设计。本次测试片的制作，也是对一种相对高效且简单可控的3D包装模式的探索。

六、结语

通过本次3D的制作，我们得到了很多宝贵的经验。对于中国的电视行业来说，3D技术方兴未艾，还有很宽广的空间和未成熟的课题留给我们去研究和探索。随着今后广电部门3D相关行业标准和规范的出台，3D电视会真正走上正轨。尽管在播出渠道、观看媒介、成本评估、收视习惯建立等很多方面还未尽成熟，但破冰之日已经来到。国外3D频道的开播，以及全球观众对3D影像的狂热追逐，都将加速国内3D电视产业的发展。梦想照进现实，3D电视有了一个非常梦幻的开端。

对于电视来说，3D不应是颠覆性的，而是一种技术手段和实现方式上的创新，我们利用影像的真实感和立体感可以增进视听语言的表现力。在测试片的制作中，我们的一点深刻体会就是，电视画面在3D时代终于做到和声音一样，能够带来立体空间的呈现。若干年前，5.1声道就已经家喻户晓了，我们在享受立体声效的同时只能在二维平面上观看影像，而空间感的营造很大程度上托付给了音响。现在，两者终于可以统一协作，为我们带来一场真正意义上的立体视听盛宴。

参考文献：

1. 李新、任余亮、李焕勤：《3D电视技术综述》，《网络与信息》，2011年第2期，第32页。

2. 杨宇、郭远航、沈萦华：《3D电视节目的防眩晕拍摄技术研究》，《电视技术》，2011年第8期，第54页。

2012年央视网络春晚3D版录制心得与3D网络电视的发展

中国网络电视台3D频道负责人　金　楷①

【摘要】本文作者结合自己录制2012年央视网络春晚3D版的实践，详细介绍了其拍摄设备的选用、拍摄方案的制订、各种问题的解决方法，将自己及团队成员的经验、心得进行了总结。文章还对3D网络电视的兴起和发展概况做了介绍，并认为其有良好的发展前景。

【关键词】3D网络春晚；拍摄心得；3D网络电视；发展

中国网络电视台(CNTV)举办的2012年央视网络春晚，在节目出新、出彩和提升影响力的同时，首次采用了3D技术进行全程录制。2012年春节期间，央视网络春晚2D版通过CCTV1、CCTV2、CCTV3、CCTV4和CCTV高清，以及CNTV网络电视、手机电视、IP电视、互联网电视、公交移动电视等多平台播出，海外受众覆盖北美、欧洲及日本等全球一百四十多个主要地区和国家，反响强烈。央视网络春晚3D精华版在中国3D试验频道和CNTV 3D网络电视同步播出，精彩的3D视觉效果得到广大网民朋友和电视观众的一致好评。此次网络春晚的主创团队和所有工作人员为了晚会能取得圆满的成功，作出了很大的努力，在努力尝试的同时，也获得了实实在在的经验，为未来更大规模和更高品质的3D节目现场录制奠定了基础。

一、CNTV的3D业务

2011年上半年，CNTV便开始进行3D视频方面的调研和规划。我在随后启

① 中国网络电视台(央视网)3D频道负责人，2012央视网络春晚(3D版)录制项目总负责人、现场3D录制导演，资深3D人士，多年从事3D技术的研究和实践，曾自主研发多套3D拍摄器材，同时对于互联网3D播放技术有着深度研究。

动的CNTV 3D在线播放器开发项目中，负责播放器的功能设计和用户操作界面的交互设计，这个播放器除提供传统的红蓝模式之外，还提供偏光和快门模式，大大提高了观看效果。3D播放器的顺利开发，为接下来网络春晚的录制和网络播出打下了基础。我有幸参与了2012央视网络春晚3D版的录制工作，负责对片头制作、录制设备选型、摄像机位置布局、立体度控制、现场拍摄和后期制作等工作环节进行方案制定和整体技术把关。

在2012年央视网络春晚顺利录制和播出后，2012年4月25日，CNTV正式推出全球首个全功能互联网3D视频点播平台——“3D视听中国”频道（3d.cntv.cn）。所谓“全功能”，是指网友们可以根据自己现有3D观看设备，选择最合适的观看模式，达到最佳视觉效果。从此，广大网友们可以在电脑上很方便地享受各类3D节目内容带来的乐趣。

二、央视网络春晚3D录制带来的挑战

3D影像的历史几乎和摄影的历史一样久远，发展过程中遇到过诸多技术问题。到了数字时代后，3D技术才得以迅速发展。胶片时代，画面同步的问题是很难解决的，同步控制的精度也不够高。而3D与数字化结合之后，在镜头和机身的同步操控、影像的同步记录以及后期处理方面都达到了一个新的高度。

3D双机组合拍摄中，我认为所有的问题可以归结为两个最核心的问题。一个是双机的位置关系问题，涉及不同机架的选用和双机空间几何位置的定位与调整；另一个是同步问题，涉及控制和记录等各种同步。

3D和2D拍摄有一些是共通的，比如机位的合理布局，景别和拍摄角度要丰富等，但传统的2D镜头语言，有些不适合用于3D拍摄，这取决于人眼的接受程度。为了更好地实现3D效果，我们在拍摄方式和导播切换上做了一些调整。由于摄像师大部分没有3D拍摄经验，在考虑人眼接受程度的前提下，直接将2D的拍摄方式移植到3D拍摄是不行的。所以，我们事前约定：摄像师根据导播的指令负责构图和对焦，但不要频繁或急速的推、拉变焦；导播切换镜头不要太快；前后两个镜头的出屏与入屏程度不能差别太大。这些都保证了观众能得到更舒服的3D视觉。只要注意3D拍摄的安全原则，2D大部分的镜头语言都可以移植到3D上来。

本届网络春晚采用2D和3D两套班底共同拍摄，传统2D团队有八个机位，3D团队有六个机位。在拍摄过程中，可能会出现相互干扰的情况，特别是摇臂机位。在这种情况下，只有靠大家多多协商了，要事先商量好动作的先后顺序再

行动。今后可以考虑部分节目的录制采取类似 3D 电影的制作方式，也就是只用 3D 拍摄，后期生成 2D 和 3D 两个版本。

三、3D 拍摄方案的制订

(一)拍摄设备的选用

2012 年网络春晚是录播，所以相对于 3D 直播的设备来说显得相对精简一些，但是依然要由 3D 支架及伺服控制系统、摄像机及双机同步控制系统、导播系统和记录系统等多个系统组成。而且，我希望在录播的框架内，尽量做到接近直播的效果，也就是说要尽量提高前期拍摄的质量，把各种误差控制在一定范围内，这样可以有效地减轻后期制作的压力。虽然业内已经出现了多种设备方案，但不一定完全适合这次网络春晚录制的需要，因此，我在设备方案的选择上非常慎重。画质、录制系统各部分的配合，系统的易用性、可靠性和耐用性，价格等都是要顾及的因素。在系统整体搭建上，我们也借鉴了国际上卡梅隆 - 佩斯集团和 3ality 等在 3D 转播领域的成功经验。

从拍摄系统构成角度来看，拍摄晚会要比拍电影更复杂，在晚会的拍摄过程中，机位更多，还需要导播系统的调度。同时，还要照顾电视拍摄中推、拉、摇、移等镜头语言的习惯。此次录制系统共六讯道，其中三个垂直式 3D 机位，两个并列式 3D 机位，一个一体式 3D 机位，拍摄方式基本保留 2D 摄像师的习惯，可进行推、拉、摇、移等操作，并且配备 Tally、通话和返送等功能。导播台做到左右双路 HD、SDI 信号同步切换，记录系统相应记录左右双路全高清信号。

由于并列式拍摄系统的结构特点，受到机身宽度的限制，两只镜头的轴距不能做到很小，所以，我们将并列式用于拍摄全景机位。垂直式拍摄系统由于机身分别处于上下两个位置，在镜头的轴距设置上非常灵活，所以我们用于拍摄近景和特写。3D 摄像机领域，目前是并列式、垂直式和一体机三足鼎立的局面。

经典的并列式简单有效，轴距可调，但不适合拍近景。

垂直式由于轴距可以连续调整，目前具有不可替代的特性，但必须处理好前面提到的种种固有缺陷，才可以发挥最大的功用，垂直式 3D 摄像机有它的优点，是目前 3D 拍摄的主流机型，但是却存在着一些固有且难以克服的缺点。

首先，垂直式组合的机架体积庞大、笨重，机动性不好。

其次，分光镜(即半反半透镜)的使用，可能会使画质劣化。由于通光量是一定的，理论上分光镜使到达每个镜头的光量只有原来的一半，再除去分光镜本身吸收的光损耗,每个镜头的实际采光量不到原有的 50%,通光量的损失很有可能会影响画面质量,这一点可以通过增加舞台照度或提高增益的方法来改善。此外,分光镜也可能引起色差,不过这方面性能正在逐步改善。

再次,分光镜本身有一定的厚度,这就在镜体表面产生两个光反射面,最终会产生重影现象,并且焦距越长或者对比度越大的场景会越明显。这些重影在后期是不可去除的。我们只能将镜头的焦段做一定的限制,或者避开高对比度的场景,以控制重影的影响。

最后,垂直式机架的结构比较复杂,存在稳定性上的隐患,尤其是上面的机位和分光镜容易受到震动的影响。

一体机操作简单,但轴距固定、画质一般。

三种机型都各有利弊,彼此不可替代,只要扬长避短,物尽其用,就能达到比较理想的效果。三种机型都会继续发展和改进。我相信,全新原理的 3D 摄像机在未来一定会出现,填补目前三种机型的性能短板。

2012 年央视网络春晚的 3D 现场拍摄,我们选用了业内比较高端的设备,比如 ET 和 P + S 的 3D 支架、松下 14bit 的广播级摄像机和 3D 导播台、最新的佳能 3D 同步镜头等。机位的布置、导播间的设备整合、3D 拍摄支架的精细调整、设备的调试安装都是一块需要投入精力的工作。此次录制在国内率先大规模使用了 3D 同步镜头,成为关键性技术设备之一,这种 3D 同步镜头由一根电缆连接 2 个镜头,实现严格的同步,系统连接简单,无需额外辅助设备。再加上镜头上设有显示屏,更加方便系统搭建的操作,这种 3D 镜头在设计、操作和整体控制方面非常适合 3D 电视节目的拍摄,比传统的镜头同步方式节省了相当的时间,为此次录制的成功奠定了重要基础。

一般来说,由于两支镜头在变焦过程中,可能会由于不同步而产生不规则的误差,而连续出现的不规则误差在后期是很难修正的。此次使用的 3D 同步镜头,由于没有外置的伺服控制装置,整体结构紧凑,主从镜头之间协调一致,同步性能优异。这种镜头带有焦段锁定功能,可根据不同的机位需要,将镜头的焦段锁定在某个特定区间里面,这样可以有效地限制由于支架和摄像机系统整体出现的误差范围,并保证画面的质量。

目前国际上有一些产品可以测量两支镜头在变焦过程中产生的误差曲线并自动修复,但是整个系统比较复杂,且价格昂贵。

(二)技术改进的方向

在拍摄过程中,对于并列式和垂直式 3D 摄像系统,即使前期已经把机械误差限制在很小的范围内，但推、拉、变焦会使整个系统产生不规则的几何误差，而这个误差是支架、摄像机、镜头和伺服控制系统的综合误差。如何不用太昂贵的代价就能解决这个问题，是一个很有价值的研究方向。如果能够很好地解决了这个问题，那么摄像师在拍摄像网络春晚这种大型晚会的时候，构造 3D 镜头语言时就会更加丰富、自由。更智能、更全面、自动化程度更高的 3D 误差控制和 3D 摄像机控制，是未来的一个发展方向。

此外，此次录制有几个机位距离舞台比较远，所以部分镜头出现了一定的“纸片效应”，也就是立体感不够饱满，希望下次能够争取到距离较近的拍摄机位，达到更好的立体效果。

四、网络 3D 电视的兴起及未来发展

从电影院热映的 3D 大片、2012 年初开通的国内首个 3D 试验频道，到 3D 手机、3D 显示器、3D 游戏，甚至是 3D 家居体验、3D 教学……3D 已经成为时下的热词，而互联网 3D 内容平台一直以来处于缺失的状态，这对于 3D 的普及和 3D 产业链的健康全面发展形成了阻碍。

CNTV 推出的“3D 视听中国”频道，具有里程碑式的意义，不仅标志着国内首个真正意义的互联网 3D 内容平台的诞生，对 3D 院线和 3D 电视形成补充，为网友随时随地观看 3D 提供了空间，也是 CNTV“建设网络视听节目新形态、新品牌”战略的重要体现，对于 3D 产业的可持续发展也具有重要的作用。

据悉，国外的 Youtube 和英伟达公司等虽然也已经推出了在线 3D 内容，但 Youtube 属于网友的内容分享性质，还未达到系统化的 3D 点播或播出的形态；而英伟达只提供自家的“快门”3D 观看模式，从播放平台的角度来看，对于 3D 在互联网上的发展和普及还有提升的空间。所以，“3D 视听中国”的推出，在全球范围的互联网 3D 领域内也具有相当的新意。

“3D 视听中国”结束了国内网友长期以来在网络上只能以“红蓝”方式观看 3D 内容的历史，并且形成了体系化的内容格局，从节目呈现到技术开发，推出了一系列创新之举。一是在内容运营上，集合影视、动漫、综艺类以及晚会、活动等的 3D 片源，建立大片、娱乐、探奇三大内容体系，精心编排节目，为网民提供极致的 3D 视听体验；二是在产品设计上，设置“3D 实验室”特色专区，就 3D 技术与应用等视听前沿领域话题与网民开展分享与互动；三是在播放技术上，可兼容多种类型的 3D 观看设备，形成对各类 3D 观看设备和 3D 观看方式的“通吃”。

如今，CNTV 积极研发网络 3D 播放技术，并推出 2012 年央视网络春晚 3D

版，在 CNTV 和中国 3D 试验频道成功播出，CNTV 推出了“3D 视听中国”频道，未来，CNTV 还将继续推进技术开发并集纳、创作优秀的 3D 内容，打造内容承载最丰富、功能最全面的 3D 影音视听品牌。

随着宽带的迅速普及，以及 3D 手机、3D pad 等新型移动 3D 终端的涌现，CNTV“3D 视听中国”频道时刻准备着提供更高清晰度的 3D 视频，并逐步支持各类互联网 3D 终端产品。此外，在近两年来 CNTV 对 3D 视频和音频研究的基础上，“3D 视听中国”播出片源的标准格式正在由左右格式向“MVC”或“Tile”等更优化、更适合互联网的格式过渡，并研发新一代“网络 6D”影音形态，同时着手制定相关标准。

“3D 视听中国”会本着开放的原则，与业界各类 3D 制作机构、3D 硬件厂家、3D 科研院所、内容版权发行代理公司、播出机构等开展广泛友好的合作，为大家提供 3D 技术支持和展示平台，促进 3D 产业的发展，为网友提供更多更好的 3D 内容。

CNTV 会大力继续发展 3D 新媒体领域的业务，为广大网民朋友们提供一流的 3D 视听观看平台，推出更多精彩的节目，这会是网民朋友的视听饕餮盛宴。对于我个人，在 3D 相关方面还会继续进行研究和更多的实践，希望能有机会应用到更多的 3D 节目的录制或 3D 纪录片的创作之中。

参考文献：

1. 王留：《央视春晚的 3D 舞台效果探析》，《东南传播》，2010 年第 11 期，第 143 页。

2. 林远：《让艺术跳出平面——中央电视台 2012 年春晚 3D 录制导演谈立体电视》，《现代电视技术》，2012 年第 3 期，第 14 页。

3. 杨斌：《求问 3D 创新春晚——日本 NHK 3D 专家访谈录》，《现代电视技术》，2012 年第 3 期，第 18 页。

立体电视节目制作在体育赛事转播中的探索与应用

苹果视频全球认证讲师　于　涛

【摘要】本文主要以2010年南非世界杯、2011年温布尔登网球公开赛的3D转播实践为案例，对立体体育赛事转播的方法和理念进行研究。文章指出，立体化电视节目制作有着自身独特的视觉特点，在实际运用过程中，出现了许多和传统2D节目制作不同的问题及解决方案。文章认为，目前，对于3D技术在电视赛事转播中的视觉效果，人们还褒贬不一，在实际体育赛事转播中对3D技术的运用也应遵循差别化原则。

【关键词】立体电视节目；体育转播；应用

1931年，英国广播公司直播了一场赛马比赛，这被公认为是人类史上第一次电视直播体育赛事。

1951年，美国哥伦比亚广播公司直播的另一场赛马比赛是体育赛事的首次实现彩色直播。

1964年，东京奥运会开幕式成为首个卫星直播的彩色体育赛事。

1984年，洛杉矶奥运会直播首次实现电视信号的立体声。

1998年，哥伦比亚广播公司首次以高清（HD）方式转播了全美橄榄球联赛。

2010年1月31日，英国天空电视台第一次用3D技术转播了阿森纳和曼联的英超联赛。

2010年由索尼与国际足联共同制作和发行了首部采用3D立体影像技术制作的南非世界杯官方纪录电影。

……

岁月不居，随着电视节目制作技术的日新月异与收视观众对电视节目视觉期待的不断增强，以立体化的制作手法和最终表达形式展现电视节目，在新的产业技术环境下，强化收视效果与视觉魅力，寻找电视节目在立体化视觉影像这一语境下的最佳表达方式，保留电视观众对3D电视节目的收视忠诚与视听享受，成为了这一代电视人应有所思考的时代问题。本文试根据体育赛事转播中镜头语言的相关特点和转播机位设计,结合已有媒体机构在立体化体育转播领域的节目制作实例,就立体技术平台下体育之美的表述方法做探索性的分析。

一、立体化电视节目制作的视觉特点

相较于传统的二维电视节目制作而言,在影像传达上,三维立体的电视节目视觉感受则更侧重于观众的收视体验本身。由于立体电视国际现行的制作与放映多采用模拟人眼观看的 Side By Side 模式,即模拟左右眼的观影方式和制作流程,这就在电视节目制作的全流程环节中引入了“视差”这一引领观众感知画面中被摄物深度的全新创作元素。如果将传统二维的电视节目创作比作在一张画纸的平面介质上向观众展现三维空间的视觉环境,观众只是被动地接受我们所采用的诸如虚化背景等之类创作手法,那么,三维立体电视节目的创作则更像是电视观众通过立体电视机这样一个观察世界的“窗口”,主动地去在具有视觉深度的“真实”环境中找寻自己的视觉兴趣点。

正是由于“视差”这一元素在立体视觉感知中对物体深度影响的客观存在,使得我们在传统二维电视节目制作中所惯用的一些创作手法,在三维立体节目制作时大多都不再适用。例如,在原有的电视节目画面处理中,我们常常会要求在前期摄影时,采用长焦距、大光圈等技法,虚化背景环境,突出被摄主体的视觉中心作用,诱导观众的视觉兴趣点,关注节目制作人员所想要表达和传递给电视观众的视觉信号与隐藏在画面中的内容诉求。然而同样的电视创作表达手法在三维立体电视节目制作时,则会产生非常糟糕的观影体验。因为三维立体电视节目的创作环境和技术平台,与传统二维电视节目相去甚远,所以,三维立体节目观众的“可视窗口”,将是一个自身带有视觉纵深感的透视空间——这和我们肉眼看到的视觉环境几近相同,在同一场景中所放置的物体,有近有远,有棱有角,自有体面,互有明暗,而立体节目制作的本身,也正是要模拟和还原这种人们所惯有的,不加过多雕饰的视觉习惯。

因此,在立体三维的电视节目制作中,我们应时刻注意的是,镜头中所呈现的一切事物,观众们都将“清晰的”感知到它的存在。无关虚实,只论远近。在立体电视节目的创作过程中,比之传统二维创作环境中的依靠刻画“景深”来凸显被摄主体的方法,正确而有效地运用必要的方法,控制观众对立体环境中不同物体的空间位置视觉感知。在最大化尊重人们常态视觉惯性的前提下,不露声色地调整观众对画面中诸多被摄元素远近的感知程度,真实而又微妙地控制观众的观影体验。

在二维的摄影领域其实没有完全对错的概念，但在三维摄影的范畴中，技术的掌控和对观看本身的尊重很大程度上决定了立体节目的制作存在必然的合格标准。索尼高清技术学院负责 3D 立体项目推广与培训的于路讲师持此论断。

这一模拟人双眼视觉的节目制作方式，不仅从技法上迫使我们摈弃了在传统二维电视节目制作中所常用的制作习惯，也在一定程度上重置了我们对电视节目制作一些基本概念问题的理解和认识。诸如，在传统二维赛事转播的电视节目中，我们常常会故意地构筑一些机位，以便可以拍摄到比赛双方队员之间，队员与场地标志物之间或者观众与比赛队员之间的空间关系，拍摄一方为前景、一方为主体的“过肩镜头”，用以展现赛场的环境气氛或者表达镜头中前景人物与主体人物的相互关系。这类镜头往往在传统二维赛事转播类体育电视节目的播出中，起着画龙点睛的作用。然而不幸的是，我们传统意义上的这类典型的“过肩镜头”，在三维立体节目制作中，则是必须明令禁止的。由于三维立体电视节目最为基础和重要的是保障观众通过一个自身具备视觉纵深感的观看“窗口”，自然、真实地体验电视节目所呈现的“身临其境”的观影效果，享受画面中物体或远或近、或里或外的视觉冲击。所以，当有一个被摄前景全部或者局部挡在被摄主体前面的时候，立体节目的观众会发现自己所观看的窗口在离自己过近的地方被一些不完整的人物或者景物莫名地遮挡住了，既看不清前景景物，也看不清被遮挡了的被摄主体。这感觉就如同在自己的鼻梁上放置了一支笔，即无法看清近处物体的全貌，又阻挡了去看前方的物体，使得自己的视觉中心无处着力，产生极度不适的 观看效果。

因此，有效地把握三维立体电视节目制作中的视觉特点，掌握必要的声画处理方法与镜头运用，重塑这一技术条件下的体育赛事转播类电视节目的制作理念和创作思路，是体育赛事转播三维立体化的必修之功，也是推进整个体育电视节目制作乃至中国电视立体化的应有之义。

二、体育赛事立体化转播的应用实例与解决方案探析

早在 2008 年，日本的 BS11 有线电视频道便已经在尝试制作播出一些基于立体摄录的体育类电视节目。

2010 年 1 月 31 日，英国天空电视台（Sky TV）率先采用 3D 立体摄录技术对阿森纳和曼联的英超联赛进行了转播，并成立了全球第一家专门放送立体电视节目的 3D 立体电视频道，这一举动，将立体体育赛事转播的节目制作整体提升

到了一个全面商业化应用的全新高度,也正式开启了全球范围内对于体育赛事进行立体化转播制作的新领域。

体育娱乐电视节目制作业的巨头——ESPN 传媒集团,也于 2010 年 6 月 11 日开始制作和播出三维立体电视节目频道,并于同年,转播了 2010 年世界杯足球赛的揭幕战。截至 2010 年年末,仅在 ESPN 3D 开播半年的时间里,该频道便以三维立体的摄录技术方式,累计转播了至少 85 场次的体育赛事。

图 1　3D 电视体育转播现场机位及转播车内景

电视技术的每一次发展,都会快速直接地反映到体育赛事转播的节目制作中来。一如所知,采用电视转播车(OBV)制作模式,对即时性较强的体育赛事事件进行电视化的摄录、制作、传输是当今全球范围内电视传媒机构所惯用的工作方法。1937 年,英国广播公司(BBC)研制出第一台电视转播车,同年的 6 月 21 日至 7 月 4 日,便将 OBV 节目制作模式应用于著名的温布尔登网球公开赛转播中。时隔 74 年,2011 年的温布尔登网球公开赛,男子单打和女子单打的半决赛与决赛场次,采用了 3D 立体的 OBV 转播车技术,制作和播出了四场体育赛事的立体节目。

BBC 体育频道的执行制片人保罗·戴维斯(Paul Davies)说:“在英国广播公司 75 年的转播温布尔登网球锦标赛历程中,我们不断打破新的地面广播技术。3D 视频传输制作这种独特的模式,将最大程度上为我们带来全面的感官刺激与兴奋性的视觉体验,在温布尔登,这个世界上最具代表性的体育场馆之一。”

有鉴于三维立体节目视觉呈现与画面表达的特殊性,我们在使用三维立体化的摄录设备进行体育赛事转播时,会感受到较大的设备局限性。现阶段,用于拍摄电视节目的立体摄影设备,往往采用双机立体支架或者单机双镜的机械构造,这就在客观上限制了转播画面拾取的空间范围和转播机位设置的有限解决方案。诸如,每个摄影单元都无法使用大倍率变焦的摄影镜头;除个别斯坦尼康机位和机械轨道运动机位外,每个单独的摄影机位,几乎都处于静止的“等待捕捉”状态。这就要求我们在体育赛事立体转播的机位设置中，要准确地分析赛事可能的运动范围与导播切换的景别需要，在单个机位无法作出大幅度摄影参数调整的状态下，尽可能保障立体效果和赛事转播的完整性。

这种类似于“等待捕捉”的工作方式，在2010年的FIFA世界杯3D立体节目制作中就得到了充分的尝试。

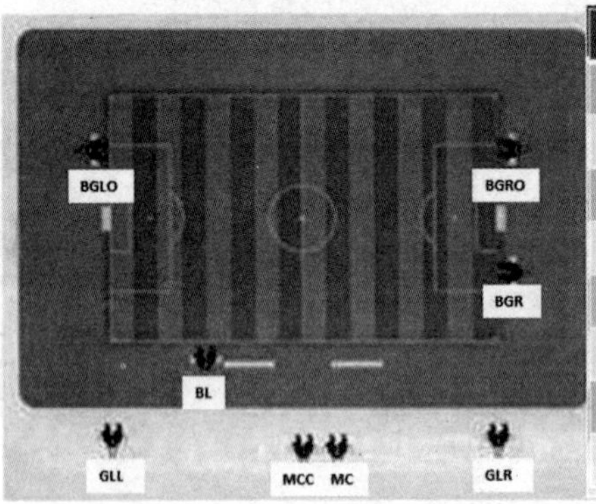

摄像机	描述
MC	主机位
MCC	主近景机位
BL	替补席左侧机位
GLL	球门线机位（左侧）
GLR	球门线机位（右侧）
BGR	球门后右侧机位
BGLO	球门后对面机位（左侧）
BGRO	球门后对面机位（右侧）

3D制作摄像机机位图

图2　2010年南非世界杯3D转播机位图

在南非世界杯足球赛全部25个场次的立体转播制作中，技术设备均选用了索尼公司的HDC 1500摄像机和佳能公司所制造的HJ22ex7.6B变焦镜头，总共有16个普通的摄像单元，每两个一组，配合索尼公司的MPE200多画面处理器和MPES-3D01立体图像处理软件，借助AMP和Telegenic装配成8个3D的OB-Vans机位。每场次的比赛转播时都会设置4个稍低的3D OBVans机位位于场地内与普通2D机位配合使用。有4个立体的转播机位则被设置在场地外围，主要用于保障3D立体赛事转播的完整性：1个负责全景的主摄像机位；1个负责拍摄近景的主摄像机位；左右的球门线底部各有1个负责拍摄的摄像机位。这4个机位设置在场地的同一侧，这就意味着在工作使用时不太可能通过镜头变焦来拾取过于繁琐的画面。在距离机位5—20米近距离范围内，不能有动态物体出现，同时，在距离摄像机位50—100米的深度背景范围内，也不应存在明显的被摄物体。4个在场地内的机位则主要设置在替补席和球门底线的俯仰角度上。

在南非世界杯的五个立体转播场地：德班（Durban）、开普敦（Cape Town）、伊丽莎白港（Port Elizabeth）、约翰内斯堡的埃利斯公园（Johannesburg with Ellis Park）和足球城（Soccer City）都采用了类似的转播设置，这使得具体的节目制作工作可以相对固定地得以执行和操作。3D立体的赛事转播画面，主要是通过这

8 对由 Sony HDC1500 组配而成的立体摄录机位所拾取的原生立体信号来制作。

“我们的主要任务是尽可能地使用立体机位来完成我们对比赛故事的讲述，但这并不意味着原先由 2D 拍摄的画面就会被当作垃圾一样去丢弃”，Telegenic T16 3D 制作主管彼得・安格尔（Peter Angell）解释说，“如果有一个特定的事件只被 2D 摄像机拍摄到，或者 2D 摄像机存在一个 3D 摄像机不具备的最佳角度，那么在之后编辑过程中，这一关键画面如何在 3D 立体节目中使用，保障观众的视觉体验不受损害，将是我们最为重要的工作。”经过几周的测试运行，虽然一些具体的镜头使用了 Sony 公司的 MVS - 8000 视频混合器，但更多的情况下还是采用了 JVC 的 IF - 2D2D1 2D 转 3D 的视频转换器。

与此同时，为了满足观众观看立体体育赛事转播时自然、逼真的观影要求，电视节目的制作人员在进行体育赛事的立体转播时，也需要在具体操作中建立必要的节目制作理念，选择适用于立体体育赛事转播的节目制作方法。诸如，为了避免类似传统意义上“过肩镜头”的出现，阻碍观众的视觉体验，在机位设计时，要尽量避开拍摄时可能存在的、超出舒适范围的前景景物。同时，为了避免立体观影窗口的边缘出现“框架效应”，使得观众在收看时无法判断画面边缘的物体，或是画面中不完整物体的空间位置，在单独的摄影单元拍摄时，应尽量规避切割到背景环境中观众的不完整景别，如需使用摇镜头拍摄时，更要预先判断摇摄过程中可能涉及的画面构图与被摄主体运动跟随对视觉透视所产生的影响。此外，在导播的镜头切换过程中，更是禁止使用在传统二维电视节目制作中所追求的两极镜头切换和快速的“碎片剪辑”手法。空间透视关系跳跃过大或者剪辑过于快速的镜头组接方式，在三维立体视觉的观影中，是不能够被观众所接受的画面切换形式，会给体育赛事的立体化呈现带来极其糟糕的视觉体验。所以，类似的编辑手法和节目制作方法，在立体电视节目的制作中都是不被允许的。

一些体育项目的拍摄更利于立体视觉的魅力，诸如橄榄球、高尔夫球或者飞镖。一直从事立体赛事转播，曾参加过 2011 年温布尔登网球公开赛和莱德杯高尔夫球转播的摄像师龙（Long）这样理解 3D 的体育赛事转播，“在通常的 2D 世界中，我们更倾向于尝试削减对周遭环境中事件的展示与拍摄，在 3D 领域，我们的影像将是完全不同的，更宽广的镜头，更少的摄像机位，更长时间的开机，它给你时间去观察你的周围，并观察那些在你周围所发生的事情，去看到那些通常只会在看台上才看到的事情”。

英国广播公司（BBC）视觉总监乔治・恩特威斯尔（George Entwistle）说，“这是对我们非常重要的实验，我很高兴我们有机会在我们的 3D 频道，为我们的观众播出一些令人惊叹的体育节目”。

2011 年温布尔登网球公开赛的立体转播，则在更为适宜的领域推动了这一电视节目形式的探索与弥足珍贵的经验积累。BBC HD 和 3D 负责人丹尼尔·纳格勒(Danielle Nagler)说，“这超出我的预期，这次转播的成功，表明我们在用一个新的、不同以往的视觉方式来欣赏网球，给人一种处于观众角度去审视制作过程的全新体验。我觉得，3D 立体的电视方式更宜于强调网球的速度和力量。”创意总监邓肯·汉弗莱斯(Duncan Humphreys)说：“我想我们会看到更多好的调整出现在立体节目的制作上，我会希望我们的主要摄像机位稍高。虽然仍存在一定的局限性，但今年的转播给了工作极大的肯定。”

图 3　2011 年温布尔登网球公开赛 3D 转播机位图

在温布尔登网球公开赛的四个场次的立体转播中，均设置了 6 个 3D 立体的摄像机位。相较于 2010 年的世界杯的立体转播而言，由于网球这一运动项目的固有体育魅力，6 个全部位于场地外的机位也有了更为明确的分工和镜头设计。

Camera 3D－1 位于场地北端现场大屏幕后的平台，该机位主要提供一个比 2D 画面更大景别、更低角度的、该方向发球或者落点的重放镜头。宽广的帧画面可以在避免平移的情况下涵盖到运动员。

Camera 3D－2 位于场地西侧的低凹处，主要拍摄球员的现场直播画面(重放镜头除外)、选手的休息位、记分牌和球迷。

Camera 3D－3 被放置在南侧的媒体区与低凹处的基线旁，这一机位主要提供现场选手的直播画面、场地的落点及某选手的重放画面，也用于拍摄选手的休息位、记分牌、球迷以及被镜头带到的场地中的球员。

Camera 3D－4 位于场地外西南角的媒体区里，主要用于负责场地中的精彩搏杀，或者是球员进出场地时的镜头。该机位提供场地中落点或者发球点的精彩画面，在避免过度平移的前提下，拍摄场地西南端的落点，或者拍摄场地东北隅的发球点。

Camera 3D－5 被放置在场地南端,与 Camera 3D－1 相对应的位置上,在紧张的实况转播中,充当主要机位使用,也同时负责该方向上发球点与落点的重播镜头,以及涵盖裁判席的位置。

Camera 3D－6 则是一个单纯机位,被放置在西北角现场评论的直播间旁,负责提供记分牌的画面和该方向落点的镜头。

三、体育赛事立体化转播的视觉效果与差别化应用

全球第一家开播全立体电视体育节目的英国天空卫视体育频道运营主管达伦·朗强调,3D 电视较之普通 HD 电视会给观众带来与众不同的感官刺激。“你提出的第一个问题会是,3D 会给我们带来的最大好处是什么? 一般而言,普通现场转播设备架设位置较高,而自从有了 HD 技术后,我们能够更接近球场。要知道,摄影机移动(前后)次数越少,观众们体验赛事场景的记忆时间也就越长。例如在高尔夫球直播中,我们甚至能够感受到草地上微小的波动,而 3D 技术的效果则比 HD 更强”。

然而,和大多数观众对 3D 立体转播技术制作出的赛事节目所存在的视觉体会一致,并不是所有的体育赛事类型或者运动类的镜头画面展示都适用于 3D 立体的节目制作方式。早期的一些立体电视节目体验者评论说,节奏过快的体育比赛并不合适使用立体化的转播方式,它更适合运动幅度不大的,相对比较集中的体育项目。此外,另有一些人评论说 3D 立体节目的观看,与观影屏幕的大小也存在着密切的关系,它更适合诸如网球、高尔夫、拳击等个人体育项目,而团队型的运动项目则会给观众带来糟糕的视觉体验,并且,这一技术形式,也对原有的 2D 图形技术提出了更高层次的要求,只有更流畅和逼真的图像转换技术,才不会使得观众在观看时,运动员在画面中“穿进穿出”。

中央电视台体育频道创始人、北京奥运会赛事转播负责人、广州亚运会转播负责人马国力则在 2010 年 9 月召开的传媒和体育领域新科技论坛上表示,对体育赛事的立体化制作持保留意见,认为 3D 体育转播并不适合所有赛事。“说实话,我不太看好 3D 在体育上的运用,尤其是直播。”[①]马国力笑称本人并不是 3D 转播的忠实拥护者,2010 年 FIFA 世界杯的立体化转播让他因为“头晕”不得不重新观看 2D 高清版本的画面。“‘头晕’只是体育赛事立体化转播的问题之一。

---

① 《传媒和体育领域新科技论坛举行》,网易新闻,2010 年 9 月 25 日,http://media.163.com/10/0925/16/6HEIUNFE00763N4L.html。

在马国力看来，有一些体育赛事的天然性质决定了它不适合 3D。基于 3D 拍摄技术的复杂性和 3D 视觉效果的特性，像足球、篮球等参与人数较多、运动激烈、持续时间较长的赛事，都属于不适合的范围，不仅会难以制作，且制作效果和观者感受都不会太好。而游泳、网球、棒球等赛事则比较适合，他举了游泳作为典型的例子，认为其运动轨道固定、有着很强的纵深感，如果用 3D 摄影机直面运动员拍摄，将会有跃然而出的最佳效果。美国过去 16 年内最重要的体育人保罗·塔格利亚布也支持了马国力的观点，并且在适用 3D 转播的体育赛事中加上了'高尔夫'"①。

无独有偶，欧洲广播联盟（EBU）总干事英格丽德·戴尔特（Ingrid Deltenre）曾在《日内瓦论坛报》上声称"3D 并不是适合所有广播电视节目的解决方案"，"3D 电视节目，实际上将只会被作为一次性事件和特殊广播节目样本所保留"。她认为，3D 电视节目就目前而言，"就像是一种倒退"，因为观众们戴眼镜观影会被局限在一个有限的视角范围之内。而在 2010 年，有英国知名的民意调查公司 YouGov 的调查数据显示，只有 2% 的观众表示对 3D 技术所生产的电视节目感兴趣。

一方面，支持者声称，随着技术的不断提高，观众对于立体体育赛事的视觉感受会越来越好。另一方面，也有声音说，3D 立体技术用于体育赛事的转播只是昙花一现，观众将感到厌倦并导致放弃。当然，只有时间会告诉人们，电视节目工作者在这一技术平台的努力是否最终会被市场所接受。

参考文献：

1. 阿瑟·雷尼、安迪·埃利斯、索菲·杰尼基：《3D 与 2D 电视体育收看体验的对比研究》，魏伟审译，《成都体育学院学报》，2012 年第 3 期，第 26 页。

2. 孔彬：《3D 立体电视市场研究报告（2011）—— 3D 立体电视市场概述》，《中国数字电视》，2012 年 Z1 期，第 54 页。

① 《传媒和体育领域新科技论坛举行》，网易新闻，2010 年 9 月 25 日，http://media.163.com/10/0925/16/6HEIUNFE00763N4L.html。

初探3D电视制播系统

中国传媒大学南广学院　杨旭乾　吴　峥

【摘要】3D电视是指应用三维呈现技术的电视,广义上的3D电视包含了3D摄像、成像、信号编码、编辑、3D电视节目、3D频道、3D显示设备等多种技术、设备,而狭义上的3D电视则特指其中某一方面。本文介绍了3D电视的基本原理并初步分析了一个兼容传统电视的3D电视制播系统组成。

【关键词】3D电视;制播系统

早在20世纪20年代,电视产业先锋约翰·罗杰贝尔德(John Logie Baird)就梦想实现高质量的3D电视制作和播出,但是其梦想由于技术的原因一直未能成为现实。随着技术的发展,3D电视逐渐成为可能。20世纪90年代末期美国开始播出3D电视剧,从此拉开了3D电视时代的序幕。2009年底在全球上映的《阿凡达》采用3D技术,使3D技术和3D电视技术再度受到关注。

一、3D电视技术原理

3D电视的基本原理是参照人左眼和右眼之间存在的视差。由于人的左眼和右眼之间存在约6.5cm的距离,使左眼和右眼会产生两个不同图像(如图1,对图中三个黑点的距离感左右眼是有偏差的),人的大脑通过处理这两个不同的图像,从而使人产生对物体深度的感觉。3D技术便是利用人脑在处理视差图像时可以产生物体深度感觉的特性,将有视差的两个2D图像通过一定的手段实现3D的视觉图像。

(一)3D电视内容的产生

现阶段,世界上主流的3D电视内容的产生有两种:“双摄像机拍摄”模式、“2D摄像机+深度参考摄像机”模式。

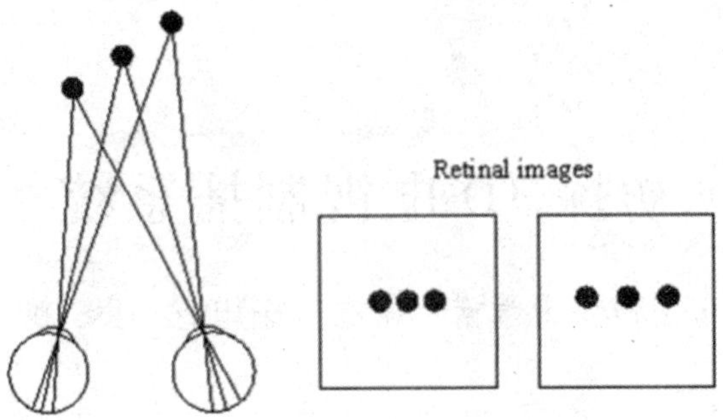

图 1　左右眼看到的不同图像

1. “双摄像机拍摄”模式

采用两台摄像机对画面进行拍摄是产生 3D 电视内容最常用的方法。其主要的工作方式是，将两台相同型号、相同配置的摄像机并排放置在被摄物体前，一左一右，并参照人左右眼的视差值控制视差，通过有效的同步分别模拟人左眼和右眼进行拍摄（如图 2）。最终分别生成左眼信号和右眼信号，通过编码或相应的处理生成立体图像，其中立体图像是指左右眼信号分立的 3D 图像形式。

现在市场上已经存在双镜头式的专用 3D 摄像机，方便了 3D 电视信号的采集，但在基本工作模式上并没有发生变化。

图 2　采用双摄像机拍摄的 3D 模式

2. “2D 摄像机 + 深度参考摄像机”模式

“2D 摄像机 + 深度参考摄像机”模式的主要工作方式是，使用一台 2D 摄像机对画面进行正常拍摄并生成标准的 2D 信号，作为左眼信号，与此同时使用一台深度摄像机对画面进行物体深度的测算和参考，生成深度信号。（如图 3）

使用“2D摄像机+深度参考摄像机”模式生产节目信号的技术略晚于“双摄像机拍摄”模式。其主要原理是3D信号的左右眼图像关系可以通过物体的深度关系进行计算。根据高级3D电视系统技术(简称ATTEST,Advanced Three - Dimensional Television System Technologies)项目对此种模式的研究和实验,使用此种模式能够节约大概25%的码率。其生成的“2D+深度”信号可以直接进行播出,也可以通过深度关系对2D信号进行计算,生成右眼信号,从而得到立体图像信号再进行播出。这主要取决于3D频道的编码和播出方式。

(a)　　(b)

图3 (a)显示2D摄像机拍摄的信号　　(b)显示深度摄像机拍摄的深度信号

(二)3D电视内容的显示

现阶段,世界上主流的3D电视内容的显示方式有通过专业3D眼镜辅助成像和自由立体成像两种,其中通过专业3D眼镜辅助成像又可分为主动和被动两大类,其中红绿色分法(Color anaglyph)、偏振光分法(Polarization)属于被动类,轮换法(Alternate - Frame Sequencing)为主动类。自由立体成像主要有狭缝光栅立体成像、柱透镜光栅阵列立体成像等。

红绿色分法是最传统的方式,眼镜左右眼镜片分别为红色和绿色,3D图像通过对左右眼信号进行处理,使观察者在戴上眼镜后只能看到对应眼镜的图像,从而达到立体的效果。但是此种方式的问题在于显示时会损失图像的真实色彩。偏振光分法是指3D图像使左右眼信号分别采用不同的偏振方式进行显示,眼镜的左右眼分别对应不同的偏振光栅,使观察者只能看到对应眼睛的图像,从而达到立体效果。轮换法是如今效果最好的方式,其使左右眼信号进行高速的轮换,通常达到每眼50帧/秒,同时主动式眼镜能够根据频率进行自动调整,使观察者只能看到对应眼睛的图像，从而达到立体效果。

二、3D 电视制播系统的难点

现阶段在 3D 电视节目采集、制作、播出、发送、传输和接收的过程中还存在一些现实困难。

首先，3D 电视信号的数据量是 2D 电视信号数据量的两倍。新的制播系统，尤其是高清系统，必须能够应付全 3D 信号的高码率、高数据量的特点。

其次，由于 3D 电视信号包含一个左眼图像和一个右眼图像，所以还需要保证两个信号严格同步。新的制播系统必须能够可靠的保证两路信号同步，保证图像质量。

最后，为了节约成本，还需要使 3D 信号最大程度上兼容现有 2D 信号发送设备、传输网络和接收装置。新的制播系统必须找到一种兼容的方式对播出信号进行处理。

（一）高码率的困惑

在未进行压缩编码的情况下，使用立体图像结构的 3D 电视信号相当于两路 2D 电视信号每秒产生的数据量之和，使用“2D + 深度”结构的 3D 电视信号略小。表 1 显示了 2D 电视信号和 3D 电视信号各种模式下的码率对比。

表 1　2D 电视信号和 3D 电视信号码率比较

	2D	3D（立体图像）	3D（2D + 深度）
576/50i（未压缩）	270Mbps	540Mbps	472.5Mbps
1080/50i（未压缩）	1485Mbps	2970Mbps	598.75Mbps
576/50i（MPEG – 2 I）	25Mbps	50Mbps	43.75Mbps
1080/50i（MPEG – 2 I）	120Mbps	240Mbps	210Mbps
1080/50i（Avid DNxHD 185x）	184Mbps	368Mbps	322Mbps
1080/50i（Avid DNxHD 120）	120Mbps	240Mbps	210Mbps
1080/24p（Avid DNxHD 36）	36Mbps	72Mbps	63Mbps

可见,如果不采用特定的制作和播出手段,在现有技术条件下,无法保证处理3D电视信号的效率和质量。

(二)同步问题不可忽视

3D电视信号由相互独立并存在定时关系的左眼信号和右眼信号组成,在节目的生产过程中必须保证两信号正确同步,否则将会使3D电视画面无法产生正确的立体感觉,从而导致画面存在重影或破损。

(三)兼容必须考虑

2D与3D兼容是指,使用3D电视制式或方式播出的电视信号能在2D电视网中传输并能在终端上正确还原出可观看的2D信号。2D与3D逆兼容是指,3D电视网中能够传输2D电视节目,3D电视能够显示使用2D电视制式或方式播出的电视信号。

兼容的瓶颈问题是如何使两倍于传统信号的带宽在能够适应DVB标准,并且在不影响现有频道体系的基础上进行播出。

在现阶段,2D与3D兼用的重要意义在于充分利用现有DVB标准电视频道中进行传输,同时2D用户能够收看2D与3D兼容频道的节目,可以在不影响现有频道安排的条件下平滑向3D频道过渡,为3D电视发展和技术提升提供过渡时间,节约广播商成本。

三、3D电视制播系统的组成

3D电视制播系统作为电视台内3D电视节目生产的重要工具和平台,是3D电视制作的核心。优良、稳定、可靠的制播系统能够最大限度地保证节目质量和运营效果。相比于传统电视的制播,3D电视制播对系统提出了新的要求。

如图所示(如图4)是一套3D制播系统示意图,该系统采用高清晰度3D摄像机(双镜头)产生节目所需3D信号(立体图像结构),并通过两根HD-SDI接口线缆分别传输左眼和右眼信号至3D录像机。非编网络采用"FC SAN+以太网"双网结构。最终播出的信号采用"2D+深度"的模式,全面兼容现有传输网络和传统接收设备。监看系统使用3D编码器将立体图像信号进行编码并由3D HDMI线缆连接至3D监视器。系统图中简化了部分与2D系统相同的设备或子系统。系统包括3D信号采集子系统、3D信号编辑子系统、存储子系统、监看子系统以及3D信号播出子系统。

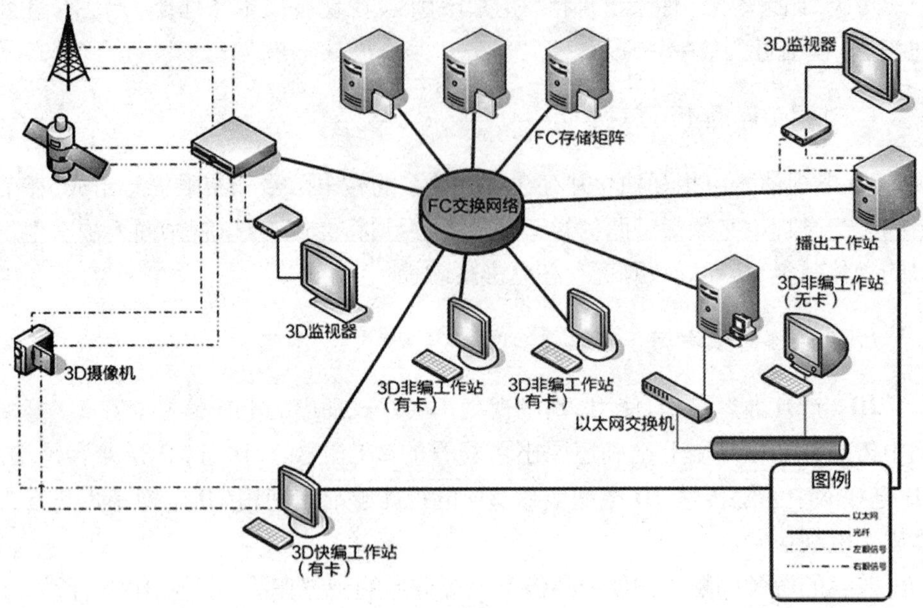

图 4　3D 电视制播系统框图

（一）3D 信号采集子系统

采集和录制设备的选择。

拍摄设备采用双镜头式专用 3D 摄像机对演播室、现场图像进行拍摄，并由摄像机直接生成两路未压缩的同步高清图像信号和辅助信号，通过两根 HD - SDI 线缆直接传输至录制设备。对于外来信号，可直接使用专用 3D 信号解调器、解码器等还原成立体图像信号传输至录制设备。

通过使用专用 3D 录制设备或者联动同步两台高清录制设备，对 3D 信号进行录制。录制设备直接将采集压缩好的数据流通过光纤存储至 FC 存储矩阵中。

格式的选择及码率的确定。

在 3D 电视信号格式的选择上应该考虑其编辑的可操作性和便利性，并且要求其生成多码率文件，便于提升编辑效率，降低对系统的要求。

现阶段可供选择的 3D 编码格式主要为 H. 264/MPEG - 4 AVC 的 MVC（Multi View Coding）扩展单元，但是为了使编辑系统更加方便和灵活，可以采用 Avid 公司的 DNxHD 编码或者 Grass Valley 公司的 Va5004 编码。以上两种编码均支持将左眼和右眼信号打包成一路数据流进行传输，并可以方便地对两路信号进行分离。其中 Avid 公司的解决方案为将全幅的单眼信号进行调整，使左眼图像分辨率调整为1920 ×540,作为一帧的上半部分,右眼图像分辨率也调整为1920 × 540,作为一帧的下半部分（以1080i 为例）。而 Grass Valley 公司的解决方案为将两路信号直接进行打包压缩。

3D 电视信号中每只眼睛的信号都应至少达到现有高清系统普遍选择的码率。为了应付高质量的3D 电视节目制作要求,应适当地提高码率。与此同时,为了满足节目制作过程中高效率、多用途的需求,采集系统应生成多种码流的文件。

表2 具体描述了码流选择情况,其中数据为左眼信号所选择的码率。

表2　码流选择情况

	Avid DNxHD	**Grass Valley 5004**
存储用原始信号	DNxHD 184x： 184Mbps 10bit 4:2:2	120Mbps
有卡工作站用信号 120Mbps	DNxHD 120： 8bit 4:2:2	200Mbps
无卡工作站用信号/交换格式（1080/24p）	DNxHD 36： 36Mbps 8bit 4:2:2	20Mbps

最终生成的信号为三个码率的信号,其中原始信号、有卡工作站用信号为立体图像模式的3D 电视信号。而无卡工作站信号/交换格式信号只对两个信号中的左眼信号进行编码压缩。

（二）3D 信号编辑子系统

采用双网、双码流结构组网。

高清电视信号的分辨率比标清电视信号的分辨率明显增大,码率也随之增大。而3D 高清电视信号同时包含左眼信号和右眼信号,码率比2D 高清电视信号更大。FC SAN 网络很好地解决了这一问题。为满足更多3D 电视信号的编辑需求,除两套3D 非编有卡工作站外,还需要一些编辑低码率信号的3D 非编无卡工作站,使用以太网连接。

因此,FC 非编网络采用“FC SAN + 以太网”双网结构。它由基于 FC 协议的光纤通道网和基于 TCP/IP 协议的以太网组成,其中,FC 网络主要传输高码率的3D 视音频素材数据,用于3D 非编有卡工作站;以太网主要用于3D 非编无卡工作站。

3D 电视信号包含左眼信号和右眼信号,码率明显比2D 电视信号更大,但左右眼信号的景别是完全一致的,而且两路信号是严格同步的。因此,在对3D 电视信号进行编辑时,只需编辑左眼信号即可。通过3D 非编工作站生成的 EDL 表来生成编辑后的3D 电视信号。这样,既能满足编辑需求,又节约了传输带宽,提高了系统整体的稳定性。对于有卡工作站,提供3D 信号的实时预览,而无卡工作站则只进行2D 实时预览以满足需求。

3D 非编无卡工作站采用低码率/交换格式,在数据流生成多码流时,只生成左眼信号而不包含右眼信号,分辨率为1080/24p,码率为36Mbps。

3D 非编有卡工作站包含左眼信号和右眼信号,分辨率为1080/50i,单眼信号的码率为120Mbps,3D 信号等效码率为240Mbps。编辑预览时,编辑软件只显示左眼信号,与此同时,3D 监视器可显示完整的3D 立体信号。

3D 快编工作站为有卡工作站,可直接从地面、卫星、3D 摄像机等设备和途径获得原始3D 信号源,并进行编辑。与3D 非编无卡工作站类似,编辑预览时,编辑软件只显示左眼信号,与此同时,3D 监视器可显示完整的3D 立体信号。编辑完成后,可直接将编辑后的信号传输到播出工作站进行播出。

(三)存储子系统

由于3D 电视信号数据量和码率均很大,需要存储系统能够应付大容量存储、读取、写入的需求,所以,在本系统中采用 FC 存储矩阵进行存储。

通过以上三种方式对信号进行编辑时,均只需编辑左眼信号,由3D 编辑工作站生成 EDL 表。通过 EDL 表,生成编辑后的原始码率信号,分辨率为1080/50i,单眼信号的码率为184Mbps,存储于 FC 存储矩阵中。

(四)监看子系统

对3D 电视信号进行实时的监看是保证3D 电视节目高质量制作和播出的重要途径。3D 电视信号的监看不同于传统2D 电视信号的监看,除了使用示波器对左右眼信号分别进行波形监视之外,还需要对原始码率的3D 电视信号进行

3D监看。

在制作过程中以及播出前对3D电视信号进行监看均采用以下模式：分别将左眼信号和右眼信号通过两条HD－SDI接口的线缆传送至3D编码器(立体图像模式)，以HDMI连接至3D监视器进行监看。

在3D电视播出系统中，将3D素材转换成左眼信号和深度信号(记录和左眼信号区别的信号)后，分别将左眼信号和深度信号通过3D解码器将信号还原成左眼信号和右眼信号，通过HDMI线缆传送至3D监视器进行监看。最后，由传输系统回传一路低码率的MPEG－2 TS流至一台3D监视器，进行最终的监看。

(五)3D信号播出子系统

系统框图如下：

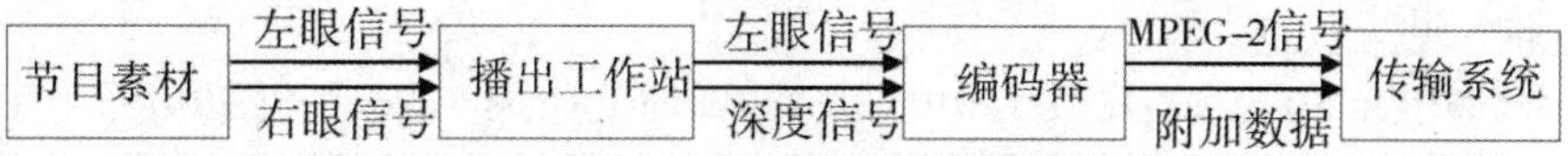

图5　3D信号播出子系统框图

为确保3D播出信号与现有的2D传输系统和接收系统兼容，播出工作站需要将3D节目素材转换成左眼信号和深度信号。通过左眼信号和右眼信号计算出深度信号，再将左眼信号和这个深度信号分别送至编码器进行编码。

表3为不同模式下播出码率的对比。使用立体图像模式的高清3D电视信号在播出过程中使用的码率等效于两路高清2D电视信号之和，播出用3D电视信号码率即19.5Mbps×2＝39Mbps。而使用“2D＋深度”模式的高清3D电视信号播出用码率约为34.125Mbps。

表3　不同模式下播出码率的对比

	2D 1080/50i	3D 立体图像	3D“2D＋深度”
播出用码率(Mbps)	19.5	39	34.125
相对于2D信号的比例	－	200%	175%

使用立体图像进行3D电视信号播出时，用户设备无法2D与3D兼容。使用立体图像模式播出3D电视信号不利于兼容现有2D系统。

采用“2D＋深度”模式进行播出，既可以减少25%的带宽使用，同时还可以很好的支持2D—3D兼容。编码器将左眼信号进行MPEG—2编码，深度信号以

MPEG4 - AVC/H. 264 进行压缩后附加数据的形式附加到 TS 流中。最终,每个 3D 电视频道的总码率为 34. 125Mbps。

参考文献:

1.《Avid2010 立体 3D》(Avid. 2010. Stereoscopic - 3D),http://www. avid. com/US/solutions/workflow/Stereoscopic - 3D.

2. 贝尔德(Baird):《世界的眼睛:约翰 · 洛翰 · 贝尔德和电视(第二部分)》[Eye of the World: John Logie Baird and Television (Part II)],http://www. arts. uwaterloo. ca/fine/juhde/hills961. htm。

3.《3D 电视的进代和优代方法》(An Evolutionary and Optimized Approach on 3D - TV),《国际广播会议论文集》(Proceedings of International Broadcast Conference),2002 年 2 月,第 357 - 365 页。

4.《2010 年 3D 电视白皮书》(2010. 3D Television),Grass Valley 公司,2010 年 4 月。

5. 斯库 · 马库斯(Schu Markus):《3D 电视显示对视频处理技术的要求》(Video Processing Required for 3DTV Displays), 2009。

6. 索恩斯 · J · H · 皮特(Seuntiëns J. H. Pieter):《3D 电视的视觉体验》(Visual Experience of 3D TV),埃因霍温科技大学(Technische Universiteit Eindhoven)2006 年版。

7. 顾建国、何宁:《江苏卫视网络化高标清同播技术实践》,《广播与电视技术》,2009 年第 12 期,第 28 页。

浅析电视公益广告中的3D动画创作

中国传媒大学2010级数字媒体艺术专业博士　李　翔

【摘要】本文着重研究了3D动画这一新兴的艺术创作手段在电视公益广告中的运用。说明了3D动画运用在电视公益广告中的历史必然性以及这种结合所带来的众多优点，从而进一步总结和归纳出电视公益广告中3D动画创作的一般方法和原则。

【关键词】3D动画；公益广告；CG技术；数字艺术

电视公益广告和计算机3D动画，一个是符合时代需求，代表社会整体利益，具有巨大社会潜在价值的电视宣传方式；一个是富有强烈科技感和现代感的新兴视觉艺术创作手段，两者在当代的历史背景下自然而然地产生了联系。我们注意到，电视公益广告为3D动画提供了一个实用的舞台，而3D动画则为电视公益广告带来了全新的活力，两者的结合很快地创造出一种让人耳目一新的表现形式，这种形式不但继承和发扬了传统电视公益广告的特点，也在宣扬积极思想的同时给人们带来了全新的视听享受，很快地受到了社会和电视观众的广泛欢迎。

一、3D动画为电视公益广告创作带来的新特性

当3D动画被应用到电视公益广告的创作中之后，很快体现出了一系列令人振奋的优势，这些优势为电视公益广告在新时期的发展注入了强大的生命力。同时，作为一种仍然很年轻的表现形式，3D动画参与的电视公益广告（在下文中简称"3D电视公益广告"）在实际的制作和传播中也遇到了一些问题，下面，就让我们结合一些现成的实例，来详细地分析它们的优势与不足。

(一)3D 动画为电视公益广告创作带来的优势

1. 引入先进技术,拓展表现手法

任何艺术形式在引入了新的技术和工艺之后,其表现手法都会得到一定程度的拓展。这是技术对艺术产生的最为直接的影响之一。对于电视公益广告来说,在3D 动画出现以前,其制作方式相对比较单一,通常以摄像机实际拍摄为主,同时辅以一些平面设计和传统动画元素。而3D 动画的诞生为电视公益广告的创作带来了一个全新的工具。由于3D 动画本身所具有的复杂性和多样性,使用它所创作出来的电视公益广告就可以拥有千姿百态的面貌,电视公益广告的创作手法就得到了巨大的拓展。一般而言,通过3D 动画创作的电视公益广告可以分为两大类:一是仍然涉及实际拍摄环节,使用3D 动画来创造或改变故事中的人物,场景或其他元素的合成式3D 电视公益广告;二是完全通过3D 图形软件来制作的全3D 电视公益广告。3D 动画拓展电视公益广告表现手法的作用还集中体现在其对艺术家想象力的解放上面,由于3D 动画的真实性和可操作性,很多曾经只能存在于艺术家头脑中的画面现在终于可以实现了,因此创作者在构思、创意一个电视公益广告的时候,可以更大胆地去挖掘自己的灵感,而不用过于担心实现的困难,3D 动画为电视公益广告的制作提供了一个强大的技术辅助手段。

“Black Balloons”(如图1)①是一个由澳大利亚墨尔本市政府主持制作的电视公益广告,其主要传递的信息是“节约能源,减少温室气体排放”。它使用了实际拍摄和3D 动画相结合的制作手段。在这个广告中,黑色的气球从我们的各种家庭电器中慢慢钻出来,开始越来越多地聚集在房间的各个角落,最后它们挤开了房门,向天空飞去,这时观众发现整个城市的上空都漂浮着这些黑色的气球。旁白语:“每个气球都代表着温室气体,你看不到它,但如果你使用能源,你随时都在制造它……节约能源,就节约了金钱,同时也减少了你对气候的影响。你有能力做到。”这个广告的画面给人们留下了深刻的印象,也成为环保类公益广告的一个经典之作。在这条广告中,大部分黑色气球都是使用3D 软件制作的计算机动画,这些虚拟的气球不但在质感和运动感上和真实的气球毫无二致,而且在实际制作过程中具有更高的可操控性。可以想象,如果不是3D 动画带来的技术上的便利,要创作出这样的画面是非常困难的。首先,我们很难精确地控制气球

---

① 在此使用的几个作为范例的电视公益广告本身没有正式的名字,名字是笔者根据其特点自己加上的。

的形状和运动,其次,为了得到最后壮观的场面,我们不得不使用大量的真实气球,这不仅进一步增大了实现的难度,也造成了资源浪费和环境污染,而这和广告本身的主题是相悖的。

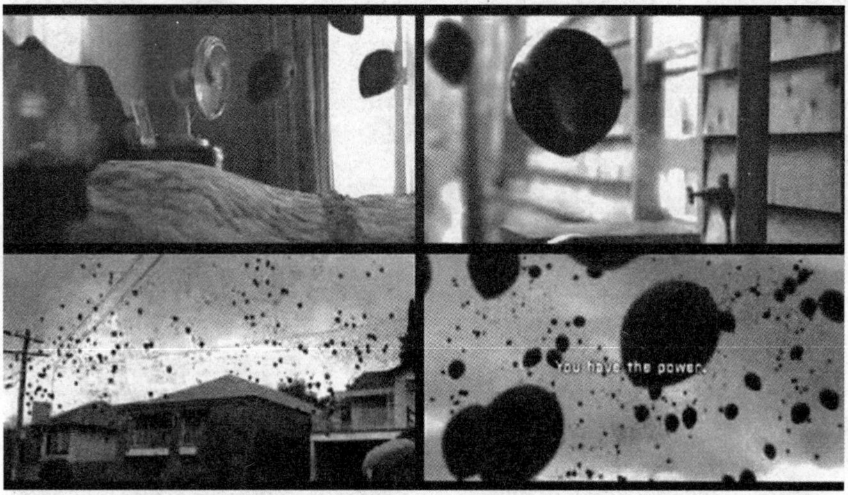

图1　电视公益广告"Black Balloons"

2. 固化抽象元素,精确传达要点

电视公益广告与普通商业广告不同,它所传达的信息一般并不针对某个具体的商品,而往往是一种比较抽象的概念或观念。所以在电视公益广告的创作中,需要特别注意对这些抽象对象的把握,只有合理地使用各种手段来构建出这些"非物质"的理念,才能向观众准确地传达出希望表达的含义。

3D动画具有形式多样和可控性强等特点,这就允许我们可以使用它来创造一些现实生活中并不存在或者难以实际拍摄的意象,通过将这些意象进行具象化,我们便能以更加直接的方式来表达我们的思想。

关于这方面的一个案例是一条提醒观众"吸烟有损肺部健康"的公益广告(如图2)。在这条短小精悍的广告中主角由于吸烟竟然把自己的肺脏给咳了出来,而脱离身体的肺部似乎也厌恶这位嗜烟如命的主人,居然一跳一跳地自己跑出了房间!这条广告将平时不太可能被直接观察到的人体器官鲜活地展现到了人们的面前,并且使之角色化、个性化,这种生动具体的形象显然比一句抽象的"吸烟伤肺"更能给人们以警示和启发。

另一个很好的例子是一条提倡安全行车的公益广告(如图3)。在这条广告中,作者希望传达"汽车就像野兽,必须小心驾御"这样一个观点。结果,通过3D动画的手段,作者竟然把汽车和野兽的形象进行了融合,创造出活灵活现的"汽车怪物”，这不仅让观众产生了强烈的好奇心，也更加直接地理解和接纳了作者的思想与意图。

图 2　反对吸烟的电视公益广告

图 3　公益广告中的“汽车怪兽”

通过以上两个例子我们看到，使用 3D 动画来固化一些重要的形象或观念，可以使电视公益广告具有更大的感染力和冲击力，使得观众在生动的画面前得到启发和教育，从而更有力、更精确地传达出创作者的意图。

3. 委婉指出问题，体现含蓄智慧

之前在电视公益广告的特点中我们已经谈及其人文关怀和情感要素。公益广告常常需要指出一些现实中存在的问题，可能是有瑕疵的思想，或者不正确的行为，在这个过程中使用的表达方式一定不能过于直白，因为人们一般都是反感批评的。因此，如何委婉地、含蓄地，而同时又明确地指出问题的所在，是电视公益广告在创作中必须注意的一个问题。通过 3D 动画，电视公益广告的制作者可以创造一些极富戏剧性的角色或形象，通过对这些角色或形象的描写，旁敲侧击地提醒人们注意自己的行为。

“一个易拉罐的分解”（如图 4）是在探索频道（Discovery Channel）播放的公益广告，其目的是提醒人们不要随意乱扔喝完的易拉罐包装。在这个广告中，主角并不是丢弃易拉罐的行人，而是被丢弃的易拉罐本身。广告通过高度仿真的 3D 动画向观众展示了易拉罐漫长的分解过程，最后出现字幕：“你只需要 1 秒钟就能处理它，而它自己需要50年。”这条广告并没有直接对某人的行为进行批评，而是把不可争辩的事实本身呈现在人们的面前。观众在两分钟的时间里经历了被浓缩的50年的时光，会立即意识到这个问题的严重性，然后自然而然地审视自己是否犯过同样的错误。在另外一些3D电视公益广告中，创作者通过3D动画制作了一些虚拟的角色，比如卡通动物或者机器人等，来代替观众成为“被批评的对象”，这种委婉含蓄的“指桑骂槐”的方式也能很好地促使观众反省自身的问题。

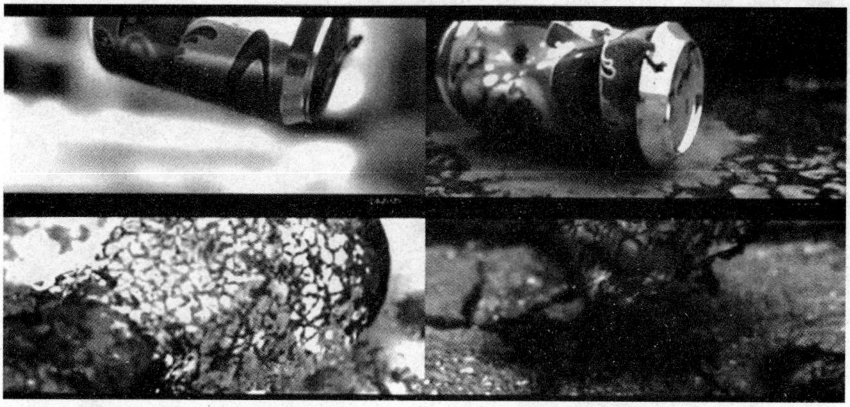

图4 “一个易拉罐的分解”，全CG制作的3D电视公益广告

4. 寓教育于娱乐，提升艺术吸引

作为电视广告的一种，电视公益广告为了成功地传达其积极的思想，首先必须在第一时间抓住观众的注意力，只有一开始就让观众产生主动审美的意愿，才可能在接下来的时间里充分向其说明想要表达的内涵。

在艺术性和娱乐性上，3D动画有很多先天的优势。由于富有强烈的现代感和时尚感，3D动画近年来受到大众，特别是年轻一代的热情追捧，只要影视节目中出现了3D动画的成分，就会很快被贴上“新奇”和“高技术含量”之类的标签。可以想象，一旦在电视公益广告中使用了3D动画作为创作手段，必定会让观众产生更强烈的好奇心和审美冲动。此外，3D动画创造出的虚拟世界极富娱乐和幻想色彩，这样的影像能让观众的感官得到充分地享受和放松，从而使其在消遣中更加乐意地接受电视公益广告的宣传和教育。

“970 Trillion KWh”（如图5）是一个新能源研发机构为了推广使用太阳能制作的电视公益广告。在这条广告中，天空下起了“电池雨”，各式各样的电池纷纷坠地，随着镜头的转换，场面越来越大，而下落的电池也越来越密集，整个世界竟然被砸得体无完肤……这时出现了字幕：“天空中每天撒下970万亿千瓦时的能量，幸好我们看不见它们，但不幸的是我们没有利用它们。"这条 2 分钟长的广告画面极其精彩，让人觉得仿佛是在观赏一部好莱坞特技大片。片中 3D 动画制作的电池雨的场面非常壮观，使作者天马行空的想象力得到了很好的展示。在诸如此类具有极佳视听效果的公益广告中，观众的兴趣能够被充分地调动，从而使他们在欣赏过程中主动和准确地获取广告所传达的信息。

图 5 "970 Trillion KWh"，大片般的 3D 电视公益广告

（二）3D 电视公益广告[①]创作中存在的问题

3D 动画与公益广告的结合表现出了巨大的优势，但是，我们也要注意到，新技术的应用在刚开始时往往有一些负面的作用，只有充分了解这些现存的不足和问题，才能在今后的发展中找到更好的方向。

1. 受众的限制

电视公益广告中所宣传的各种思想和理念，一般都会针对十分广泛的人群。比如保护环境、遵守法规、助人为乐这样的主题，对于各个知识层面，各个年龄层次的人都是适用的。而 3D 动画作为一种非常新颖的创作手段，它往往更符合年轻人和高文化层次人群的审美口味，对于老年人和相对文化层次较低的人群来说，它所表现出的吸引力和感染力就要大打折扣了。

2. 成本的问题

作为一种非常年轻的创作手段，3D 动画由于技术含量高，创作人才相对匮乏等原因，其制作成本一直比较高昂。而公益广告和普通商业广告不同，一般并

---

① 指"3D 动画参与的电视公益广告"。

没有实力雄厚的公司或企业在背后提供资金和资源的支持。我们看到,这个问题在一定程度上阻碍了3D电视公益广告的发展,特别是在经济相对落后的国内,虽然商业广告中的3D动画已经屡见不鲜,但真正的3D电视公益广告的发展仍然处于萌芽阶段。

3. 技术的干扰

3D动画是一种技术依赖性很强的创作手段,在今天,它代表着一种高科技时代的审美情趣。由于其新奇性和相对的稀有性,观众在观看此类作品的时候很容易把注意焦点集中在3D动画技术上面,而忽略影视节目本身的内容。电视公益广告的时长一般较短,如果因为其中的3D动画过于突出而导致了喧宾夺主的现象,恐怕就不能很好地传递其本来的信息了。此外,3D动画制作的技术难度比较大,如果制作者在创作过程中无法很熟练地使用和把握它,也会使最终作品的效果大打折扣。

二、3D电视公益广告的制作方法和创作实践

作为一种全新的模式,3D电视公益广告具有其特殊的创作原则和规律。在下面这一节中,文章首先梳理了它的基本制作方法,然后再结合笔者本人的实际创作经验,谈了一些构思及制作的技巧和感想。

(一)3D电视公益广告的基本制作流程

3D电视公益广告,同时具备影视广告和3D动画两种艺术形式的诸多特点,在创作中需要涉及比较全面的理论体系和比较复杂的应用技巧,对制作者的技术和艺术水平都提出了较高的要求。此外,由于影视艺术和3D技术本身的综合性与复杂性,3D电视公益广告的创作过程中一般具有很多环节和步骤。所以,为了高效地创作出优秀的3D电视公益广告,我们需要拥有一个比较科学的制作流程,从而对每个方面实现精确地控制和把握。一般来说,在制作一个3D电视公益广告的过程中,我们需要完成以下一些主要工作。

1. 确定主题

公益广告和其他所有的广告一样,其最终的目的是要传达出一定的思想。因此,在3D电视公益广告的制作中,主题一定是先行的。如果没有一个有意义的主题,或者主题无法得到很好地表达,再先进的制作手段也无法创造出真正优秀的作品。从题材上来看,电视公益广告一般有政策宣传型、行为纠正型、观念传达型等。在此过程中,3D动画作为一种极富变化的创作手段,它几乎适用于

所有题材的公益广告的创作。

2. 构思创意

创意是整个广告的灵魂。对于电视公益广告来说，创意还是联系主题和具体制作形式最重要的桥梁。3D 动画由于具有实现各种高难度镜头画面的特殊能力，因此一旦采用了这一技术手段，电视公益广告的创作者在构思其创意的时候就得到了很大的自由，各种天马行空的想象都有了得以实现的途径。

3. 技术评估

因为 3D 动画在技术上具有一定的复杂性，因此制作人员必须在广告正式摄制开始前就对制作的各个环节进行全面的测试和实验。在这些准备工作中，创作者不仅可以提前发现和解决可能遇到的各种问题，还能总结出一套合理的技术制作流程，同时确定出最终效果的模板。

4. 实际拍摄①

如果制作的是合成式的 3D 电视公益广告，就会涉及实际拍摄的环节。与普通电视广告的拍摄不同，由于创作者需要把 3D 软件制作的动画影像合成到这些真实的画面中去，因此就对拍摄过程中各种操作的精确性提出了更高的要求。所有涉及 3D 动画的镜头都需要经过非常谨慎和细致的设计，在拍摄时尽量使用精度高、稳定性强的设备和工具。如果拍摄的是运动镜头，就需要专门的机械设备（如"运动控制系统"——motion control）对摄像机的运动进行准确的记录，或者在场景中加入一些标记点，以方便之后使用计算机跟踪软件反求出摄像机的运动轨迹。

5. 3D 动画制作

3D 动画的制作是创作 3D 电视公益广告过程中最为核心的环节，也是周期最长、力量投入最大的一步。具体来讲，3D 动画的制作可以分为以下一些环节：

（1）建立模型

在设计好角色或元素的造型之后，首先要在 3D 软件中对其进行模型的建立。模型决定了虚拟物体的形状和外观，是动画的对象和基础。

（2）制作材质

材质定义了 3D 中虚拟物体的整体质感，包括颜色、光泽、透明度、凹凸感等等，它使苍白的模型具有了独特的外表属性。

（3）绑定骨骼

如果制作的是角色或者仿角色动画，一般需要为模型设计骨骼系统，该系统

① 全 3D 的电视公益广告不涉及拍摄的环节。

决定了模型每一部分运动的方式,为动画的调整做好了准备。

(4)设定动画

3D动画的设定一般使用“关键点”动画模式,创作者只需确定出重要的动作点,计算机便自动推算出关键动作之间的过程。在3D动画的设定中,很多传统动画的原理和经验依然是适用的。

(5)设计照明

在3D的世界中,场景的照明非常重要。对灯光的设计一般会参考真实世界的光线环境或者传统美术中对光影的理解,以制作出真实性强或者艺术感突出的画面。

(6)渲染输出

渲染即让计算机通过集中的运算,描绘出每一帧的精确画面。今天,使用各种先进的渲染软件和算法,我们可以得到非常丰富的输出效果。

6. 后期合成与剪辑

在实际拍摄和3D动画的制作都完成之后,我们需要使用合成软件将各种素材进行细致的融合,才能得到完整的镜头画面。在合成的过程中,要对各个素材及整体画面进行多方面调整,以获得协调和漂亮的镜头。剪辑是把所有成型的镜头按照一定的方式进行拼接和组合,并同时为画面加入音乐和音效等声音元素,来丰富最后成片的视听感受。

(二)个人作品创作总结

作为一个数字媒体艺术专业的学生,我对3D技术有着特殊的兴趣。大学本科期间,随着自己理论和技术应用水平的提高,我着手创作了一些个人作品,其中就涉及了两部利用了3D动画作为制作手段的电视公益广告。在这里对它们做简单的介绍和总结。

1. “CROSSING”(如图6)

“CROSSING”是一部关于交通安全的电视公益广告,其目的是告诉观众遵守交通规则的重要性。在这部一分钟的短片中,一个双目失明的老人和一个机器人在斑马线前相遇了。面对交通信号,老人选择了安静地等待,而不可一世的机器人却嚣张地发射出激光破坏掉红灯,并毫无顾忌地横穿马路。结果,它刚迈出两步,就被一辆飞驰而来的汽车就撞飞了一条腿,于是无可奈何地倒在地上。这时,绿灯终于亮起了,老人轻松顺利地通过了马路。

在这条公益广告中,我们设计了一个虚拟的角色——机器人作为批评和纠正的对象,通过它夸张的造型及行为与盲眼老人的对比,形成了强烈的反差,取

得了一些戏剧性的幽默效果。在整个广告中，我们并没有直接批评某个人的错

图 6 原创 3D 电视公益广告“CROSSING”

误，而是让 3D 动画制作出的机器人来承担了一切的后果与责任，这就让观众在观看这条广告的过程中既得到了娱乐，又主动地反思了自己的行为，在笑过之后更明白了人人都须遵守交通规则的简单道理。

在制作上，“CROSSING”采用了比较先进的实际拍摄和 3D 动画相结合的合成式制作手段。在主题和创意确定以后，我们首先通过真人演出的方式拍摄了一个动态的分镜头本，以对每个镜头进行构图和时间上的准确把握。接下来，小组的工作就分为了两个部分，一是联系演员和场地，根据之前的准备完成实际的拍摄；二是使用 3D 动画软件，为机器人建立模型，设置每一部分的材质，并对它加入了控制运动的骨骼系统。在这两个工作完成后，就进入比较繁琐的动画调整了。调整每一个镜头的动画时，首先要将 3D 空间中的视角根据实际的画面进行摄像机对位，使真实的景物和虚拟的物体具有相同的观察角度和透视关系。机器人动画的调整使用了自动关键帧模式，对它身上每一块重要零件的运动都进行了仔细的设定。此外，动画的输出和合成也是一项艰巨的工作。为了得到比较真实的画面效果，我们在渲染的过程中并没有一次到位，而是分批次输出了多种特殊的通道，比如控制颜色的漫反射（DIFFUSE）通道、控制灯光和基本阴影的照明（LIGHTING）通道、控制高光的镜面反射（SPECULAR）通道，以及专门用来模拟阴影细节的碰撞（A/O）通道等，而为了制作机器人在墙面等位置的反射和阴影，我们又加入了更多的元素。到后期合成时，几乎每个镜头都拥有 5 层以上的基本素材，而这一辛苦的工作最后也得到了比较满意的效果。总体上来说，

“CROSSING”在动画的制作过程中使用了多种较为先进和复杂的技术，并通过这些手段对其主题和创意进行了比较准确的表达。

2.“褪色”(如图7)

“褪色”是我的本科毕业设计作品。它以一个卡通人物的目光来展现了人类对自然环境的恶劣影响，希望通过一种“对美好事物进行破坏”的悲剧过程，唤起观众对环境保护的关注。在2分多钟长度的3D短片中，有一面满是各种美丽自然风光照片的墙壁，观众跟随我们的主角进入了其中三个具有代表性的环境：海底、天空以及森林，目睹了海洋的污染、空气质量的下降以及森林的退化等令人心痛的过程，自然中的美丽色彩正在一点一滴地消失掉。最后，一面墙壁的照片都变成了黑白的色调，这时候出现字幕：“珍惜自然环境，留住美丽色彩。”

“褪色”采用了全3D动画的制作方式，构建了一系列极具代表性的虚拟场景。从海洋到天空，再到森林，3D动画的存在使得这种全景式的展示成为可能。为了产生独特的艺术效果，我在这部作品中使用了很多符号化的元素来体现环境的恶化，如鱼儿的骨架、飘落的羽毛、如墓碑一般的树桩等，通过使这些现实中难以得到的形象具象化，突出了环境污染带来的可怕后果，让观众更直接地认识到保护自然环境的重要性。

图7　原创3D电视公益广告“褪色”

和前面的“CROSSING”相比，“褪色”是一部更重视画面艺术感的公益广告作品。在制作过程中，我并没有使用特别复杂的技术，而是把主要的精力投入到了画面氛围的营造之中。在制作这样一部短片之前，我首先收集了很多反映自然环境的摄影和美术作品，通过对它们画面特点的分析，总结出了特定环境中典型的色彩和光线分布。比如,在海底世界中,远处和近处的鱼儿呈现出了完全不同的冷暖关系,从而塑造出一种深邃的空间感;又如,在天空这一幕中,一开始太阳发射出金色的光芒,使画面产生一种温暖而祥和的视觉感受,之后,天空不再晴朗,亮度和饱和度都大大降低的画面又表现出令人不快的压抑。除此之外,在"褪色"这部作品中,我使用了大量的浅景深效果来突出不同的主体,从而实现对观众视线的引导。

(三)如何创作优秀的3D 电视公益广告

通过对其制作流程的梳理和创作实践的总结,我们看到:3D 电视公益广告的创作是一个极具综合性和复杂性的过程。它需要良好的主题和巧妙的创意,要求作者无论是在技术手段的运用还是在艺术语言的表达上都具备一定的基础和功力。

具体而言,作为一个3D 电视公益广告的创作者,首先,一定要具备强烈的社会责任感和准确的社会观察力,去发现和揭示大众生活中普遍存在的需求和问题,这样才能挖掘出具有较高社会价值的公益广告主题。其次,创作者必须努力提高自身的综合艺术修养,包括审美判断和具体创作的能力。3D 电视公益广告在创作中涉及了美术、摄影、表演、音乐、灯光、剪辑等多种艺术创作环节,因此一方面要求作为主创的导演必须全方位地发展个人的艺术水平,对各个环节都能够有独特的认识和了解;另一方面也要汇集多领域的人才和力量进行共同创作,只有通过广泛的合作,才可能完全满足创作过程中对各个细节的需求。最后,要创作出优秀的3D 电视公益广告作品,创作者还必须紧跟技术的发展,让最新、最好的技术手段为我所用,不断引进新的硬件系统,不断开发和学习更先进的操作平台。所谓"工欲善其事,必先利其器",只有拥有了强有力的技术支持,3D 电视公益广告的奇妙创意才能如虎添翼,更加自由地翱翔。

三、3D 电视公益广告在未来的发展形势

目前,3D 动画正在越来越多地被使用到电视公益广告的创作之中,它不仅拓展了电视公益广告的制作手段,更给观众带来了全新的视听感受。可以预见,在今后的岁月中,这一两者相结合的公益宣传形式,将会有非常广阔的前景,这主要是由下面几个方面所决定的。

(一)社会需求的扩大

随着社会的进步,在全面解决了基本的温饱问题之后,人们将越来越认识到精神文明的重要性。在建设和谐社会的时代背景之下,电视公益广告将迎来巨大的机遇和挑战,一方面,社会需要大量的电视公益广告去反映和解决各种问题;而另一方面,由于观众审美水平的不断进步,其对电视公益广告的质量要求也会逐渐提高。在这个过程中,由于3D动画正在迅速发展成为一种引领时代审美潮流的艺术创作手段,所以我们相信,使用高技术制作出的3D电视公益广告,无疑会受到社会广泛的欢迎。

(二)技术水平的发展

虽然今天的3D动画已经可以做到以假乱真的地步,但CG技术的发展并没有停步不前。随着计算机处理速度的进一步提高和人们在计算机图形学研究中的继续深入,我们可以毫不怀疑地指出,在不久的将来,3D动画技术必将达到新的高度,届时,3D动画将会拥有更大的便利性和多样性,其应用的范围也会得到进一步的扩展。另外,我们从当今的行业发展趋势看到,越来越多的高层次技术和艺术人才在逐渐进入3D动画这一新兴的创作领域。因此,在未来,3D动画必将会得到更大的普及,而以3D动画为手段创作的电视公益广告,也会越来越常见,越来越精彩。

(三)成本问题的解决

此前我们已经讨论了3D动画高昂的制作成本对3D电视公益广告的发展所带来的不良影响。然而,在以后的日子里,这个问题却可以同时得到两方面的解决。第一,随着社会对公益事业的日益重视,电视公益广告逐渐开始成为了一种社会反应良好、宣传效果强大的电视传播手段,它甚至可以从侧面为其发布者塑造一种健康、阳光的积极形象。于是,越来越多的机构,包括政府、社会组织,甚至企业单位都开始主动地投资制作电视公益广告了。在西方发达国家,得益于经济和社会的高度发达,公益广告在生产消费中已经形成了比较完善的商业机制和运营模式。他们的理论家很早就将公益广告(Public Service Advertisement)分为了公共广告(Public Advertising)和意见型广告(Opinion Advertising)。① 其中,前者是由政府、社会公共机构、社会团体或国际组织对于他们所关心的社会

① 潘泽宏:《公益广告导论》,中国广播电视出版社2001年版。

问题、焦点问题所发布的各类广告。这是完全非营利性质的,一般由专门的组织或基金进行投资制作。而后者,也就是所谓的意见型广告,则是由商业企业根据自身与社会公众交流的需要,从自身的品牌形象出发,选取相关性的主题,制作的符合整体社会利益和价值观念的公益广告。对意见型广告来说,它既起到了一般公益广告的积极宣传作用,又提升了发布该广告的企业的整体社会形象,从而间接地增加了企业的影响力和利润收入,最终达到了赢利的目的。因此,我们看到,公益广告的"非营利性"实际上是相对的,如果公益和利润可以兼得的话,这何尝不是一个很好的解决方案呢?第二,也是更加重要的一点,随着技术的发展和推广,各种高难的工艺流程将越来越简化,越来越普及。于是,3D 电视公益广告的制作成本会从根本上得到降低,这也就为更多优秀的 3D 电视公益广告的诞生创造了可能。

今天,世界的主题是和平与发展,追求良好的人文和自然环境成为了人类一致的目标。在这样一种历史背景下,社会对于电视公益广告的需求和要求将越来越高。制作出大量高质量的电视公益广告,对建设和谐社会有着非常重要的现实意义。而 3D 动画,作为新兴的、有着广阔未来前景的艺术创作手段,无疑为当前电视公益广告的发展提供了一种有力的支持。3D 电视公益广告,不仅是 3D 动画运用领域的扩展,也是传统电视公益广告制作形式的进步。它具有鲜明的现代特征,是顺应时代发展而产生的一种具有巨大潜在社会价值的公共艺术宣传形式。我们看到,这种结合体现出了巨大的优越性和多样性,使电视公益广告在形式的艺术性和内容的思想性上都得到了很大的提升。

在创作 3D 电视公益广告的过程中,必须明确主题,巧出创意,合理运用先进技术手段带来的巨大便利,并结合对各种艺术的深刻认识,使创作出的作品在传达力和观赏性上都具有较高的水准。

相信在不久的将来,随着社会文明的进步和技术水平的进一步提高,3D 电视公益广告将成为一种越来越普及、观众越来越喜爱的公益宣传形式,无论是题材的多样性还是形式的丰富性都将得到巨大的扩展。届时,它将迎来一个蓬勃发展的春天。

参考文献:

一、中文部分

1. 李韬放:《电视公益广告的特性》,《齐齐哈尔大学学报》(哲学社会科学版),2007 年第 8 期。

2. 杨丹、王家民:《电视公益广告的类型与表现形式研究》,《艺术与设计》(理论),2008

年第2期。

3. 张明新:《公益广告的奥秘》,广东经济出版社,2004年版。

4. 潘泽宏:《公益广告导论》,中国广播电视出版社,2006年版。

5. 陈洪波:《论公益广告在构建和谐社会中的作用》,《东南传播》,2007年第9期。

6. 张义宽:《计算机图形学》,西安交通大学出版社,2004年版。

7. 廖祥忠:《数字艺术论(上)》,中国广播电视出版社,2006年版。

8. 聂鑫:《影视广告学》,文化艺术出版社,2006年版。

9. 黎英:《影视广告表现技法》,合肥工业大学出版社,2006年版。

10. 火星时代:《3DMAX8白金手册》,人民邮电出版社,2006年版。

二、英文部分

维基百科,计算机图形定义(Definition of Computer Graphics),http://en.wikipedia.org/wiki/Computer_graphics.

三、网络部分

1. "Black Balloons",墨尔本市政府宣传减少温室气体排放的公益广告,
http://www.youtube.com/watch?v=6Eg_SEAnE-M

2. "Black Balloons"的另外一个版本,
http://www.youtube.com/watch?v=gX7yTJ9AccY&feature=related

3. "Get your lungs back",将肺脏都咳出来的反吸烟公益广告,
http://you.video.sina.com.cn/b/211931-1049966083.html

4. "How do you ride?""汽车怪兽",提倡谨慎驾驶SUV汽车的电视公益广告,
http://you.video.sina.com.cn/b/936291-1275383810.html

5. "一个易拉罐的分解",探索频道制作的电视公益广告,提倡垃圾的回收,
http://you.video.sina.com.cn/b/9728548-1325260064.html

6. "970 Trillion KWh",solon公司推广利用太阳能的电视公益广告,
http://you.video.sina.com.cn/b/3303984-1192895571.html

7. "Human Ball"无国界医生组织的纯3D艾滋病反歧视电视公益广告,
http://you.video.sina.com.cn/b/8822644-1192895571.html

8. "Wipe 5 off"悉尼政府制作的关于减速行车的电视公益广告,
http://www.youtube.com/watch?v=wrjozeqc21M

9. "Creature Discomforts"英国呼吁人们不要歧视残疾人的3D公益广告,
http://you.video.sina.com.cn/b/8967797-1339618202.html

10. 奥迪公司宣传"绿色奥运,绿色交通"的3D电视公益广告,
http://you.video.sina.com.cn/b/9989356-1313402717.html

11. 法国艾滋病反歧视电视公益广告,全 3D 动画,
http://www.youtube.com/watch? v=s_F3fAXliAo
12. "CROSSING"原创作品,宣传遵守交通信号的电视公益广告,
http://you.video.sina.com.cn/b/7591962-1313370897.html

3D纪录片拍摄的技术应用

中国传媒大学电视与新闻学院电视系讲师　于　然

【摘要】3D影像创作无论在国际还是国内都在迅速展开，3D影视剧创作都已经有了一定的规模，而3D纪录片的创作仍然略显滞后，其中原因主要是3D影像繁复的拍摄调校与纪录片需要机动性的创作模式较难统一。本文将从3D影像技术特点、3D纪录片创作关键环节分析、3D影像呈现三个方面，比较全面地分析3D纪录片创作中的问题和解决方案。

【关键词】3D影像；纪录片；瞳距；会聚面

目前我国的3D影视创作正在非常迅速地展开，但3D技术应用比较广泛的仍然是电影行业，比较尖端的分体式3D拍摄系统以及4K级别分辨率标准的设备都是在电影拍摄中使用的。电视行业主要使用的则是以高清标准为主的3D拍摄设备。

而在3D纪录片创作方面，由于其受众相对较小，影院发行规模较小，出版发行仍然不够成熟，传统纪录片播出的主要渠道是电视，由于3D电视的用户群较小，加之纪录片的拍摄周期比较长，因此，目前广受认可的作品仍然不多见。

2012年10月，中国传媒大学电视与新闻学院电视系启动拍摄大型纪录片《走进和田》。在两次前往新疆和田的拍摄中，我们都采用了3D设备进行拍摄。

使用3D设备拍摄纪录片，与3D电影创作和常规电视节目录制有着明显的不同，在拍摄上我们也总结了一些经验，谨以此文对于一些重点问题加以总结与探讨。

一、3D影像设备的多样性与创作表现

对于一般纪录片拍摄，无论是清晰度的标准，还是机型的选择，都不是创作环节中的重要因素，故在实际创作文献中也较少涉及，但进入3D时代，纪录片拍摄流程中设备的选择变得非常关键，它将直接影响拍摄的效果，也直接决定着创

作的题材与表现方法是否能够完美结合。传统拍摄模式在设备上的选择主要是分辨率的选择，高清与标清的标准一旦确定，则拍摄效果已经基本能够确定，但是，对于3D拍摄来说，设备的选择，往往需要考虑更多的因素。

（一）高清3D摄像一体机

一体机在3D拍摄中是非常方便的机型，它能够省去大量的调试时间。在拍摄中携带方便、操作简单。其实相比于常规的摄像机来说，它无非是多加入了一个会聚面调整的功能而已。惯于使用常规摄像机的摄影师可以比较快地适应这种摄像机的操作。一体机又分为广播级一体机和家用级一体机。

1. 广播级高清3D摄像一体机（如图1）

广播级一体机在拍摄质量上具有一定的优势，对于方便的一体机来说，是保证画面质量的最佳选择，其售价动辄数十万元，相对于使用佳能5D Mark III照相机配3D托架系统来说，价格是比较高的，对于3D电视节目录制和电视转播来说，它是高清拍摄的不二之选，但是，如果从性价比角度权衡，往往就会失去权重。总之，它既是专业3D摄像器材中最便于操作的，也是一体机当中质量最高的。因此，包括伦敦奥运会3D转播在内的很多大型电视广播的3D节目制作，都以这个级别的设备为主。然而，对于纪录片创作来说，这样的设备一来体积笨重、造价高昂，二来其成像质量相对DV级一体机来说质量的提升并未达到明显的程度，因此往往不是必需的选择。

图1 广播级高清3D一体摄像机

2. 便携专业DV级高清3D摄像一体机（如图2）

在3D摄像机出现之前，高清标准的便携式专业DV摄像机已经具有非常高的成像质量，感光元件的开发不仅在分辨率上，也在宽容度、趾部与肩部的层次还原上都有出色的表现，因此当3D技术应用到这个级别的摄像机上的时候，其成像质量与性价比的组合就具备了非常大的优势。

图 2 《走近和田》摄制组使用 DV 级高清 3D 摄像机进行拍摄

3. 家用级高清 3D 摄像一体机(如图 3)

3D 家用级别的 DV 摄像机、3D 数码 DC 家用照相机、具备 3D 拍摄功能的手机等民用 3D 影像摄录设备也已经迅速普及,这个级别的设备成像质量不是特别好,但是,高清级别的家用产品,至少在清晰度上是能够满足 3D 纪录片拍摄的,因此,在必要的情况下,也可以拍摄特殊素材使用。

图 3 家用级高清 3D 摄像一体机

一体机在拍摄中具有便捷性的优势,能够获得非常高的机动性,调试的时间几乎可以忽略。这对于纪录片拍摄来说是非常必要的,尤其在一些需要抢拍、抓拍珍贵镜头的情况下,一体机可以帮助我们有效地捕捉画面。

然而,在实际拍摄当中,一体机共有的一个缺陷就是瞳距过小的问题。由于一体机的镜头不宜制作得过大,因此即便是瞳距最大的广播级 3D 摄像机,其瞳距也只能达到 10 厘米左右。

瞳距直接影响着 3D 效果的呈现,当瞳距较近时,近距离的景物的 3D 效果可以得到相对较好的表现,但远距离景物的表现,尤其是航拍时,3D 效果几乎等同于无。因此拍摄时,在大场景的拍摄中,我们还是选择了水平或垂直并置的支架配合两台佳能 5D Mark III 进行拍摄。

（二）3D 摄像分体机

分体机在瞳距的调整上为拍摄提供了更广泛的选择空间，当拍摄远距离场景时，可以选择将摄像机的瞳距调大，远处与近处的景物视差将会增加，3D 效果将更加明显。

使用分体机拍摄，需要非常严密的调试过程，要耗费大量的调试时间。在改变瞳距时，我们需要将测试标版放在需要表现的距离内，调试前后景有效视差纵深，也要调试两台摄像机的水平、焦距、焦点的同步。

因此，在拍摄中分体机的使用比较适合在动用大型专业设备、进行大场景拍摄的时候，因为大型技术设备同样需要技术调试的时间、需要更多的人员参与，这恰好能够与 3D 设备调试时间保持同步，不至于彼此影响拍摄节奏。此外，拍摄室外场景成功率较低，需要反复拍摄、调试，需要更大的监视设备控制拍摄质量，这也是分体机的 3D 拍摄中非常必要的。3D 分体机拍摄目前也具有多种不同档次的设备。

1. Red One Pro3D 摄像分体机（如图 4）

由两台 Red One 摄影机构成的 3D 拍摄系统是目前 3D 影视拍摄中比较高端的一种，如加载两台 Red One M－X4.5k 摄影机，已经可以拍摄 4k 级别的高分辨率影像，因此目前电影生产行业比较多地采用这种设备。然而 Red 摄影机启动速度慢、配件系统复杂，因此对于拍摄的机动性上牺牲较大，不适于 3D 纪录片的拍摄。

2. 照相机 3D 分体机（如图 5）

在分体机系统中，比较适用于纪录片常规拍摄的是以双数码相机为基础的拍摄体系。常见的设备是由 3D 支架配合两台佳能 5D Mark II 照相机组成，其优势是成像质量好，价格成本也相对较低，比广播级 3D 一体机在成本投入上都要

图4 由两台Red One 摄影机和垂直3D支架构成的3D分体机

图 5 由两台照相机和水平支架构成的3D拍摄系统

少很多。此外，其成像质量也更好，更大面积的感光元件可以带来相对更明显的小景深效果。因此，在一体机拍摄当中，它也是性价比较高的选择。

3. Go Pro 3D 分体机

分体机中也有特殊拍摄用途的品牌，例如业内非常著名的 Go Pro 小型摄影机也有了 3D 套件，可以将两台 Go Pro 摄影机并置在一起，拍摄 3D 影像。这种组合方式不适于传统性纪录片主体拍摄，但对于特殊环境拍摄有着更便利的优势，尤其是动作幅度较大的画面，其低廉的成本与超高的便携性便获得了展示的空间。

图 6　Go Pro Hero 3D 分体机

总之，在大型 3D 纪录片的拍摄中，由于设备成像效果差异非常大，所以很难由一套设备完成全片的拍摄，目前创作中最理想的方式就是以 DV 级 3D 摄像机为主要机型，配合两台数码相机组成的分体机拍摄宏大场景，辅以 Go Pro 3D 拍摄套件拍摄特殊视角镜头来完成。

二、拍摄经验总结

由于上述 3D 拍摄设备特点不同，因此针对不同素材采集需要，在纪录片《走进和田》的 3D 拍摄中，我们使用的是以高清标准的 DV 为主要机型的多机型拍摄模式。

如上所述，高清标准 DV 不仅在性价比上具有非常突出的优势，而且在操作的便捷性和拍摄的可靠性上有较高的保障。

（一）会聚面调整

3D 拍摄中，会聚面的调整是比较重要的技巧，关乎素材的成功率，也关系到 3D 效果，更重要的是，我们需要在它们之间找到一个有效的平衡点。

会聚面是 3D 摄像机两个镜头（或两台摄像机）光轴交汇的平面，这一平面的景物在屏幕上将基本与屏幕平面吻合。会聚面之前的物体会显示为出屏，会聚面之后的物体会显示为入屏。

一体机会聚面调整更容易,转动视差拨轮就可以完成会聚面的调校,不用担心双机同步问题。更重要的是,一体机的会聚面参数能够显示到显示屏上,帮助摄影师更轻易地判断出屏、入屏的景物位置。摄影师甚至可以边拍摄边调整会聚面,改变出屏入屏的关系。

DV 摄像机的视差调整根据焦距不同有所变化,焦距越长,可以接受的视觉范围相对来说就越有限。因此,在拍摄中,使用镜头长焦端拍摄的时候,往往容易出现景物范围超出有效视差成像范围的情况,唯一可行的办法就是在取景时进行控制,尤其是后景范围的选取,不可距离拍摄主体过远,应尽量控制在主体后 10 米以内为宜。(如图 7)

图 7　3D 拍摄对于前景、背景的纵深非常挑剔,因此地点和角度的选取非常重要

分体机在纪录片创作中不适于纪录环节的展现,因为分体机的双机同步调校比较复杂,不仅瞳距调整要进行复杂的同步调校,视差的调整也需要使用标版进行多距离下的精确调整,改变起来难度很大,不适合机动性很强的拍摄。但是分体摄像机在瞳距较大的情况下可以拍摄到更好的远景画面,而这种拍摄在视差调校精准度的要求上比较小。因此大型纪录片的场面性画面和景观呈现的画面就更适合使用分体摄影机进行拍摄。

现在,控制会聚面时有了一个更方便的工具,就是可以在 iPad 或 iPhone 等智能手机上应用的一款软件真立体专业 3D 计算器(RealD Professional Stereo 3D Calculator)。这款软件可以帮助摄影师运算不同显示方式下、不同的拍摄参数下

3D 效果的有效拍摄范围，这就可以帮助摄影师更容易地判断有效的拍摄距离。在拍摄实践中，我们可以尝试使用这些新的技术手段来帮助我们提升拍摄质量，获得更多的便捷。

（二）瞳距的调整

3D 拍摄中，影响 3D 效果的不仅仅是会聚面的调整，另一个对于拍摄结果起着直接作用的元素就是瞳距。在同样的情况下，较大的瞳距有可能带来更大的视差宽容范围。在实际拍摄中，一体式摄影机的最大问题在于瞳距是固定的，且瞳距过小，所以其拍摄的画面有效表现纵深范围比较小，在广角的时候才能更好地保证有效拍摄纵深。

因此，在拍摄远距离景物时瞳距的问题便成为重要的掣肘。在拍摄远距离景物时，相对于数公里外的景物，几公分至十几公分的瞳距几乎等同于零，且 DV 摄像机会聚面最远调整也就是 99 米，无法抵达无限远，因此对于 100 米以外的物体，DV 摄像机的瞳距几乎就不能用了。如运用 DV 型 3D 摄像机，在拍摄远景风光，尤其是进行航拍时，景物的纵深立体感是无法呈现的，拍摄时也就不能获得令人满意的效果。

在远距离拍摄时，有一个相对可行的弥补方式，就是改变焦距。景物视差的效果会随着焦距的变长而变得明显。因此，当使用长焦端进行拍摄的时候，立体感会得到夸张，但负面的影响是纵深极限范围也会更小。因为景物的基本距离仍然有限，在拍摄中如果景物纵深过大，将导致前后景物无法有效成像。因此，我们需要尽可能地使用广角来保证更可靠的素材。

理论上，当拍摄近距离景物的时候，小瞳距应更具有优势。当拍摄会聚面在 1 米以内时，3D 立体效果会非常明显，但有一个问题会随之出现，就是过小的瞳距会导致远景视差过大，无法重合，从而导致素材无法使用。因此拍摄近距离物体的时候一定要保证背景距离也足够近，这样就不会形成过大的距离差距，景物就可以得到比较好的呈现。

总之，常规的 DV 级 3D 摄像机，在拍摄中的有效距离一般为 3 米到 10 米左右（如图 8），在这段距离范围内，3D 视觉感受比较明显，会聚面的调整也会带来比较好的出屏和入屏的变化，而远距离景物和大场面的拍摄则需要分体机更大的瞳距来进行展现。

图 8 DV 级 3D 摄像机最佳拍摄距离是 3－10 米

（三）取景方式的影响

3D 摄像机的取景器是重要的拍摄装备，也是观察 3D 效果的唯一途径，因此也是选择设备的重要考虑因素。

广播级一体式 3D 摄像机一项更好的功能是视差过大预警功能，当景物“出屏”或“入屏”太多，导致两个影像分离距离过大，超过人眼接受能力范围的时候，摄像机的屏幕上会显示预警信息，这就能够帮助摄影师及时调整视差，避免拍摄失败。

在最新推出的 DV 级 3D 摄像机中，终于有了更方便的取景方式——裸眼 3D 屏取景。裸眼 3D 技术是 3D 影像的最新拓展，目前已经有了比较成熟的产品推出，适时地应用于 3D 摄像机取景器，大大方便了拍摄工作。在拍摄中使用裸眼 3D 屏取景，基本可以通过屏幕是否可以有效成像进行有效视差深度的判断。若屏幕中的影像形成两个独立的影像，则视差过大，素材很难使用。

良好的取景系统对于拍摄和素材判断起着非常重要的作用，往往直接关系到素材的成败，因此，对于拍摄机会只有一次、无法重复拍摄的纪录片创作来说，尤为重要。

（四）主题呈现与拍摄方式的选择

在本次纪录片的创作中，我们主要是依据主题来选择拍摄方式的。在纪录片的表现中,我们主要分为“地理地貌”、“历史发展”、“民风民俗”、“物产资源”四个方面来表现。在前两个方面的内容表现上,往往需要涉及大量的山川、河流、沙漠、历史遗迹等方面的内容,而且也需要在表现形式上更加注重“气势恢宏”的特点,对于 3D 视觉效果的呈现要求也更明显。因此,在拍摄时,我们需要投入分体机设备,通过更宽的瞳距来获得更明显的远景 3D 效果,而在拍摄方式上我们也要投入更多的人力来进行调试工作。当然为了效果,我们也准备试验性地使用 Go Pro 3D 分体机来尝试 3D 航拍。我们将试验运用遥控直升机装载 Go Pro 3D 分体机低空贴近水面、沙丘等环境进行拍摄,以获得更具有视觉冲击力的效果。

而在“民风民俗”方面,我们采用的是纪实的表现手法,不希望介入过多的摆拍与人为干预因素,需要更多的现场捕捉拍摄,因此我们还是以 3D 一体机(尤其是高清 DV 一体机)来进行拍摄,这样能够获得更具有纪实感的画面,也可以让被摄者更真实地呈现本真的生活面貌,而不至于被过大体积的器材影响。在拍摄手法上我们将以现场纪实性抓拍与小范围的跟拍为主,运用 3D 一体机便携、操作快捷的特点获得更强的真实感,保留纪录片的自身特点。

在“物产资源”的表现中,由于和田地区的物产资源主要是玉石、手工艺品、农产品等物品,物产体积比较小,因此使用高清 DV 一体机进行拍摄也比较合适。如使用瞳距过大的分体机拍摄,一来不容易实现很好的 3D 效果,二来也会耗费过多的调整时间,在物产丰富的和田来说就不是非常适合了。

总之,我们的设备与拍摄方式的组合都是根据拍摄主题与拍摄内容需要确定的,目的也是将 3D 影像的视觉冲击力与纪录片的真实感、现场感更好地结合起来。

(五)其他技术的使用

目前,仍存在很多技巧可以进行 3D 呈现,比如 2D 转 3D 技术、数字 3D 制作技术,但这两项技术对于 3D 后期制作、调校要求较高,需要经验丰富的公司或技术人员来完成,相应地,其成本也比较高。因此我们在制作中准备只将必要的素材,如重要的历史资料等使用 2D 转 3D 的技术来进行呈现,而主要的表现内容仍以实拍内容为主。

三、3D 影像效果的呈现

3D 影像创作中经常容易被忽视的一点是,影像最终的呈现方式不同,3D 影像观看效果也不同。因此，理论上 3D 影像也是应当根据呈现方式来确定拍摄方式的。

一般来说，大屏幕呈现（如电影院、会场、报告厅等场所的投影设备）方式的观看距离比较远，视差差距相对会被弱化，因此，视差的宽容范围也比较大。在这种情况下，我们就可以选择瞳距比较大，视差效果比较明显的设备。因此，如果我们拍摄的是剧院呈现或会展呈现的纪录片，就需要用瞳距更大的分体机进行拍摄。

在国内，常规纪录片的播放渠道更依赖电视、网络等小屏幕媒体，这种媒体的受众观看距离比较近，因此影片视差就不能呈现得过大，大瞳距的分体机拍摄的画面视差很容易超过这一观察距离下的极限视差承受范围，从而产生眩晕的效果。所以，在这一类型的纪录片拍摄中建议使用一体机，一体机的瞳距更容易在这一观察方式下呈现更好的播放效果，这一点大家观看伦敦奥运会的 3D 转播就能够发现。这也为以电视播出为主要发行渠道的纪录片创作提供了更方便的设备选择空间。

当然，在电视呈现方式中，电视屏幕越大，呈现效果往往越好，一些在小屏幕上超过视差接受范围的影像，在大屏幕上可以得到很好的呈现。因此，在剪辑环节中，也推荐采用更大的屏幕来随时监视 3D 效果的呈现。

此外，还有一个细节技术需要特别说明，就是在影片效果的呈现来看，使用双倍刷新频率、使用快门式眼镜的 3D 显示屏，要比通过隔行发射偏振光配合偏振镜片观察的偏振式 3D 屏效果更明显，对于观察角度的限制也更弱，这也是获得完美 3D 效果更好的保证。

总之，3D 影像创作技术在纪录片创作中的运用尚在起步阶段，各环节的技术配合至关重要。从前期的设备搭配到后期的影像呈现方式都需要进行周全的考虑，才能保证拍摄的效果很好地呈现出来。

即便如此，3D 纪录片创作中片比也要远远高于传统 2D 纪录片的创作，失败率非常高，因此，只有靠更多的拍摄和大量的素材才能保证顺利完成。本文只是以笔者为首的创作者在拍摄实践当中的经验与教训的整理与总结，只有更多学者与创作者投入更多的研究、分享更多的创作经验，3D 纪录片创作才能追赶上 3D 电影的发展步伐。

参考文献：

1. 伯奈德·门迪布鲁（Bernard Mendiburu）著，黄裕成、刘志强译：《3D 电影制作——数字立体电影制作全流程》，人民邮电出版社 2011 年版。

2. R. M. 海耶斯(R. M. Hayes):《3D 电影:立体电影历史及作品年表》(3D Movies: A History and Filmography of Stereoscopic Cinema),McFarland & Company1998 年版。

3. 布鲁斯·布洛克(Bruce Block):《3D 叙事:立体 3D 原理及其应用》(3D Storytelling: How Stereoscopic 3D Works and How to Use It),焦点出版社(Focal Press)2013 年版。

4. 雷·苏恩(Ray Zone):《3D 革命:现代立体电影的历史》(3D Revolution: The History of Modern Stereoscopic Cinema),肯塔基大学出版社(University Press of Kentucky)2012 年版。

5. 雷·苏恩(Ray Zone):《3D 电影制作人:与立体电影画面创作者对话》(3D Filmmakers: Conversations with Creators of Stereoscopic Motion Pictures),Scarecrow 出版社 2005 年版。

6. 伯奈德·门迪布鲁(Bernard Mendiburu):《3D 电视和 3D 电影:创造性立体视觉工具和过程》(3D TV and 3D Cinema: Tools and Processes for Creative Stereoscopy),焦点出版社(Focal Press)2011 年版。

理论篇

3D 电视创作美学初探

中国传媒大学电视与新闻学院电视系教授　郭艳民

【摘要】本文从题材选择、影像本质、审美感受、创作嬗变四个方面入手，试图对3D电视节目创作的美学特征进行研究，对3D电视节目创作应遵循的美学原则进行探寻。文章认为非常态、时间连贯、空间层次丰富、富含运动因素的题材是适合3D电视节目创作的选题；3D电视影像的本质是对现实空间的复制；3D电视的审美感受主要是体验真实；3D电视节目创作方法与传统电视节目在景深、景别、运动、剪辑等多方面存在差异。

【关键词】3D电视；创作；美学

电视是一个兼容并包的综合媒体，包含的内容比电影要复杂，按照题材内容基本可以分为影视剧、纪录片、文艺节目、体育节目、新闻节目，按照功能可以分为信息、娱乐、教育、服务几大类。2010年以来，3D电视开始快速发展，经过三年的实践，人们发现，并不是所有的电视节目都适合采用3D技术制作，也不是所有使用了3D技术制作的电视节目，都会受到观众的欢迎。3D电视要想获得良性发展，就要认真研究自身与传统2D电视的差异，目前关于3D电视的研究绝大多数集中于设备、技术、技巧、方法等课题，然而，笔者认为，在3D电视技术迅速发展的今天，现有的技术难题将不断得到解决，而对3D电视美学特征的研究则更具现实意义，也更有理论价值。

一、题材选择：视觉奇观

传统的2D电视已经经过几十年的发展，在这个过程中，对人们视听经验、视听习惯产生了深刻的影响，在选题、节目样态、传播方式等方面形成了自己较为完善的体系。作为一个新生事物，3D电视必须给观众带来全新的视觉体验，将原来专属于电影剧场的“视觉奇观”带入普通观众的家庭，才有可能获得大家的认可和欢迎。

（一）非常态题材

所谓非常态题材是指远离大众日常生活、超越大众日常视觉经验、场景宏大或新奇、意义非凡的题材。近些年来，许多电视节目创作一直强调选题的平民化，特别是新闻类、服务类、娱乐类节目将选题集中于普通民众的日常生活，力求拉近与观众的距离，求得观众与被摄人物的情感共鸣。“故事”、“情感”、“意义”成为了诸多电视节目的核心价值，而声画质量、视听效果则降到了从属地位，许多电视节目制作使用的设备也日益小型化、简便化，对从业人员影视摄制专业素质方面的要求也大大降低。这在一定程度上影响到大众对电视这一媒介印象的形成，在许多人看来，电视只是一种“快餐文化”，“快捷”与“粗糙”是其难以改变的本性。

3D 电视节目要想引起人们的关注，就必须选择与 2D 电视不同的差异化道路，对视觉效果的强调应该是其基本的价值诉求，特别是在 3D 电视的起始发展阶段，更应该如此。从近几年来的 3D 电视节目创作、播出实践，我们可以看出，影视剧（神话、科幻、动画等）、重大体育赛事现场直播、大型演艺活动的实况录像（或直播）、人文题材（如科技、风光、历史等）纪录片是最受观众欢迎的内容，它们能够给观众提供难得一见的场面和形象，拓展人们的视觉经验，增强观众的现场感、体验感，满足观众的好奇心，而一些比较常态化的专题节目、谈话类节目在 3D 频道中则显得有些不合时宜，除了让人感叹技术和成本的浪费之外，并不能给观众多少收视愉悦。

为了更好地发挥“视觉奇观”的吸引力，现阶段，3D 电视节目播出还是走“频道专业化”道路更为合适，如 ESPN 3D 频道主要摄制、播出重大体育比赛的现场实况，Brava 3D 频道主要摄制、播出音乐会、歌剧等现场实况，Wild Earth 3D 频道专门播出野生动植物内容的电视节目，DirecTV cinema 3D 频道专门播出 3D 电影节目，这有利于吸引目标受众，获得更好的收视效益。

当然，“家庭影院”永远取代不了“电影剧场”，3D 电视节目创作始终会受到家庭收看环境的限制，现有的以“视听奇观”为卖点、以大屏幕电视为接收载体的 3D 电视节目发展方式，很快将会遇到难以逾越的瓶颈。随着 3D 技术的快速进步，3D 电视节目创作是否能在更广泛的题材领域获得成功，3D 技术能否成为所有电视节目的基本配置，还有待实践的进一步检验。

（二）时间延续、连贯题材

3D 电视节目需要有一定的时间连续性，在一定时间单元里，适合展示相对少的人物、比较集中的主题和比较完整的故事，前后要有连贯性。“事件性”选题比较适合 3D 电视节目创作，而“话题性”选题则不太能够发挥 3D 技术的特长。前者可以为创作者和观众提供具体的时空，较充分地展开故事，感知人物与环境的关系。后者则会使时间要素“碎片化”，空间因素也变得弱化，不利于 3D 电视技术的优势发挥。当然，受到当前 3D 电视收视条件的限制，为了降低观众的视觉疲劳感，单个节目的时间长度也要受到一定限制，基本控制在 30 分钟—90 分钟之间。

（三）空间层次丰富题材

3D 电视画面的大景深和立体化，对拍摄场景提出了更高的要求，在拍摄过程中，要有意识地避免某些缺乏空间层次和透视效果的拍摄环境。前景景物、主体对象、背景景物都成为画面当中不可或缺的构成元素，它们之间的位置关系、内涵联系都对观众收看、读解 3D 电视节目有着重要影响。

尽管 3D 电视节目摄制强调空间层次的丰富，但是，其场景空间也不能过于繁杂，明确的主体对象、清晰的主次关系、简洁的构图效果，这些传统的画面创作规律，仍然是其需要遵循的艺术规则。

（四）富含运动因素的题材

影视中的运动主要包括两大方面，一是被摄对象的运动，二是摄影机运动。在电影发展史上，“摄影机开始运动”被大家公认为电影成为一种艺术形式的标志。传统的 2D 电视节目创作比较强调运动因素的运用和控制，然而，由于受到平面艺术本质的限制，其运动效果存在相当的局限性，尤其是在纵向运动方面与 3D 电视节目的效果存在明显差距。在 3D 电视节目创作中，摄影机与被摄对象的运动更加有利于空间层次的展现，更加有利于运动感觉的强化，能够给观众的视觉带来全新的感受。

当然，在现阶段，由于 3D 电视摄制技术的限制，摄影机和被摄对象的运动，会大大增加前期和后期对视差、会聚面、焦点等各方面控制的难度，所以，许多 3D 电视节目都采用了固定机位、演播室摄录的制作方式，比如北京电视台制作的 3D 版《养生堂》、上海台制作的 3D 栏目《七彩戏剧》等，这种制作方式实际上损失了 3D 电视技术的优势，只能是一种应付播出的权宜之计，而不能代表 3D 电视节目创作的潮流和方向。

二、影像本质:现实空间复制

从视觉艺术产生以来,人类一直渴望用影像真实地反映物质现实,从绘画到摄影,静止到运动,视觉艺术发展的历史在一定程度上就是影像不断靠近物质现实的过程。然而,在漫长的探索过程中,二维平面艺术对于场景“空间深度”和主要事物“立体维度”的表现力,一直存在着缺憾,从而让观众清楚地意识到影像与现实本身之间存在的距离。

在 2D 电视时代,电视屏幕被人们视为观看大千世界的“平面窗口”,而在 3D 电视中,电视屏幕则成为“立体盒子”,被摄场景的透视效果更加强烈,被摄景物之间的位置、层次关系更加清楚。如果说 2D 电视画面是现实生活的“真实画卷”,那么,3D 电视画面就是客观世界的“活动剧场”。

在 2D 电视画面中,“深度、“距离”、“立体”都是二维平面上虚拟的感觉,通过与透视规律的结合,人们得以在头脑中感知物质世界的存在。而在 3D 电视画面中,“深度”、“距离”、“立体”变得更加真切,它们直接作用于观众的眼睛,尽管其在本质上仍然只是现实的影像,但却让观众觉得它已经由“描摹”上升到了“复制”。

当今的 3D 电视节目,普遍采用高清格式摄制,并随着电视高清格式的进步而不断提高自身影像清晰度,极佳的清晰度与立体效果的结合,可以最大限度地满足人们对真实感、现场感的体验需求。“3D 电视的好处,不仅仅只是增强了深度感,它还能增强影像的清晰度、在场感和逼真感。”①

三、审美感受:体验真实

摄影镜头的纪实性给人们带来了观看影像的真实感,摄影技术的进步在一定程度上就是观众观看影像真实感不断增强的过程。即便是观看一部科幻、神话题材的影片,其影像和声音的制作也都是追求非常的真切。

影像的真实感与空间感、立体感、质感密切相关,3D 电视在空间感、立体感、

---

① 詹姆斯·陶马什·巴瓦(Wa James Tam)等:《3D 立体电视与视觉舒适度研究》(Stereoscopic 3D-TV: Visual Comfort),电气与电子工程师协会关于广播业的报告(IEEE Transactions on Broadcasting),2011 年 6 月第 2 期第 57 卷,第 335 页。

质感方面给人们带来了更强烈的感受。3D 电视节目的真实感,还来自于其声音方面。影像的立体化,也要求声音品质的提升,尽管现有的录音技术已经能够较好地反映摄录现场的声音质量、空间方位、景别,但是,在实际录制、播出和接收的过程中,对各个环节的要求都比较严苛,对于以"家庭收看"为主要方式的 3D 电视而言,还需要多方面的改进和升级,目前尚不能最大限度地实现声音技术的可能性。

(一)"旁观"与"沉浸":观众的心理体验

在观看 3D 电视节目时,观众的收视体验也与 2D 电视的收视有明显不同。

收看 2D 电视节目时,观众与影像的距离(座位与电视屏幕之间的距离)是固定的,无论是怎样的自然美景和社会百态都止步于电视屏幕的平面。稳定的"物理距离"给观众带来了一定的"心理距离"。总的来说,观众对于 2D 电视节目的收视属于"旁观"式。在潜意识中,他们能够将"电视"与"自我"明确区分开来,一方面观众会在情感心理上随电视节目内容唏嘘不已;另一方面观众又能在本能感官感受方面确立自身安全、舒适、放松的基本意识。

收看 3D 电视节目时,观众对于屏幕中事物的距离感知不再等同于电视屏幕与观看座位之间的物理距离,通过前后期会聚面的调整和控制,观众会看到"出屏"和"入屏"等不同的效果,屏幕中的事物可以在影像空间中接近或远离观众,这种距离感知上的变化,也会带来观众心理感受上的变化。电视观众不再仅仅是"旁观",而是"沉浸"于电视影像空间中,由"置身事外"变成了"设身处地"。在许多情况下,观众的体验感会大大增强,比如观看 3D 现场直播、3D 恐怖片时。如果被摄物体是纵向运动或者摄影机纵向运动,会给观众带来更加强烈的接近或远离的感知效果,其心理上的反应也会相应变化。

在获得第一届国际 3D 学会"3D 奥斯卡奖"(Creative Arts Awards)最佳纪录片奖的 IMAX 3D 纪录片《海底世界》(Under the Sea)中,有一段拍摄水蛇的镜头(如图 1),两条水蛇向着镜头游来,让观众仿佛感到它们就在自己身边,在感叹画面精美的同时,也不免有些本能的心理紧张。

从另外一个角度来说,观众对于 2D 电视节目的收视是通过客观视角来进行的,而 3D 电视节目摄制和收视更适合通过主观视角来完成,用 3D 技术拍摄主观镜头,其带给观众的参与感、体验感会大大增强。在纪录片《海底世界》中,临近片尾部分有一组拍摄海狮亲吻摄影机镜头的画面,观众在观看时,仿佛自己在被海狮亲吻,切实体验到摄影者与海狮在海底的良好互动(如图 2)。为了彻底摆脱客观旁观,3D 电视节目的创作就要保证一定限度的"出屏效果",正视差和负

图 1　纪录片《海底世界》(3D IMAX Under the sea)拍摄花絮及镜头截图

视差的镜头都要存在，如果过于强调“入屏效果”，那么，观众的体验感就会受到削弱，尽管在一定程度上增强了收视的舒适度，但是，却丧失了 3D 电视最突出的视觉效果。

图 2　纪录片《海底世界》(Under the sea)拍摄花絮及镜头截图

(二)距离感:观看距离与心理距离

3D 电视能够给观众提供“触手可及”的视觉效果,只要愿意,被摄物体的影像可以就在观众的身边、眼前浮现,在空间感、立体感、真实感空前强烈的同时,观众是否一定获得视觉的舒适和心理的满足呢?

人的心理是非常复杂的,按照人的本能,我们可以将人的心理感受分成两大类——快感与反感,对于能够给自己带来快感的事物,人们就持欢迎态度;而对于给自己带来反感的事物,人们则会表现出排斥反应。

3D 电视节目涉及的题材、场景、对象多种多样,对于血腥、暴力、肮脏等场景和对象,人们会本能地产生排斥心理,所以,这些内容在 3D 效果的把握上,应该较多采用入屏方式,避免对观众产生过于强烈的不良刺激。而对于欢乐、喜庆、美丽等场景和对象,人们会本能产生喜欢的心理,也会有较强的体验意愿,因此,在 3D 效果把握上,可以较多采用出屏方式,以满足观众的心理需求。

四、创作嬗变：削足适履

目前，3D 电视还属于初创阶段，许多技术还不够成熟，为“视觉安全舒适”起见，许多在 2D 影视时代已经比较成熟的创作理念和技法不能完全应用到 3D 电视节目创作中，只能降格以求、简化运用，还有一些在 2D 电视创作中比较重要的元素，在 3D 电视节目创作中，发生了比较明显的变化。

（一）“景深”的消逝

在 2D 电视摄影中，“景深”是一个非常重要的概念，是指画面当中焦点平面前后近似于清晰的影像范围。为了能够在二维平面上模拟表现立体、深度效果，“主体实，前景、后景虚”，人为强化“近清晰、远模糊”的视觉现象，是一种行之有效的方法。

在 3D 电视影像中，主要采用“以被摄对象为中心”的拍摄方式，在这种情况下，同时控制会聚面和焦平面，使其保持一致或者有意识地使两者分离，存在着较大的困难，所以，“景深”这个概念变得简单化了，为了避免出现视觉的误差和不适，绝大多数 3D 电视画面采用了大景深，即前景、主体、背景景物基本都是清晰的，以凸显景物的前后距离感和层次感。

（二）景别的限制

在传统 2D 摄影中，景别是指取景范围的大小，主要分为五种，即远景、全景、中景、近景、特写，每一种景别都有自己独特的作用，在叙事、表意过程中各司其职，不可或缺。不同景别的镜头相互组接，可以形成不同的影视语言“句子”，产生不同的视觉节奏、叙事节奏。

在 3D 电视摄影中，高倍率的长焦镜头会削弱被摄对象的立体感和空间感，如果使用较短焦距的镜头近距离拍摄，又容易出现立体效果失真。在 3D 电视现场直播中，“为了减少人眼因频繁调焦产生的视觉疲劳及不适感，尽量减少多机位切换时不同场景的差别，利用中景过渡”①。因此，为了安全起见，3D 电视摄影较多使用中景、全景景别拍摄，而较少采用近景、远景景别拍摄，特写景别则更少用到。

---

① 李世萍：《3D 电视节目制作流程和规范——江苏广电总台 3D 电视节目制作探索和实践》，《现代电视技术》，2012 年第 8 期，第 29 页。

镜头景别的减少，保证了视觉的安全、舒适度，但是，却造成了电视语言的残缺，在观看 3D 电视节目时，观众能够看到的多是场景环境、形体动作、事物之间的相互关系，却较少能够观察细节、情感、心理等方面；更多看到的是事物的外在形象，而较少感受其内在因素，仿佛是使用一种被删减过的“简化版”语言去进行表述，总让人有“言不达意、意犹未尽”的遗憾。

（三）运动的处理

在 3D 电视节目拍摄过程中，为了操作的简便以及满足人眼舒适的需要，摄影机的运动方式、运动速度、运动节奏都受到一定的限制，具体而言就是：较多采用固定机位，推拉摇移等运动速度相对减慢。

各种运动摄影方式中，纵向运动所拍摄的镜头效果最能发挥 3D 技术的长处，它可以充分利用画面的空间深度，使得观众的参与感、伴随感大大增强。纵向运动可以分为摄影机纵向运动和被摄对象纵向运动。纵向运动必然带来会聚面、焦点平面的变化，增加了摄影机操控及后期调节的难度，在实际拍摄过程中，最好是摄影机与被摄对象同速运动，可以在减小误差的同时强化空间感。如果摄影机或被摄对象单方面纵向运动，将会出现明显的“出屏”或“入屏”效果，给观众带来强烈的立体感，有时也容易产生明显的视觉误差，需要后期进行有针对性的调校。

（四）剪辑的变化

1. 剪辑节奏变慢

为了避免人的眼睛视觉疲劳和不适，3D 电视节目在后期剪辑时，单个镜头的时间长度与 2D 镜头的时间长度相比相对延长，这使得单位时间内的镜头数量减少，剪辑节奏变慢，在 2D 电视时代人们创造的许多快节奏剪辑手法以及由此产生的视觉效果在 3D 电视中都不复存在。

2. 过渡特技减少

在 3D 电视节目后期剪辑过程中，2D 电视中常用的一些过渡特技效果（如叠化）也不再适用，因为，同时作用于前后两个镜头的特效，在 3D 电视画面上会给人影像不实的感觉，直接切换重新成为剪辑的主要方法。

（五）字幕的制作

其他各种影像制作方式在一定程度上受到限制和简化的同时，3D 电视却为字幕的制作提供了更大的自由空间，字幕再也不只是贴附在屏幕表面的文字符号,而是可以和图像一样进行制作并发挥作用的视觉元素。字幕可以处于画面中的不同空间层次,可以以各种不同的立体形态存在,还可以与画面中不同的景物相结合,进行自由的运动。

图3　纪录片《暴风冲浪者》(Storm Surfers)片头字幕截图

2013 年获得国际 3D 协会“3D 奥斯卡奖”(Creative Arts Awards)最佳纪录片奖项的《风暴冲浪者》(Storm Surfers),是一部史诗般的纪录片。它记录了如下故事:澳洲牵引冲浪的传奇人物罗斯 · 克拉克 - 琼斯(Ross Clarke - Jones)和两届世界冠军汤姆 · 卡罗尔(Tom Carroll),在冲浪预报员本 · 马特森(Ben Matson)的帮助下,共同完成一项任务:一起跨越南太平洋,跟踪、追赶大风暴进行极限大冲浪。该片不仅影像 3D 效果震撼,其片头字幕制作也令人印象深刻,立体字制作的片名,运动、漂浮在水中,与周围环境融为一体、相得益彰。

3D 电视技术给观众带来了全新的视觉体验,也造成了不同的心理影响。尽管其技术还不够完善和理想,使得目前的 3D 电视节目制作不得不将主要精力关注在技术操作和控制方面,就像是“带着镣铐起舞”,但是,用发展的眼光来看,技术上的障碍将不断得到解决,人们会越来越多地发现 3D 电视技术所带来的艺术创作上的可能性,越来越多地发现其独特的美学特质。3D,绝不仅仅只是技术的升级、换代,它将推动电视节目创作理念及方法发生本质的变化。

参考文献:

1. 王甫、陈新洲:《跨入立体视觉艺术的新时代——关于中国 3D 电视试验频道的观察与思考》,2012 年第 6 期,第 28 页。

2. 陈春晖:《上海广播电视台 3D 电视节目制作初探》,《数码影像时代》,2012 年第 6 期,第 24 页。

3. 李世萍:《3D 电视节目制作流程和规范——江苏广电总台 3D 电视节目制作探索和实践》,《现代电视技术》,2012 年第 8 期,第 26 页。

4. 任月琳:《不只是立体——初探 3D 电视》,《中国电视》,2012 年第 8 期,第 81 页。

5. 陈博、李平、郭宏伟:《3D 电视节目拍摄制作的几点体会》,《广播与电视技术》,2013 年第 1 期,第 27 页。

视觉舒适的3D电视拍摄与图像处理

中国传媒大学信息工程学院副教授　杨　宇
中国传媒大学信息工程学院教授　李鉴增

【摘要】3D 电视产业当前已得到了一定的发展，全球的3D 电视用户也在不断增多，但当前3D 电视节目缺乏仍然是阻碍3D 产业发展的最大障碍。与传统节目拍摄相比，3D 拍摄复杂度极高，摄像师不但要考虑传统构图，还要考虑观众感受到的感知深度范围，如果感知深度超过人眼承受能力，会导致观众有不适感。本文分析了影响3D 体验的因素，介绍了深度感知原理和常用的3D 摄像机系统，在这基础上，本文讨论了两种拍摄前提下精确控制感知深度、进而让观众体验到舒适3D 体验的摄像机调整参数计算方法以及而后需要做的图像处理方法。

【关键词】拍摄技术；感知深度；3D 电视；视觉舒适

一、引　言

3D 电视技术在全球的推广已经取得了显著的进展，3D 电视产品开始出现在千家万户中，据市场调查公司 NPD DisplaySearch（恩博源集团显示器调查公司）的调查数据，3D 电视的出货量近年来持续增长，2011 年3D 电视的全球出货量超过了2400 万台，而调查公司 Futuresource 则预测2015 年3D 电视的销量将比当前增加50%。在今年的2012 年 NBA 展会上，多家公司展出了3D 高清技术，数字视频广播组织（DVB）也在努力进行 DVB－3DTV 的标准制定工作。对当前的消费者来说，3D 功能已成为新购电视机上的必须配置。

然而，3D 内容产量不足是制约3D 产业发展的首要原因之一。为了满足市场对3D 内容的需要，BSkyB、ESPN、Free（法国电信企业——自由集团）等广播商纷纷尝试推出3D 频道，2012 年伦敦奥运会也将转播3D 高清赛事节目。但是

3D电视节目的制作难度远高于传统电视节目制作，如果对3D拍摄规律不了解，草率地进行拍摄，那么制作出来的3D节目不但根本不能满足观众的需要，反而会给3D电视的初期观众带来视觉疲劳、头晕目眩等感觉，从而严重影响3D技术在大众心目中的印象。由于3D拍摄和节目处理的过程非常复杂困难，直接提高了3D节目的成本，这大大打击了运营商对3D的热情，因此，如何更加容易地拍摄出让观众感觉舒适的3D节目，成为3D电视创作者最关心的技术问题。

本文从当前3D节目制作中经常使用的双目立体成像系统入手，主要讨论两种不同的3D拍摄条件：第一、3D摄像机间距可调；第二、3D摄像机间距不可调，并给出了为防止观众晕眩而需要采取的必要拍摄参数调整和图像处理步骤。

二、视觉舒适的感知深度

人眼具有三维立体视觉的能力，其原因有很多，但最重要的因素是人类两眼视轴存在间距。在观察一定距离的物体时，左眼和右眼可接收到相似的视觉图像，但有稍许不同，大脑通过眼球的运动、调整，综合了左右两幅图像的信息，产生立体感觉。立体摄像机系统拍摄景物时，两个镜头的光轴处在水平不同的两个位置上，可摄取到两路视频，一路是左眼视频，一路是右眼视频。与人的双眼一致，这两幅图像的信息相似，但由于两路相应的光路空间位置不同，左右画面略有差异。被摄景物上的某一像点（同源像点）在左右视频画面中的相应位置的距离差就是视差[①]，水平方向上的距离差为水平视差，垂直方向上的距离差为垂直视差。水平视差的大小不同可直接引起观察者感受到虚像深度不同，而垂直视差则是拍摄中要极力避免的，即使是很小的垂直视差都会引起观看者的不适。

如图1所示，IL和IR分别是左眼和右眼看到同源像点在屏幕上的水平位置，V是这两点经人脑融合后的成像位置，它距屏幕的距离就是感知深度（Perceived Depth）[②]。当水平视差为零，即左右像点重合时，人眼视线会聚于屏幕上，该像点给人的感觉是紧贴在屏幕上的。当水平视差为正值，人眼视线会聚于屏

---

① H. V 维罗纳（Eron）、D. A. 索瑟德（Southard）、J. R. 莱杰（Leger）、J. L. 康韦（Conway）：《3D显示技术的较量》（3D Displays for Battle Management），RADC – TR – 90 – 46，《最新科技报道》（Final Technical Report），Mitre Corp Bedford MA，1990，13 – 16。

② G. 琼斯（Jones）、D. 李（Lee）、N. 霍利曼（Holliman）、D. 埃兹拉（Ezra）：《立体图像的感知深度控制》（Controlling Perceived Depth in Stereoscopic Images），《立体显示与虚拟现实系统论文集 VIII》（Stereoscopic Displays and Virtual Reality System s VIII），《SPTE 论文集》（Proceedings of SPIE）4297A，2001，42 – 53。

幕后方，即观看者感觉 V 点位于屏幕后方。当水平视差为负值，人眼视线会聚于屏幕前方，则观看者感觉 V 点位于屏幕前方。正视差和负视差的感知深度可分别由公式(1)和公式(2)得出。式中 e 为人双眼瞳距，p 为水平视差的绝对值，d 为观看者到屏幕的距离，g 为感知深度。

$$g=\frac{dp}{e-p} \qquad (1)$$

$$g=\frac{dp}{e+p} \qquad (2)$$

水平视差的大小可以直接影响感知深度，同时也受到人眼特性的约束。水平正视差大小不能超过人眼的瞳距(一般定为 65 毫米)。垂直视差应尽量为零，否则也会造成观看者的不适。

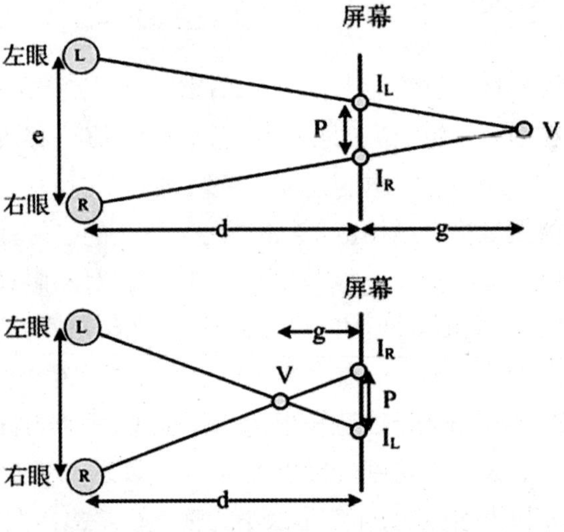

图 1　感知深度示意图

在避免 3D 画面引起人眼不适方面，已经有很多专家学者进行过深入的探讨。Valyu(万尤)认为辐辏差异(Vergence Difference，或称为聚散度差异)，即图 2 中 α 与 β 的差，应控制在 +1.6°至 -1.6°之间，且水平视差应保持在观看距离的 0.03 倍以内①。Yeh(叶赫)和 Silverstein(西尔弗斯坦)经过试验证实，保持水平虚拟角 hva(Horizontal Visual Angle，如图 2)在 -4.93°到 1.57°之间②，观看者

① 刘然：《基于计算机立体视觉的双目立体成像研究》，重庆大学 2007 年博士论文。

② 扎卡里·沃特尔(Zachary Wartell)、拉里·霍奇金(Larry F. Hodges)、威廉·瑞巴斯基(William Ribarsky)：《在头部跟踪立体显示系统中的特征图像融合技术》(Characterizing Image Fusion Techniques in Stereoscopic HTDs)，《图形界面论文集》(Proceedings of Graphics Interface)2001，223 -232。

可以保持稍长时间的观看状态。如果已知屏幕宽度和观看距离(如高清显示器的最佳观看距离为三倍屏幕高度),极限水平视差即可由公式(3)求出,再综合上述因素,画面播放的水平视差应控制在屏幕宽度的+5%至-5%之间。在我国,广电总局于2012年1月发布了《3D电视100问》提供了3D高清拍摄误差容限范围建议[①]:垂直视差不超过20像素,同源物体角度差不超过1度,同源物体尺寸只差不超过1%等。实际情况下,业界则将水平视差的舒适范围定义在+3%至-3%之间。

$$p = 2d \times tg(\frac{hva}{2}) \qquad (3)$$

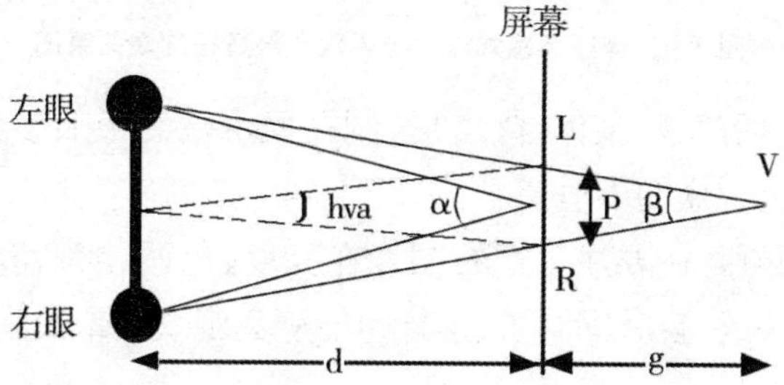

图2　会聚角差和水平虚拟角hva示意图

即使将水平视差控制在屏幕宽度的+3%至-3%之间,如果屏幕尺寸过大(宽度超过2米),水平视差会随屏幕尺寸线性增加,水平正视差可能会超过65毫米,因此大型屏幕的水平视差限制要小于屏幕宽度的±2%,甚至更小[②]。

立体图像虚像空间上的位置与人的舒适度之间的关系如图3所示。在屏幕附近的立体图像虚像最让观众感觉舒适,虚像距离屏幕越远,越容易让人感觉不适[③],因此,在3D电视节目制作过程中,我们要将画面中的主体元素尽量贴在屏幕上,或设在屏幕后方距离屏幕较近的地方。

3D节目制作中,摄像师应考虑到上述问题,进而选择合适的摄像参数,使拍

---

① 3D电视100问编写组:《3D电视100问》,国家广播电影电视总局,2012,16-17。

② 程伟(Wei Chen)、杰罗·姆·福尼尔(JéV. Me Fournier)、马库斯·马克沃斯基(Marcus Barkowsky)、帕特里克·李·卡尔莱特(Patrick Le Callet):《面向3D电视的图像质量客观评价方法新需求》(New Requirements of Rubjective Video Quality Assessment Methodologies for 3DYV),《视频处理与质量评价2010会议论文集》(Video Processing and Quality Metrics 2010),斯科茨代尔(Scottsdale),2010,4025-4028。

③ 伯奈德·门迪布鲁(Bernard Mendiburu):《3D电影制作:数字立体电影从剧本到银幕》(3D Movie Making: Stereoscopic Digital Cinema From Script to Screen),焦点出版社(Focal Press)2009年版。

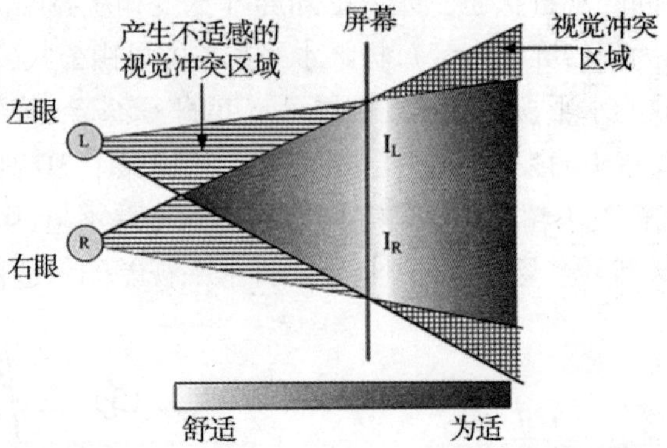

图 3　立体图像感知深度与人观看舒适程度之关系图

摄的重要景物(包括前景、主体、背景)控制在显示端的极限参数以内,这样就能在很大程度上防止观众的不适感。

除此之外,拍摄时还要注意左右图像在亮度、色调、清晰度、画面垂直高度、构图等方面保持一致,且时间同步,这样也能避免观众头晕目眩。

三、3D 摄像机系统

在实际的 3D 节目制作和转播中,人们大量使用了 3D 摄像机系统作为立体视频采集的基础设备。3D 摄像机系统,如图 4 所示,可分为平行式(Parallel Camera)和会聚式(Converging Camera 或 Toeing – in Camera)①两种。

为了模拟人的立体视觉,平行式摄像机成像器件需要分别向左和向右移动长度为 h 的一段距离,而会聚式摄像机要向两摄像机中间旋转 θ 角度。被摄对象 P 所在摄像空间坐标系(X_O, Y_O, Z_O)映射到摄像机成像器件的像空间坐标系(X_i, Y_i, Z_i)时,Y_i 为被摄对象在成像面垂直方向上的坐标。

对于平行式摄像机,求左右成像器件上的 Y_{il} 和 Y_{ir} 的值由公式(4)和(5)得

① P. 卡尔夫(Kauff)、N. 阿兹潘丁(Atzpadin)、C. 费恩(Fehn)、M. 缪勒(MüLler)、O. 希尔(Schreer)、A. 斯莫里克(Smolic)、R. 丹吉尔(Tanger):《具有兼容和可扩展性的基于深度图和图像渲染高级 3D 电视业务》(Depth Map Creation and Image Based Rendering For Advanced 3DTV Services Providing Lnteroperability and Scalability),《三维电视与应用中的特殊问题》[Special Issue on Three – Dimensional Television and Applications 22(2)],《信号处理:图像通信会议》(Signal Processing: Image Communication), February 2007, 217 – 234。

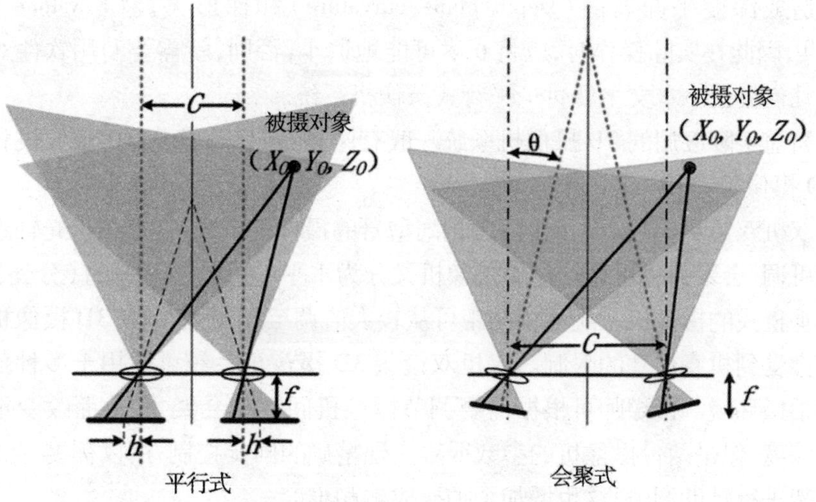

图4　平行式摄像机与会聚式摄像机比较

出:

$$Y_{il}=\frac{Y_of}{Z_o}\quad(4)$$

$$Y_{ir}=\frac{Y_of}{Z_o}\quad(5)$$

对于会聚式摄像机,求左右成像器件上的 Y_{il} 和 Y_{ir} 的值由公式(6)和(7)得出:

$$Y_{il}=\frac{Y_of}{Z_o cos\theta+(X_o+\frac{C}{2})sin\theta}\quad(6)$$

$$Y_{ir}=\frac{Y_of}{Z_o cos\theta-(X_o-\frac{C}{2})sin\theta}\quad(7)$$

由(4)至(7)式可见,平行式摄像机的 Y_i 值与 X_O 无关,然而会聚式摄像机的 Y_i 值与 X_O 有关,而且θ值越大,摄像机会聚得越厉害,Y_i 受到 X_O 的影响越严重,因此对于在摄像空间内几个 Y_O、Z_O 值相同而 X_O 值不同的样点(即样点的连线为直线),且 Y_O 值不为零(样点在垂直方向上不通过摄像机光轴),在会聚式摄像机的成像器件上将成像为垂直坐标 Y_i 不一样的点(即样点的连线为弧线)。因此会聚式摄像机会造成垂直视差,继而引起观众的不适感。此外,会聚式摄像机还会造成深度平面弯曲（Depth plane curvature）和梯形失真（Keystone distortion）①，因此在实际操作时，应将 θ 尽可能地调小，否则，就需要利用软件对图像进行几何校正。本文主要讨论平行式摄像机系统。

当前实际应用的 3D 摄像机系统一般有两种：双机双镜头 3D 摄像机和一体化 3D 摄像机。

双机双镜头 3D 摄像机由两台相同型号的摄像机组成，其摄像机光轴之间的间距可调，会聚角也可调。这类摄像机又分为水平（并列）式和垂直（分光）式②，其中垂直式的摄像机系统光轴间距可从较大值调至零，而水平式 3D 摄像机间距下限会受到机身尺寸的限制。双机双镜头 3D 摄像机系统可适用于多种范围大小的拍摄环境。摄像师可根据需要调节摄像机间距和会聚角，从而改变重现图像的深度，但是两台摄像机的参数很难实现精确的同步控制，所以需要昂贵复杂的支架进行辅助调节，这也增加了拍摄成本和难度。

一体化 3D 摄像机的两个镜头间距一般是固定的（或仅可做微小调整），其会聚角可做较小范围的调整，拍摄图像的重现深度是依靠会聚角和图像平移完成的，因此这类摄像机只适用于小空间拍摄，如使用它拍摄宽阔场景，则重现图像立体感会比较差。不过，这类摄像机不需要专业支架，操作简单，可做到左右镜头操作完全同步，使用起来方便快捷，设备成本也非常低。

双机双镜头 3D 摄像机和一体化 3D 摄像机一般在大型演出中会被同时使用。其中双机双镜头 3D 摄像机会用于固定机位，拍摄大景别图像；一体化 3D 摄像机会作为游机，动态灵活地拍摄小景别图像。下面，我们分别就双机双镜头 3D 摄像机这种间距可调的情况以及一体化 3D 摄像机这样间距不可调的情况进行讨论。

四、摄像机间距可调时的拍摄和图像处理

显示空间如图 5 所示。人眼瞳距 e（一般定为 65 毫米）、最佳观赏距离 d、舒

---

① A. 伍兹（Woods）、T. 多彻蒂（Docherty）、R. 科赫（Koch）：《立体视频系统中的图像畸变》（Image Distortions in Stereoscopic Video Systems），《SPIE 1915 论文集》（Proceedings of SPIE 1915），1993，36－48。

② 3D 电视 100 问编写组：《3D 电视 100 问》，国家广播电影电视总局，2012，16－17。

适感知深度范围是已知值(可按照业界的 ±3% 算出,也可根据其他的方法①得出),屏幕前最大感知深度为 G_f,屏幕后最大感知深度为 G_b,与 G_f 和 G_b 相对应的水平视差的绝对值分别为 P_f 和 P_b,可由式(8)、(9)求出。

$$P_f = \frac{eG_f}{d - G_f} \qquad (8)$$

$$P_d = \frac{eG_b}{d - G_b} \qquad (9)$$

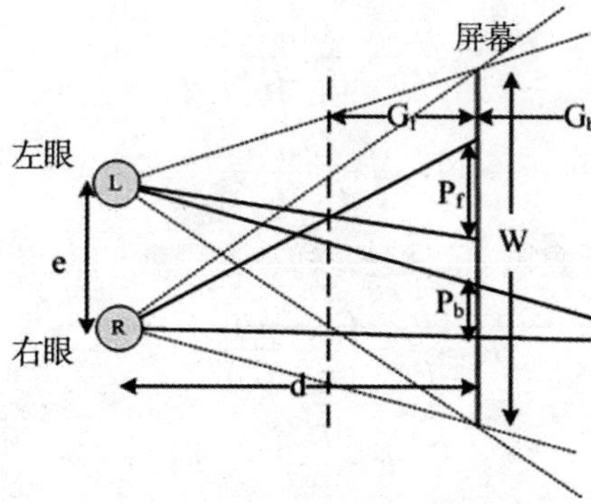

图 5　显示空间示意图

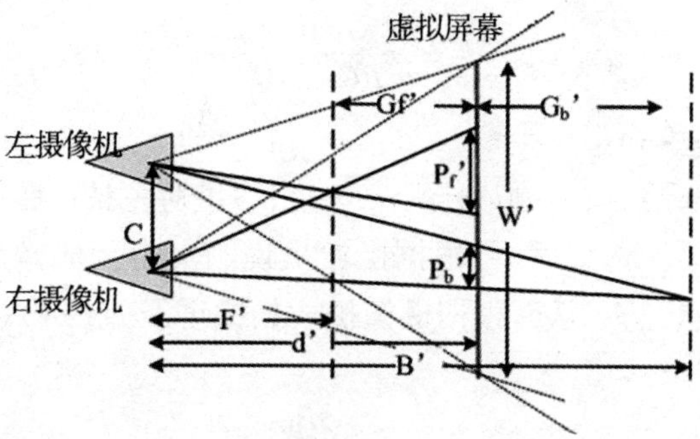

图 6　摄像空间示意图

与图 5 相对应的摄像空间如图 6 所示。使用 3D 摄像机系统拍摄时,距离摄

① 程伟(Wei Chen)、杰罗 · 姆 · 福尼尔(JéR. Me Fournier)、马库斯 · 马克沃斯基(Marcus Barkowsky)、帕特里克 · 李 · 卡尔莱特(Patric Le Callet):《面向 3D 电视的图像质量客观评价方法新需求》(New Requirements of Subjective Video Quality Assessment Methodologies for 3DTV),《视频处理与质量评价 2010 会议论文集》(Video Processing and Quality Metrics 2010),斯科茨代尔(Scottsdale),2010,4025 – 4028。

像机远近不同的元素，投射在成像器件上的水平位置也不同。因此，与显示空间相似，摄像机空间也存在着拍摄视差，其极限拍摄视差的绝对值为 P_f' 和 P_b'。在拍摄 3D 节目时，我们一般会设置前景、主体、背景作为画面的元素，为了让摄像机空间中的各重要元素在显示空间中严格限制在 G_f 和 G_b 范围内，则要利用实际拍摄空间中的前景、主体、背景之间在摄像机光轴方向的距离，来计算合理的拍摄距离 d' 和摄像机间距 C，从而产生恰当的水平拍摄视差 P_f' 和 P_b'。P_f' 和 P_b' 与 d' 和 C 的关系由公式(10)、(11)给出。

$$P_f' = \frac{CG_f'}{d' - G_f'} \qquad (10)$$

$$P_b' = \frac{CG_b'}{d' - G_b'} \qquad (11)$$

为了将显示空间和摄像机空间相关联，在这里我们设定[①]：

$$R = \frac{P_f}{P_b} = \frac{G_f(d + G_b)}{(d - G_f)G_b}$$

$$R = \frac{P_f'}{P_b'} \qquad (12)$$

由于 Pf 和 Pb 已通过式(8)、(9)求出，因此 R 便可得出，再将式(10)(11)代入(12)，就可求得最佳拍摄距离[②]：

$$d' = \frac{G_f'G_b'(1 + R)}{RG_b' - G_f'} \qquad (13)$$

容易证明 $RG_b' - G_f'$ 大于零。

将 3D 摄像机系统安放到最佳距离 d' 上，尽量避免拍摄距离小于 d' 值。先使用摄像机进行构图。构图后，可根据摄像机说明书得到成像器件宽度 W_s，根据变焦环数值得到焦距 f。从而根据摄像机成像原理及式(14)得出虚拟成像面宽度 W'。

$$W' = \frac{d'W_s}{f} \qquad (14)$$

虚拟成像面宽度 W' 与显示屏宽度 W 的比值为 S，并存在式(15)的关系。

$$\frac{W'}{W} = S = \frac{P_f'}{P_f} = \frac{P_b'}{P_b} \qquad (15)$$

---

① 伯奈德·门迪布鲁(Mendiburu)：《3D 电影制作：数字立体电影从剧本到银幕》(3D Movie Making: Stereoscopic Digital Cinema From Script to Screen)，焦点出版社(Focal Press)2009 年版。

② 杨宇、郭远航、沈萦华：《3D 电视节目的防眩晕拍摄技术研究》，《电视技术》，2011，35(8)，60 - 63。

由于被摄前景和主体之间的距离 G_f'、主体和背景之间的距离 G_b' 可以在实景中测量得出，拍摄距离 d' 已由式(13)得出，将式(15)代入式(10)得式(16)，因此可求出摄像机间距 C。

$$C = \frac{P_f'(d' - G_f')}{G_f'} = \frac{SP_f(d' - G_f')}{G_f'} \qquad (16)$$

实际拍摄时，摄像机内部的成像器件是不能移动的，图4中的平行式摄像机系统中成像器件的水平移动在实际应用中根本行不通，所以，当前的做法是：将拍摄的左右两路立体视频在投影或显示之前做切割处理，即切掉（左摄像机拍摄的）左图像的左侧、宽度为 C 的画面，同时切掉（右摄像机拍摄的）右图像的右侧、宽度为 C 的画面，剩下的图像再按照正常的方式来显示，其效果与成像器件平移是等效的。为了实现画面切割，在调节好3D摄像机系统摄像机间距 C 后，还要修改构图，即将焦距 f 调小到 f'，增大视场角，将虚拟屏幕宽度增大到 $W' + C$，这样切割后的虚拟屏幕宽度仍为 W'，不会影响显示效果。最终的焦距由式(17)求得。

$$f' = \frac{d'W_s}{W' + C} \qquad (17)$$

切割的工作可以由后期软件进行图像处理完成，水平方向的切割位置可按本文的方式进行，也可通过变动切割位置，改变拍摄景物的感知深度。垂直切割的位置则可根据后期制作人员的审美来完成。垂直切割大小和屏幕画幅大小有关。注意切割后左右图像同源像素的纵向坐标必须相同，否则也会也会引起人眼晕眩。

五、3D摄像机间距不可调时的拍摄和图像处理

如果3D摄像机间距是固定的，不可调整，那么摄像机间距 C 的值就成为已知参数。在计算 d' 时，C 就要被考虑进来。不过在确定摄像机到被摄主体距离时，首先要考虑景别和构图，决定好被摄主体占整个图像的比例。

虚拟屏幕宽度（W'）可通过目测或丈量得出。与摄像机间距可调的情况一样，实际拍摄时虚拟屏幕的宽度要比 W' 宽一些，以便后期调整视差时用于图像切割处理。实际拍摄时的虚拟屏幕宽度应为 $W' + C$。如图6所示，此时的 G_f' 和 G_b' 都是已知参数，P_f' 和 P_b' 可通过公式(15)得出。通过公式(10)和(11)可得到公式(18)和(19)：

$$d_f' = \frac{CG_f'}{P_f'} + G_f' \qquad (18)$$

$$d_b' = \frac{CG_b'}{P_b'} + G_b' \qquad (19)$$

d'取 d_f'和 d_b'的最大值。最后的图像切割处理与上文提到的摄像机间距可调情况方法一致。

六、结论

综上所述,3D 拍摄参数设置是与人的立体感知有直接关系的。根据不同的拍摄情况和显示环境,甚至是不同的立体感要求,我们都要设置不同的拍摄参数,甚至还要进行后期的图像处理或实时图像处理。有了 3D 支架及一体式摄像机等精确设备的帮助,3D 电视节目拍摄的操作过程似乎并不复杂了,但实际操作中关键参数的设置却是最难的,其计算方法也非常复杂。具有多年 3D 拍摄经验的摄像师可以凭借经验设置这些参数,但是刚刚进入 3D 领域中的电视人,恐怕就要通过相关的计算软件进行运算了。当然,如果拍摄现场有实时的 3D 监看设备,并配有类似 MPE－200 3D 这样的实时处理设备,拍摄者就可以随拍随调随监看,也可以避免繁复的计算。

另外,本来传统节目拍摄时,摄像师的工作已经非常复杂了,不但要控制摄像机的焦点、变焦距及光圈等参数,还要控制摄像机的运动,因此摄像师基本上是无暇顾忌类似摄像机间距及会聚角这样的立体参数了。这不单单是因为摄像师很难一心二用,传统拍摄的视频监视与 3D 拍摄深度检查时需要的监看方式是完全不同的,3D 拍摄时需要专业 3D 监视器提供浮雕图像或红蓝图像,以便让使用者了解左右图像的视差情况。所以在大型直播 3D 节目中,双机双镜头 3D 摄像机的控制除需一位传统摄像师外,还需要一位立体工程师,传统摄像师负责摄像机普通参数的调整,而立体工程师专门控制图像深度,即调整摄像机间距、会聚角和图像视差。一体式摄像机的操作相对简单,一般一名摄像师即可。

观众接受心理与3D电视节目创作

北京城市学院传播学系讲师　刘　培

【摘要】本文运用传播学、美学有关接受心理的相关理论，对观众观看3D电视节目的心理机制做了分析，认为视觉愉悦与视觉厌恶会直接影响观众对于3D电视影像的心理接受程度，提出3D电视节目创作必须研究和尊重观众视觉心理规律。结合观众接受心理，作者认为，选题策划强调视觉原则、有意识地设计主观镜头、运用广角镜头纵向运动拍摄、控制出屏入屏效果、采用互动节目模式是进行3D电视节目创作的有效方法。

【关键词】受众；接受心理；3D电视节目

3D电视正逐渐走进人们的家庭，人们在购买新电视机时，都会优先选择带有3D功能的电视机。“2012年国内市场共售出电视机约4000万台，3D电视机约占40%，也就是1600万台。再加上2011年及以前的销售量，全国3D电视机保有量约在2000万台上下。”①尽管如此，3D电视在用户中的总保有量还是很低的，受到节目资源数量和收视质量的限制，购买了3D电视的用户，真正能够经常收看3D电视节目的则更少。

一直以来，无论是3D电影，还是3D电视，其发展的源动力就是人们对真实感、立体感和现场感、体验感的孜孜以求。然而，人们对真实感的追求究竟有没有限度？是不是无限接近的？是不是所有的节目、所有的影像，人们都愿意去追求真实的体验？在技术日渐成熟的今天，在3D影像的生成日渐方便的今后，我们应该认真思考3D技术的可能性，以及其与生俱来、无可改变的局限性。

---

① 《3D试验频道开播一年，想看仍然不容易》，科讯广电网，http://bc.tech-ex.com/2013/exclusivenews/29359.html。

一、观众收看 3D 电视的心理机制

人类心理是复杂和微妙的，在不同的时间、空间，面对不同的事物，随时都在发生变化进行调节。人心理上对客观事物的主观感受，主要取决于其是否能满足人的生活欲望。“在社会生活中，人们在主观上通常有十四种较为典型的生活欲望，这就是饮食欲、性欲、安全舒适欲、运动欲、情感交流欲、认知欲、求新欲、欣赏欲、征服占有欲、表现欲、嫉妒欲、复仇欲、自由欲、社会改良欲等。在社会生活中，人的一切主观行为，绝大多数都源于这十四种主观欲望。”①人对客观事物的感知，主要通过视、听、味、嗅、触五种方式，此外，还有属于心灵和理性的感受器官，即人的“第六感官”。客观事物如果满足或损害了人们以这十四种主观欲望为根据所产生出的主观需求，就会给人带来一定的快乐感觉或痛苦感觉。

观众收看 3D 电视节目，只能通过视、听两种方式进行，尽管 3D 电视影像能够“出屏”，给人带来“触手可及”的感觉，但是，毕竟还不能真正达到触摸的效果，还只是一种虚拟的感觉。所以，3D 电视节目是否能够满足观众的生活欲望，首先取决于其能否给观众带来视听感官上的满足。

对于某些视觉上令人愉悦的事物，人们会比较愿意接受，进而产生“趋近”心理，产生强烈的追求“体验”心理。对于某些视觉上令人厌恶的事物，人们则报之以“排斥、远离、回避”的心理。绝大多数事物在视觉上效果比较平常，人们抱持的则是“客观旁观”的心理，虽不愿置身其中，也不会有敬而远之的诉求。在 3D 电视节目创作中，应该充分考虑目标受众的正常心理因素，对相关题材、相关影像和声音进行适当的处理，才能真正发挥 3D 技术的优势，获得良好的传播效果，否则，就会适得其反。

(一)视觉愉悦——心理接受——趋近体验

1. 美感

“美感是人接触到美的事物所引起的一种感动，是一种赏心悦目、怡情悦性的心理状态，是人对美的认识、评价与欣赏。”②我们这里所说的美感主要是指事物外形、外观上的美感。

漂亮的人、美丽的风景、整洁的环境、炫目的场景都是能够令人产生视觉愉

---

① 百度百科，http://baike. baidu. com/view/438659. htm。

② 百度百科，http://baike. baidu. com/view/438659. htm。

悦感的；鲜艳的色彩、灿烂的光线、优美的造型也是能够令人心驰神往的。具有视觉美感的事物会在人的心理上带来喜悦、欢乐、天真、可爱、甜蜜、幸福等反应，从而获得一定的心理满足感。

旅游风光题材、自然生物题材的3D电视节目是利用视觉美感取胜的主要节目类型，比如大卫·爱登堡（David Attenborough）主持的3D纪录片《植物王国》（Kingdom of Plants）中，就有许多美丽的植物镜头，神奇的自然物种及其生存环境，令人叹为观止。（如图1）

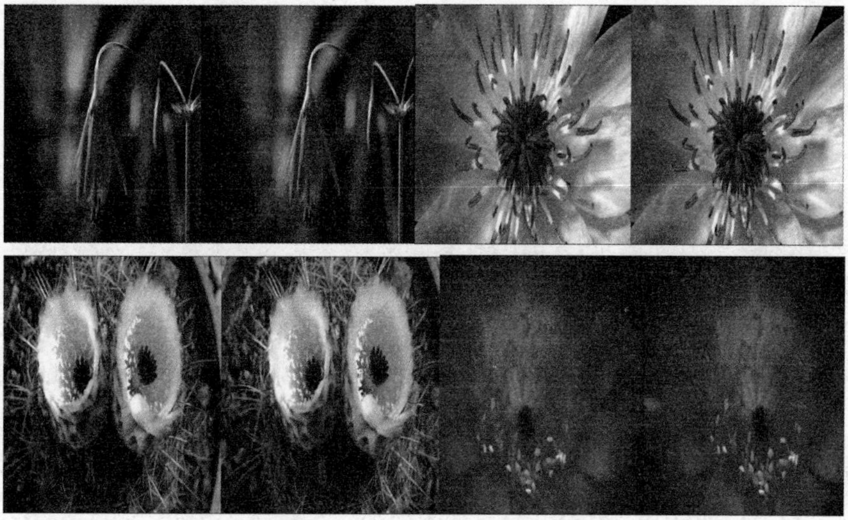

图1　3D纪录片《植物王国》（Kingdom of Plants）截图

在3D影视剧的某些段落，创作者也会有意识地展现故事场景的美丽风光以及主要人物的迷人魅力，通过视觉上的愉悦来吸引观众关注的目光。比如，李安导演的《少年派的奇幻漂流》（Life of Pi）中的"狐獴浮岛"场景，恍如人间仙境，3D影像以真实的细节和质感向人们展示了如梦的美景。

2. 好感和快感

"当人感觉到客观事物满足了人的主观需求时，客观事物使人产生出的快乐感觉，称为'好感'。"所谓快感，"是人的某种官能或某几种官能受外界刺激时产生快乐的感觉、体验或体观，是人体物质、精神同时共同作用的过程与结果。快感就其生理本能而言是非理性的官能本能，但从其心理本质而言，它又始终是同生命律动、生存需要相适应、合目的性、合生命功利的"①。好感和快感有着密切联系。

① 金恒源：《试析视觉快感与电影审美的关系》，《电影艺术》，1989年第8期，第21页。

3D 电视节目较好地满足了观众对于空间感、立体感、现场感、真实感的心理诉求，在视听效果和心理感知方面都比 2D 电视节目强烈许多。作为一种新生事物，它还能极大地满足观众的好奇心，收视行为本身就会给人带来一定的陌生和新奇的感觉。

当然，目前要想获得 3D 电视的最佳收视效果，还需要一定程度上调整观众的收看行为，观众不能随意走动，需要戴上眼镜，坐到最佳距离、最佳角度的位置，排除周围容易产生干扰的各种光线，这种收视行为有些类似于到电影院观看电影的“仪式化”行为。

需要特别强调的是，3D 电视节目对观众主观需求的满足，绝不能仅仅停留在对人们视听感官的刺激，不能主要停留在生理需求阶段，而应努力追求技术与艺术的有机结合，以求获得最佳艺术效果，使观众达到精神层面的快乐和满足。

3. 趋近体验

无论是人物还是场景，美丽的外表总是容易给人带来视觉快感。在日常生活当中，人们对于喜爱的事物，往往不满足于远距离观看，还会走近仔细审视，甚至会伸手触摸或拥抱，通过多种感官最大限度地感知对象，满足生理、心理体验。

尽管 3D 电视不能弥补观众触觉上的缺憾，但却可以逼真再现人类的视觉感受，由最近到最远，完全突破了 2D 电视空间感受受制于屏幕收看距离的限制。未来，4D 影院技术（座位可以适当运动，可以适时增加气味，可以控制观看环境气流等）也许会应用于电视领域，可以给观众一定程度上增加味觉、触觉方面的信息获得，从而对所观看的事物有更全面、真切的认知。

对于那些令人心理愉悦、产生共鸣的事情，人们也期望自己能够参与其中，目前的 3D 技术只能通过“出屏”方式增强观众的体验感，在未来，全息 3D 技术也许可以充分满足观众“置身其中”的参与愿望。

（二）视觉厌恶——心理排斥——远离回避

1. 坏感和丑感

“当人感觉到客观事物损害了人的主观利益时，客观事物使人产生出的痛苦感觉，称为‘坏感’。当人感觉到能够损害人的主观利益的客观事物的存在时，客观事物的形态特征使人产生出的痛苦感觉，称为‘丑感’。”①在 3D 电视节目收视过程中，3D 视觉效果或者节目内容处理不当，都有可能给观众带来心理上的“坏感”和“丑感”。

---

① 百度百科，http://baike.baidu.com/view/438659.htm。

对于暴力、血腥、肮脏、丑陋、痛苦、庸俗、下流等事物，人们的正常心理上会产生厌恶感，本能地比较排斥，有“远离”或“回避”的心理诉求，对于那些极端违背社会法律、人类伦理和自然法则的事物和行为，人们会将其归入影像创作的“视觉禁忌”之列，世界各国都会有相应的法规予以禁止。

尽管电视作为大众传播媒介，需要经过严格的法律和伦理审查，但是，由于不同的电视节目创作者对3D技术与艺术的理解不同，不同的媒介管理者对媒介伦理的理解和把握尺度存在差异，不同观众的欣赏趣味千差万别，3D电视节目中还是会存在一些令人厌恶的情节和内容。比如，以前许多警匪题材或美国西部题材3D电影中，经常会出现拿枪指着观众的镜头，或者是打斗过程中将各种物品砸向观众，近年来也有3D电影作品在表现暴力场景时，将飞溅的鲜血做成强烈的出屏效果飞向观众的眼睛，这些镜头都违反了人的视觉心理接受规律，令人产生反感、厌恶甚至恶心的感觉。

一种有趣的现象是，人们在观看恐怖片、探险片时，尽管会给心理上带来恐惧、害怕等刺激，但是，还是希望具有较强的体验感。毕竟，电视画面只是现实的影像，观看电视主要是一种家庭活动行为，人身安全是其基本前提，在充分意识到自身安全的基础上，人们更愿意去体验“虚拟历险”的感觉。

2. 远离回避

对于容易给观众视觉上、心理上带来不适和厌恶感觉的事物，观众本能地会有远离回避的心理需求，在3D电视节目创作中需要适应观众的正常心理机制，格外谨慎处理。笔者认为，对这些内容的处理应该遵循“弱化”原则，即减少其存在比例，克制其视听效果，以完成基本叙事和信息传达为目标。

长期以来，人们一直对3D影视的未来发展争论不休，之所以有人坚持对3D影视的发展持怀疑态度，主要是因为大家对其技术与艺术结合的可能性看法不一。很多人在观看3D影视作品时，没有获得艺术的享受，反而受到了视觉的伤害。日本著名导演北野武就认为，“除了成人电影，3D是无用的”①。他只认可3D技术对观众的感官刺激，并不肯定其会带来艺术创作上的进步。不良的3D电视节目制作，往往过分强调题材和视听效果的强烈刺激，而忽视观众的身心愉悦诉求。获得2013年国际3D协会哈罗德奖（Harold Lloyd Award）的台湾纪录片导演曲全力认为，“科技不能用尽，3D技术与剧情需取得平衡，若只一味追求视

---

① 《日本导演北野武炮轰3D电影：只有看成人片有用》，《中国日报》官网，http://www.chinadaily.com.cn/hqgj/jryw/2012-09-05/content_6919948.html。

觉刺激，说难听点那是强暴观众的眼睛”①。

3D 电视依然属于大众传播媒介，在其内容生产过程中，必须考虑观众的收视需求，按照传播学“使用与满足”理论，只有能够有效满足观众认知的需要（获得信息、知识和理解）、情感的需要（情绪的、愉悦的或美感的体验）、个人整合的需要（加强可信度、信心、稳固性和身份地位）、社会整合的需要（加强与家人、朋友等的接触）、舒解压力的需要（逃避和转移注意力），3D 电视节目才能获得观众的认可。

二、基于受众心理的 3D 电视节目创作可鉴之法

（一）选题策划要突出“视觉”元素

与 2D 电视节目不同，现阶段，3D 电视节目要想获得观众的欢迎，视觉效果是决定性因素之一。在 3D 电视节目选题策划阶段，就应该以“讲究视觉效果”为基本原则，以满足人的“视觉奇观”或者“视觉愉悦”为目标，在考虑人物、故事、场景等因素时，认真考虑其是否具有“可视性”，思考其造型、色彩、光线、运动等是否能够为电视镜头的拍摄提供良好的基础。纪录片（历史、风光旅游、自然题材）、现场演出、体育比赛直播等题材是比较适合 3D 电视节目创作的题材，新闻类、语言类节目不适合使用 3D 技术制作，因为其不能充分发挥 3D 技术的优势。

3D 电视节目的拍摄制作往往需要专业的摄影团队、高端的摄影器材、长时间的前期拍摄和精心的后期制作，只有这样，才能获得精美、到位的镜头画面，有效地表现主题。

（二）主观镜头运用

所谓主观镜头，即“摄影机的视点直接代表剧中某一人物的视点所拍摄的镜头。在银幕直观效果上可使观众以该剧中人物角度‘目击’或‘臆想’其他人物及场面的活动与发展，从而产生与该剧中人物相似的主观感受”②。主观镜头能够增强观众的参与感与伴随感，能够体验到节目中人物的视觉感受和心理体验。在 3D 电视节目中，主观镜头与立体深度空间相结合，会使观众的体验感大大加强。

---

① 《〈3D Taiwa〉纪录片荣获国际 3D 协会大奖》，3D 试验频道官网，http://bbs.tv.cn/portal.php?mod=view&aid=1247。

② 许南明、富澜、崔君衍主编：《电影艺术辞典》，中国电影出版社，2005 年 12 月修订版，第 149 页。

在获得第四届“3D奥斯卡奖”(Creative Arts Awards)最佳纪录片的《风暴冲浪者》(Storm Surfers)中,摄制组将手持便携式3D摄影机交给冲浪者,让他们自己拍摄自己在海浪大潮中穿越、冲击的镜头。观众在观看这些画面时,仿佛自己就是冲浪者,亲身体会了在潮头浪尖高速滑行的刺激与惊险。(如图2)

图2 纪录片《风暴冲浪者》(Storm Surfers)镜头截图

(三)广角镜头纵向运动

广角镜头可以产生大景深效果,保证前后景物影像都是比较清晰的,这有利于空间深度的表现。如果使用长焦距镜头,就会出现小景深画面,前景和后景景物都会成为虚化的影像,从实际观赏效果来看,在3D电视节目中,虚化程度较高的背景,会大大削弱画面的空间感。

摄影机或者被摄对象纵向运动,可以充分展现事物在深度空间的位置变化,其运动速度对空间深度和事物立体感的表现也起着重要作用。纵向场面调度,应该成为3D电视节目创作过程中考虑的最重要的场面调度方式。

(四)出屏、入屏效果控制

对于能够给观众带来愉悦感,观众心理上愿意趋近、追求体验的事物,在摄制3D电视节目时,可以适当予以出屏处理,充分满足观众“身临其境,触手可及”的心理诉求,出屏的程度视观众的心理欲望强烈程度而定。对于会给观众带来视觉厌恶,心理上希望远离、回避的事物,可以采用中屏或入屏效果处理,以削弱其不良影响。“出屏效果”应该成为电视影像语言的有机组成部分，和景别一样，决定着被表现对象的被突出、被强调程度，成为影响电视语言节奏、重音的重要因素。

（五）互动模式

满足观众参与感的最佳方式，就是采用互动模式创作 3D 电视节目。目前，节目增强互动性，主要通过在现场设置观众，现场观众成为家庭观众的代表来参与节目的录制，除了打热线电话或者发短信、微博参与节目录制外，实际上，在家收看电视的观众的参与度还是比较低的。也许，在不久的将来，通过动作捕捉仪、远程控制技术等先进科技的帮助，在家观看电视的观众，也能真正参与节目录制现场的某些环节。

3D 电视节目创作的互动，还表现在观众对 3D 电视节目播映效果的控制。现在，越来越多的 3D 电视机或者 3D 电视收看控件使得观众能够根据自己的需要调节立体效果的强弱，这些设备和技术有利于 3D 电视节目增强对不同观众收看需求的适应力，但是，这种调节毕竟是有限度的，主要是在立体感和舒适度方面进行，否则，“看电视”与“打游戏”就是一回事了。

当然，本文所说的观众心理都是以正常的、符合社会道德规范的、良性的心理，而不包括个别的变态的、畸形的、与社会主流价值观相违背的扭曲心理。每一个个体生命的心理状态都是不同的，但是，人作为社会动物，3D 电视节目创作作为一种社会公共行为，还是有章可循、有法可依的。人们在社会上相处共存，有共同的道德准则和行为规范，有基本的社会公共价值观，正常观众的心理诉求，也应以这些准则为基本前提。

参考文献：

1. 贾磊磊：《影像时代的视觉禁忌》，《云南艺术学院学报》，2012 年第 3 期，第 5 页。
2. 鲁道夫 · 阿恩海姆：《艺术与视知觉》，中国社会科学出版社 1984 年版。
3. 童庆炳主编：《文学理论教程》，高等教育出版社 1998 年版。

3D立体电视与视觉舒适度研究

IEEE 高级会员 **詹姆斯·陶马什·巴瓦(Wa James Tam)等著**
中国传媒大学2012级广播电视编导专业硕士 **陈文毅编译**

【摘要】在众多以3D电视为核心议题的探讨与研究中,视觉舒适度是其中最重要的议题之一。众所周知,这是因为一部分观众观看立体显示器的时候会有视觉不舒适的感觉。恰当解决视觉舒适度问题,对于避免可能产生的3D电视资源配置上的延迟意义重大。本文将简要阐述立体电视视觉舒适度相关问题以及影响视觉舒适度的关键因素。本文将为潜在的3D电视终端用户、内容生产商、节目供应商、广播公司、显示器制造商以及从事该项目研究的学者提供有价值的参考。

【关键词】人为因素;立体电视;3D显示器;视觉舒适度;视觉传达

一、引言

近年来,数字通信的基础设施建设迅速发展。一方面对广播公司的发展起到了积极的推动作用,因为数字通信基础设施的发展为数字电视通过多媒体平台提供服务创造了条件,进而使得数字电视赢得更大的受众群体和更多的目标受众。另一方面,日新月异和不断更新的电视服务使得针对受众注意力和兴趣的竞争不断增长。因此,广播公司不断挑战创新以满足客户新的消费期待。

3D电视和3D数字电影是其中两种最有前景的数字技术,3D电影在商业上的成功已经清楚地证明了这一点。广播业认识到这一成功带来的巨大机会,也开始着手研究如何提供立体电视节目和服务。美国高级电视系统委员会(Advanced Television Systems Committee,简称ATSC)近期建立了一支策划团队来调查实现家庭3D电视业务的潜在利益与缺点、具体要求和实际步骤。一些国际标准机构和私人组织也正在开展类似的调查,比如:欧洲广播联盟(European

Broadcasting Union，简称 EBU）、国际电信联盟（International Telecommunication Union，简称 ITU）以及 3D@ Home 联盟（3D@ Home Consortium）等。

本文简要概述了立体影像的视觉舒适度问题，本课题研究主要针对标准的电视服务来进行，然而，影响视觉舒适度的核心因素同样适用于互联网电视和手机电视。

（一）立体成像的好处

对 3D 电视的巨大兴趣源自于我们认识到：与标准 2D 电视相比，3D 技术显著提高了电视节目的娱乐价值。显然，3D 电视的主要益处在于提高了“深度知觉”，而不仅仅是强烈的纵深感。部分实证证据显示，立体电视能够提高感知的敏锐度、现场感、逼真度。更重要的是，调查表明，与相应的 2D 图像相比人们更愿意观看立体三维图像，这证明立体图像观看起来是舒服的。

（二）与视觉舒适度相关的问题

立体影像的视觉舒适度是立体影像研究中长期存在的问题。视觉不适一般指的是主观感觉的不适，常常与观看立体影像有关。

由于对 3D 电视服务的需求变得越来越强劲，所以观看立体影像的安全和健康问题变得比较引人注目。有些研究人员认为，密集地观看立体影像会给观众带来伤害，尤其是对视觉系统仍处于开发阶段的儿童而言，他们可能更容易受到外界影响。显然，这些问题不能被忽视，如果视觉舒适度的问题没有得到令人满意的解决，一旦 3D 电视付诸实践，可能会带来严重的不良影响。因此，了解导致视觉不适的潜在原因非常重要，它可以最小化甚至消除这种不适感。

这种担心是合理的，因为它是有据可查的，一些观众在观看立体影像的时候确实感觉到视觉不适。早在过去，特别是 20 世纪 50 年代初，就一直有人试图推广 3D 电影。这些尝试都没有成功，部分原因是，那个时候立体技术的局限性以及对物体极度“出屏”效果的偏好，常常产生令人感到不舒适的图像。因此，正确地处理视觉舒适度的问题很重要，有助于保证 3D 电视的成功推广。

二、人类立体视觉以及立体显示器的基本原理

（一）人类立体视觉

基于人类视觉系统的特性，人们能够使用 3D 电视显示器观赏到第三维度。

由于眼睛水平定位在头部,视觉系统接收了视觉场景中的两个视像,即左眼和右眼两个视像,它们大部分重叠但也略有不同,因为它们源自于两个不同的视角。视觉系统处理来自这两个视角的图像信息进而产生立体深度。双眼视像系统显然非常擅于协调两只眼睛的运动,即使在注视过程中眼睛也是在不断运动的。因此,从功能的角度来看,当我们双眼注视空间中的一个点时,该点同时在左眼和右眼的中央凹【位于眼睛后部(视网膜),是视觉最敏锐的区域】上投下图像。因此,一个被双眼注视的物体图像在左眼视点和右眼视点中的相对坐标一致并且被视为单一认知对象,即被看做单一物体。注视点落在了视野单像区,视野单像区是一个弯曲的线或面,它是所有到注视点几何距离或者知觉距离相等的点的集合(见图 1)。就像被注视物体,落在视野单像区的物体形成一个单一的融合影像。

落在视野单像区前方或后方的点的图像,在左、右眼视像中的相对位置不同。这些相对位置中的差异被称为水平视网膜差距。一个点的视网膜差距大小随着对象物体到视野单像区的距离的增加而增加。位于视野单像区前面的对象点被认为有负视差或者交叉视差。对象点落在视野单像区后,则被认为是正视差或者非交叉视差。人类视觉系统利用这些视差在视觉场景中提取出被视物体的相对深度,即一个物体相对于另一个物体的深度位置。

引起视差的被视物体在左眼与右眼的视网膜上产生迥然不同的图像。但是,位于视野单像区固定平面前后的小范围区域内的被视物体,仍然会产生单一融合知觉(见图 1)。在该区域内,尽管两眼中的画面不同,但被视物体可以被双眼视像融合,这个区域被称为帕努姆融合区(Panum’s fusional area)。被视物体在帕努姆融合区外就会出现两个视野,即复视,但是它们可能仍然可以感知深度。帕努姆融合区的范围是不固定的,它取决于注视目标的空间属性和时间属性,例如,曝光时间、空间分辨率、时间频率的差异变化。

当注视点变为位于不同距离的新物体时,两只眼睛同时向相反方向移动,从而使新的物体在每只眼睛视网膜中心凹的中央成像。在这个区域,精细的空间细节可以被分辨。如果新物体离眼睛更贴近,则眼睛向内侧移动(辐辏运动),而如果新物体离得较远,眼睛则向外远离彼此(眼开散运动)。这个过程被称为背离运动,而且背离运动与视力调节运动关系密切。后者指的是过程,在看远处物体的时候,通过视力调节运动,眼睛的光功率发生变化以保持清晰的视野,即一个清晰的图像。当眼睛注视一个物体时,每只眼睛中晶状体的形状被睫状肌改变了,使得该物体聚焦在眼睛视网膜的后面。比调节点更近或更远的点不能正确在视网膜上成像,因此越来越模糊。然而,视觉系统可以容忍少量的模糊,并且认为位于调节点周围一个小区域内的点是清晰的。该区域就是景深范围(depth of field,简称 DOF),其范围大小与瞳孔直径成反比。景深有一个相应的、共轭的、跨越视网膜平面的区域,该区域被称为焦点深度。

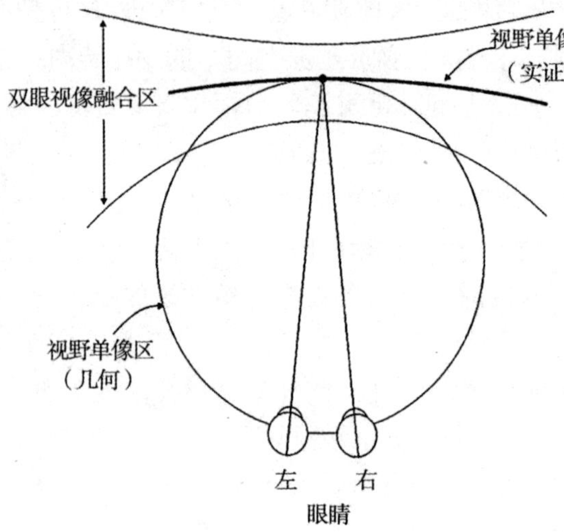

图 1　视野单像区和双眼视像融合区

在正常条件下,视力调节运动的变化和背离运动的过程是以一种整合方式存在的:调节运动的变化引发了背离运动的变化,反之亦然。然而,当我们观看立体目标的时候,这两个过程有可能会发生冲突,我们将在后面讨论。

(二)立体显示器

3D 电视根据人类双眼视觉系统的特性,重建视觉场景中被视物体相对深度被感知的条件,但不是通过绝对一样的方式。因此,立体成像的第一个要求是,采集同一场景中水平排列的两个摄像机拍摄的至少两幅视图。该场景中被视物体的图像在两幅视图中,将会有不同的相对位置。这个相对位置的差异通常被称为视差(parallax)。

当摄像机的光轴向远处的一个点聚合,我们称为摄像机的"夹角布局"(toed – in configuration)。摄像机光轴聚合在这个点上,将会在左、右摄像机视图中形成相同坐标的图像。所以,在这个点上是没有视差的。立体显示时,该点将会出现在屏幕平面上。所有位于其他距离的物体将会有正视差或负视差,这取决于被视物体的深度距离和水平排列的左、右眼摄像机之间的光轴夹角,它们将会出现在屏幕平面的前方或者后方。"夹角布局"很容易设置,并且允许将一个兴趣点放置在屏幕平面，但是这种布局会在左摄像机和右摄像机的视图中产生梯形失真（keystone distortions）。梯形失真使左右图像产生变形，以至于两个图像中相应被视点的垂直高度不再匹配。这些失真可能会影响视觉舒适度。

为了防止梯形失真的发生，摄像机可以设置为“平行布局”（parallel configuration）。在这种情况下，摄像机的光轴不再聚合而是平行。在平行布局中，所有被摄物体都存在一些视差，但是，平行布局的摄像机获得的图像可以水平地进行偏移，使感兴趣的目标被摄物体的图像对齐，在显示之前形成零视差。因此产生的视差分布和“夹角布局”产生的视差分布相当，但却没有梯形失真。带有两个可以改变偏移量的传感器的立体摄像机也可以得到相似的结果。

要重建深度感觉，左摄像机和右摄像机的视图需要分别提供，使左眼只能看到左摄像机视图，右眼只能看到右摄像机视图。“眼睛—视图”分离的基本条件与立体术是一致的，包括目前正在被 3D 电视采用的两种方法：以眼镜为基础的主动式系统和偏光被动式系统。这两种技术，在观看立体图像时，都要通过特殊的眼镜来实现左右眼的分离。

第一项技术使用了一种主动时序方法，左视图和右视图以很快的频率轮流短暂出现在显示器上。主动式液晶快门眼镜用于选择性地阻塞和开放左、右眼画面的可见性，并且与显示器显示速率同步。因此，当左视图呈现在显示器上的时候，左边快门打开，但是右边快门关闭，反之亦然。结果是，每一只眼睛只能看到各自的视图。刷新率慢会引发闪烁（slower refresh rates can introduce flicker）。但是，这通常是看不见的，因为这个变化的频率高于人类视觉系统的临界闪烁频率（critical flicker frequency，简称 CFF）。

第二项技术是被动式的，因为为了完成视图分离，需要的是光的偏振，而不需要电子（或光学的）触发信号。在此方法中，显示器运用光偏振过滤左、右眼中的不同的图像；然后，这些图像被放置在左右眼前面相应的偏振滤光器看到。通常圆偏振镜是首选，因为它们允许更多的头部运动而不影响视图分离。

然而，已经证实，确保为左、右眼睛正确提供不同的视图是具有相当大的挑战的。事实上，使用主动式或被动式技术进行双眼视图分离都还有许多待完善和进步的空间，因为一些应该被一只眼睛看到的信息也会被另一只眼睛看到。这种信息的泄露被称为“串扰”（crosstalk）。立体视觉系统最重要的要求之一就是限制串扰的能力。据悉，即使少量串扰也会对图像质量产生负面影响。

三、视觉舒适度及其影响因素

在文献中,视觉疲劳和视觉舒适已经被交替使用来形容可能伴随成像技术应用产生的不适。但是,有些专家提出将两者区别对待,这使得区别两者的测量方法变得更容易。

视觉疲劳是指由生理变化产生的视觉系统的性能下降。因此,视觉疲劳可以使用生理指标来评估。例如,眼部调节反应、瞳孔直径变化、眼球运动特性等。视觉不适指的是伴随生理变化产生的主观感觉。所以,视觉舒适度可以通过要求观众汇报他(她)的视觉舒适感知水平来测量。

本文将专注于研究视觉舒适度,在下文中,我们将概述一些已经发现了的影响视觉舒适度和疲劳感的因素。简单起见,我们将只用视觉舒适或视觉不适来适当示意视觉舒适度和视觉疲劳的变化。

尽管做了大量的研究,但是仍然没有解决“生产没有视觉不适感的 3D 节目内容”的方法。然而,研究发现,一些因素可能会对视觉舒适度产生负面影响。下文将对这些因素进行一个简短的描述,为了简洁和清晰,我们将这些因素分为五大类:1. 调节运动——辐辏运动冲突; 2. 视差分布;3. 双眼不匹配; 4. 深度不一致; 5. 认知不一致。

(一)调节运动——辐辏运动冲突

人们普遍认为,过大的视差会引起视觉不适。这并不奇怪,因为有较大视差的图像在融合时更加困难。

另一个原因,可能是现用的立体显示器的视力调节运动——辐辏运动冲突,造成了过大的视差,从而引起了视觉不适感。在自然场景中观看物体时,视力调节运动和辐辏运动会正常结合。但是,观看立体图像会扰乱两者结合的进程。视力调节运动指向物体图像的屏幕距离,而辐辏运动则指向物体的知觉距离。

早在 20 世纪 90 年代,NHK(日本放送协会,即日本广播公司)对于观看电视时,可能发生的视力调节运动和辐辏运动之间的冲突,就已经有所研究了。过去的 20 年,许多研究人员反映出对这一冲突的浓厚兴趣,并提供了关于其机制方面的实证证据。

正常情况下,视力调节运动的距离与辐辏运动时的距离是一致的。当我们观看 3D 显示器上的图像时,情况则有所不同。眼睛会对平面屏幕进行视力调节,以便屏幕上的图像清晰,然而,眼睛会对位于被视物体深度中的“知觉”位置进行辐辏运动(或眼开散运动);有正负视差的被视物体会引起眼睛的辐辏反应,这种辐辏反应旨在减少视差并恢复单一视像。差距越大,辐辏反应越强烈,辐辏反应会反过来引起视力调节反应。可能进而导致视力调节,远离屏幕而朝向辐辏点。但是,如果视力调节离开屏幕的距离过大,那么实际上被置于屏幕上的被视物体就会变得模糊不清。为了防止这种现象发生,相应地校准视力调节运动变得十分必要。因此,立体视觉情况下,视力调节运动受到冲突需求的支配,这种需求取决于与之相关联的辐辏反应。这些冲突需求常常被认为是在现有立体显示器上,产生视觉疲劳和不适感的重要缘由。

人们普遍认为尽量减少视力调节运动——辐辏运动冲突,立体图像中的视差就会小到使被视对象的感知深度落入"舒适区"。

根据一种方式,如果被视物体的知觉深度在眼睛的景深极限范围内,视力调节运动——辐辏运动冲突就会减少。一些专家认为可以用景深来定义观看的舒适区域。决定人眼景深的主要因素是瞳孔的直径,瞳孔直径随着可见光的水平发生变化,因此,景深变化会很明显。在广播电视的典型收看环境下,某些研究人员假设用 ±0.2D 到 ±0.3D 之间的屈光度表示景深。为了方便阐释,假设一名观众正聚精会神地观看 3 米外的电视屏幕:对于一个 ±0.2D 的景深,被视物体能清晰对焦的距离是 1.87 米到 7.5 米;对 ±0.3D 景深而言,范围是从 1.57 米到 30 米。景深随着距离的变化而变化:同样是 ±0.2D 的景深,观看距离减少到 1.5 米会导致清晰对焦范围变成 1.15 米到 2.14 米,而将观看距离增加到 4.5 米将会导致这个范围变为 2.36 米到 45 米。

还有其他方法来描述舒适观看区域的范围。有一个方法中,将这个范围表述为允许舒适观看的视差的最大值(正—非交叉和负—交叉)。许多研究者已经将视角的 ±1°的数值看成一个可能的极限值,大多数情况下,这是根据实验测量结果而来。

另一种方法,用水平屏幕尺寸的百分比来测量屏幕的视差,进而规定舒适观看的范围。应用在影院,建议 1% 的负/交叉视差和 2% 的正/非交叉视差(总数值为 3%)。

最近,一些广播公司倡议广播领域也需要类似的限制。然而,人们已经注意到这些限制对于电视而言可能太窄了,考虑到电视与电影相比,其典型特征就是屏幕尺寸更小,在这个基础上,可以考虑将数值提高到 ±3%。

出于实用目的,对比所有这些常规比例中的舒适观看的建议限制范围是非常有意义的。例如,将各种限制表示成最大舒适视差(以像素为单位),将在传输之前简化立体视频材料的分析和检测。但是,确定广播电视领域的舒适度极限值不是一个简单的事,因为电视可以从不同的距离观看、电视的尺寸不同、可以传送不同图像格式的信号,舒适度就不同。所以,我们选择能够简化测量方法并允许对不同方法进行简单比较的观看条件。简单起见,我们只考虑分辨率在 1920×1080 像素的高清电视图像。此外,我们假设普通的观众各自从同一距离均以其屏幕尺寸的最佳图像质量来观看这些图像。

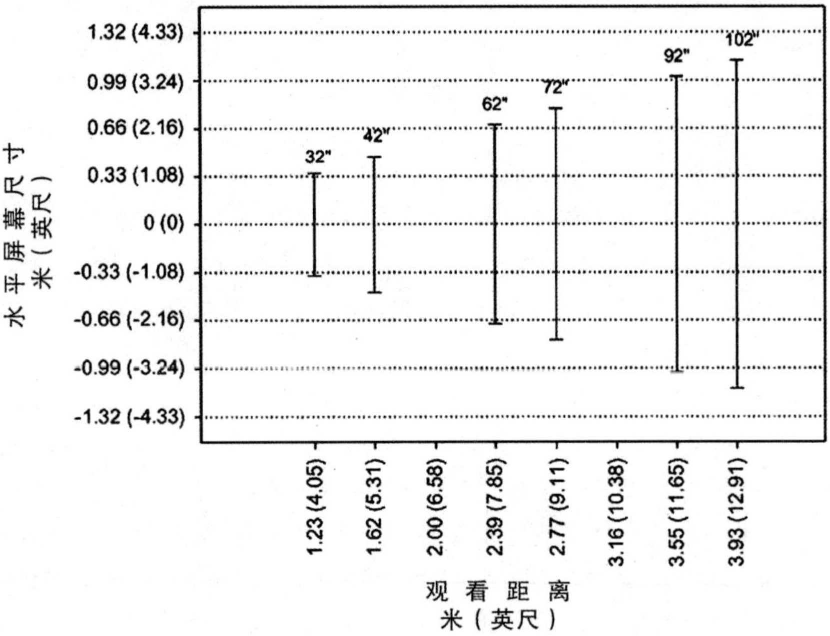

图2　大(92 和 102 英寸)、中(62 和 72 英寸)、小(32 和 42 英寸)电视机屏幕尺寸的可选看距离

根据标准机构的规范,1920×1080 的高清晰电视信号的最佳观看距离是屏幕高度的 3. 1 倍,所以,最佳观看距离随着屏幕尺寸的变化而变化。这很容易验证,一个给定尺寸的屏幕,在推荐观看距离,相邻像素(像素间距)之间的分割线对应的是 1 弧分观众眼睛。人眼视力的平均值(即 20/20)也约为 1 弧分。所以,在建议观看距离来看,相邻像素之间的分割线等于一般观众的视力极限值。其结果是,在建议观看距离,普通观众将看到最佳图像质量。我们以最佳观看距离作为指导原则,计算了不同尺寸屏幕的舒适度极限值,如图 2 所示。示意图中,最佳观看距离与屏幕尺寸大小的关系也考虑在内。具体来说,根据每个屏幕尺寸,我们首先要确定画面质量最佳观看距离,然后我们根据这个距离计算出舒适度的极限值范围,按照上文列出的五种方法:±0. 2D 景深;±0. 3D 景深,±1°视角,-1% +2% 屏幕视差和 ±3% 屏幕视差。

以屏幕视差(以像素和毫米为单位)来计算舒适度的极限值,假设瞳孔间的距离为 63 毫米。

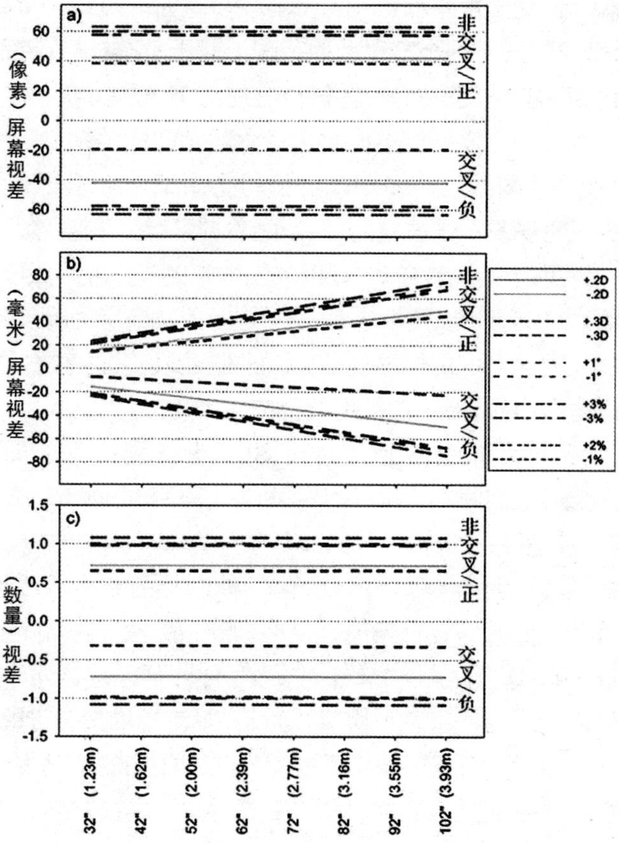

图 3　对角线屏幕尺寸(英寸)和观看距离(米)

视觉舒适度限度范围用像素计算、用毫米计算、视差数值

如图 3a)的视觉舒适度的极限值(像素值),是假设在 1920 × 1080 分辨率信号下,使用典型电视屏幕尺寸,并且处在画面高度 3.1 倍的建议观看距离时得到的。需要注意的是,负/交叉视差指的是出现在屏幕前面的点,正/非交叉视差指的是出现在屏幕后面的点。该图中,实线表示的数据为 ±0.2D 景深;长虚线表示 ±0.3D 景深;双点划线代表的是 ±1°视角;点划线表示的数据为 3% 的屏幕视差;最后多点虚线代表的是 −1% +2% 屏幕视差的数据。

图 3a)中的曲线显示了三种途径: ±0.3D 景深, ±1°视角和 ±3% 的屏幕视差,其实与所表示的视觉舒适度极限值范围几乎相同。例如,当用像素值计算

时，所有这三种途径均分别在 60 像素（负/交叉视差和正/不交叉视差）左右。±0.2D景深定义了一个中等范围：当以像素为计算单位的时候，±0.2D 景深分别位于 40 像素（负/交叉视差和正/不交叉视差）左右。最终，-1% +2% 不对称屏幕视差这个途径定义了一个窄得多的范围。对于负/交叉视差而言，该极值约为 20 像素，而对正/不交叉视差而言，该极值约为 40 像素。

图 3b）和 c）所示，可以看到这两种途径之间相同的关系，在不同的计算单位下具有相同的极限范围数值。图 3b）表示的是用毫米计量屏幕视差的极值范围。需要注意的是，视差不是恒定的，而是随着屏幕尺寸和观看距离的增加而增加的。回想一下，我们只考虑 1920×1080 分辨率的显示器。因此，给定一个固定的像素值，例如 60，显示器尺寸越大，宽度越大（以毫米为计算单位）。图 3c）表示的是在视差（视角对应的屏幕视差）方面的极限值。注意不同屏幕尺寸的视角是恒定的；这是因为显示器越大，距离会按比例变远。

成年人的瞳孔间距离变化范围从 45—80 毫米，5 岁孩子的可以下降到 40 毫米。为了清楚起见，我们假定这里只有平均瞳孔间距离，即 63 毫米。图 3b）中，我们可以看到三种途径：±0.3D 景深，±1°视角，±3% 屏幕视差，大屏幕可以超过这个屏幕视差数值，例如 >92。所以，这三种途径可能不适合于大屏幕，因为视差比瞳孔间距大，考虑到观看距离，会导致眼开散运动从而降低视觉舒适感。在这一方面，对 ±0.2D 景深和 -1% +2% 不对称屏幕视差这两个途径而言更有利，因为这两种情况下均不超过平均瞳孔间距，即使是本文假设的最大屏幕。这是因为这两种途径实际上在正/非交叉视差内具有相同的舒适度极值。事实上，这两种方法主要的区别在于负/交叉视差的极值上，尽管差异相对较小。因此，针对一般公众，这两种方法都可以考虑。

如图 3c）所示，我们可以看到建议 -1% +2% 屏幕视差产生的差异非常小，特别是对于负/交叉视差，例如，只有 0.3 度（20 弧分）。确实，使用这种方法的其中一个隐忧是知觉深度不大，所以对部分观众而言，3D 吸引力会下降。显然，±0.2D 景深的方法可以提供一个更有趣的立体体验。然而，直到进一步研究开展，才了解它的长期影响，如果有的话，长期观看立体图像，基于 -1% +2% 屏幕视差范围的基础上发展的方法可能更可取。在这个范围内，立体体验的质量应该是充分的，的确有一些研究人员已经提倡针对娱乐用途使用更小的视差——“微立体视觉”。此外，在实际场景中，-1% +2% 屏幕视差数值将会代表 1 个目标极值，并且故事化需要更大的视差被引入。当然，这些较大的差距也应该考虑实验中确定的界限，例如，±1°视角。

图 3a）—c）中的数据显示，视觉舒适度的视差极值是在假定一个普通观众

在一个与屏幕尺寸成比例的恰当的观看距离情况下得到的。实际观看条件随着家庭环境的变化而各不相同，这导致图像质量、视觉舒适度甚至知觉深度都产生差异。由于这些变化不能被预测，广播公司不能调整立体信号来改善服务质量来迁就一部分特定观看条件的观众，但这可能可以在接收终端完成。因此，上面所讨论的舒适范围界限，是以一个正常的家庭环境为假设基础的。

（二）视差分布

不仅视差的大小，而且差异的类型和分布（在时间和空间上的），都会影响视觉舒适度。

通过分析立体静止图像中包含的视差与视觉舒适度之间的关系，人们发现，视觉舒适度与整体视差范围和分布密切相关。通过检测视差分布对高清立体视频连续镜头（sequnences）的视觉舒适度产生的影响，人们发现，如果视差分布使得图像底部看上去显得较近，而图像顶部显得更远的时候，立体场景看上去就会比较舒适。此外，似乎大多在后方出现的图像给观众带来更多的舒适感，这表明非交叉的视差可能比交叉的视差更舒适。最后，研究结果还表明，视差大的场景和随着时间推移视差变化大的场景，视觉舒适度会降低。

后来的研究者同时使用主观和客观方法，检测高清连续画面（HD sequences）的视觉舒适度。当画面播放时，观众连续评估视觉舒适度。在观看前后客观地测量视力调节反应。观看后，调节反应大幅下降，尽管不同的观众，变化量不同。一份详细的主观评估数据显示，有大量视差和物体运动的大量变化的场景中视觉舒适度会有大幅地下降。这些结果表明，随着时间的推移，视差幅度的变化可能是产生视觉不适感的重要原因。

其他研究者同样观察到了随着时间变化差距对视觉舒适度产生的负面影响。这些研究者测量了有物体前后移动的主体画面的视觉舒适度，该物体以不同的速度穿越平面荧幕，并且在正/交叉视差到负/非交叉视差不同的幅度范围内移动。结果表明，随着时间的推移，与交叉和非交叉视差的绝对幅度相比，视差幅度的变化率更不利于视觉舒适度。

总之，立体图像的分布差异和适时的变化似乎对视觉舒适度有着重要的影响。

（三）双眼不匹配

在目前的 3D 技术水平下，存在许多导致双眼图像不匹配的潜在原因。例如，由于立体摄像装备没有正确匹配，左摄像机和右摄像机的图像可能会彼此间产生垂直偏移；摄影机镜头间的光学差异可能产生旋转（rotation）和放大率误差；采集条件不当或者编辑错误都可能造成亮度、色彩、清晰度的差异；用“夹角”摄像机布局拍摄会造成“梯形失真”。观看立体图像的时候，人们对于这些错位会在多大程度上造成视觉不适感非常感兴趣。

研究者考察了许多有缺陷的双眼图像的视觉舒适度，包括不同的旋转（rotation）、放大率、垂直偏移、模糊和梯形失真。结果表明，画面失真影响画面边缘，而旋转（rotation）、放大率和梯形失真等对视觉舒适度的影响不大。相反，模糊和垂直偏移会对视觉舒适度的影响较大，即使这种失真在较低的水平。

串扰是指一只眼睛的信息泄露给了另一只眼睛。直觉上，串扰导致了所谓的“重影”，因为影子或者双图像会在被视物体的临界位置被感知。人们普遍认为，串扰是一个不受欢迎的，会给立体图像质量带来负面影响的人为现象。有人认为，串扰会降低视觉舒适度。然而，现有的证据表明，仅在串扰处于高水平时才会影响视觉舒适度。有研究报告指出，NHK 完整的调查中显示串扰在较低水平（例如1%）的时候可以被察觉，但是只有在较高比例（例如5%—10%）的时候才会变得令人不舒服。

（四）深度感矛盾（不连贯）

深度感矛盾是指由于前后镜头的不当差异而产生的深度信息冲突。这些立体图像中的深度信息不当差异会影响视觉舒适度。

通常情况下，立体图像的深度信息包含在左、右眼水平视差中。传送深度信息的一种替代方法是通过深度图。深度图一般与图片或视频画面相关。深度图是一个包含相关图片或视频画面的像素深度的矩阵。深度图的使用以基于深度图像的绘制（DIBR）技术为基础，这个技术可以形成一个场景中虚拟摄影机的新视点，只需要提供这个场景的一幅 2D 图像和它相应的深度图。深度图可能是导致深度信息误差的一种原因。

压缩和（或）传输工具可能是产生深度图误差的原因。二维流加上与其对应的深度图是传输立体信号给家庭用户的推荐方法之一。这种格式传输效率高，因此传输 3D 电视信号更节约资源。当然，2D 深度信号将会受到压缩和（或）传输工具的制约，从而可能引发深度感矛盾冲突。但是，现在关于这种方法对视觉舒适度的影响怎样，还没有量化结果。

我们更熟悉第二种因深度图引起深度感矛盾的原因：2D 转 3D。这种技术将一个标准的 2D 信号计算为一幅深度图，并且用这幅深度图来生成 3D 版的信号。从 2D 信号获取的深度图不可避免地存在信息误差。这些误差可能也会引起深度感矛盾并且导致舒适感下降。

对深度图进行时间上的处理可能也会引发深度感矛盾。研究发现，每隔几帧画面只更新一次深度信息，从视觉舒适度角度来看，其他各帧画面深度信息的缺失影响并不大。然而，进一步减少深度信息就会导致视觉舒适度的流失。

（五）感觉和认知的不一致

感觉和认知不一致是指包含在立体图像中的视差信息和现实生活中可正常感知的深度信息之间的矛盾冲突。即使这些不一致的地方与立体图像的物理和技术方面没有直接联系，它们依然可能会导致视觉不适感，因为这些不一致导致我们对于“物理现实”的认识和我们的直观感受产生矛盾和冲突。

边缘（视窗）侵犯（violation）就是这些矛盾冲突中的一个例子。计划呈现在屏幕前景位置的物体的一部分在屏幕边缘成像的时候，边缘侵犯问题就发生了。因为，这部分被屏幕边缘切割的物体可能被解读为它们被遮挡住了，这种情况在视差信息和遮盖信息之间造成了深度感冲突。有人认为这种冲突会导致视觉不适。使用浮动视窗（floating window）是解决边缘侵害问题的建议方案。浮动视窗由比被摄主体位置更靠近观众知觉虚拟边框构成。由此生成的知觉结果与虚拟边框遮挡了被视主体的视觉感受一致。

偏离中心视角观看引发的深度失真也可能会影响视觉舒适度。然而，这种失真会引起视觉不适感并不奇怪，因为即使在观看 2D 图像时，比如在电影院，如果观看角度太偏，观众也常常感到头疼和视觉不适。由于偏离中心观看而产生的失真度在观看立体图像时会变得更大。因此，与此相关的问题是，影响舒适度的负面因素在观看 3D 电视的时候会不会同样变得更大。

四、探讨与结论

为进行视觉传播而大规模建设的数字基础设施得到了迅速的发展，这为内容供应商、广播公司提供了一次难得的契机，他们可以为待在家中的观众传送 3D 立体节目。尽管近几年来已经取得了一些实质性的进展，但是仍然有许多尚待解决的挑战，比如：宽带传送 3D 信号的效率问题，现有设施的向后兼容问题，立体图像舒适性问题引发的对健康问题的担忧，这些问题很可能会阻碍 3D 电视的成功推广。

我们认为视觉舒适度是众多挑战中的一个，回顾几个可能导致观看立体图像产生视觉不适的原因，包括视力调节运动——辐辏运动冲突、视差分布、双眼不匹配、深度感矛盾、感觉与认知不一致。我们发现，多年来，我们已经积累了许多知识。

这些知识一直被用来指导节目制作质量的提升，强调改善制作质量是无可厚非的，因为制作可以舒适观赏的 3D 节目的第一步就是用正确的方法来拍摄、采集画面。到目前为止，电影行业在探索立体图像的潜在娱乐价值方面一直是最积极的，并且消费者的支持使电影业获得了商业上的巨大成功。这样的成就复兴了大家对 3D 电视的兴趣。然而，影院和家庭环境在许多方面都有所不同。或许，最引人注目的区别在于观看的条件方面。在电影院的观看条件是比较统一、比较稳定的，而在家庭环境中却有很多变化：电视有不同的尺寸、观看距离不同、播放的视频格式也不尽相同，这使得视觉舒适度难以得到控制。换言之，相同的 3D 节目资源可能会导致在不同的家庭收看环境中产生不同级别的视觉舒适度。

更复杂的是，就视觉舒适度而言，个体差异可能会导致明显不同的体验。一些研究发现个体在对视觉不适和疲劳感的耐受性上有差异。目前还不清楚这些差异只是简单反映了视觉进程中常规的差异还是与某种形式的立体感觉异常有关。有趣的是，制造商正在试图满足个体立体感觉异常的需求，例如：通过提供能够让这部分人在 3D 显示器上看到 2D 的画面的产品，甚至是在立体模式的时候也能这样做。

除了个体差异，还要充分考虑各个年龄群体之间的差异。6—8 岁的儿童大部分的视觉功能已经达到和成年人差不多的水平，尽管全面发展可能还需要更长的时间，一直到十几岁才能真正完成。同样的，老年人群体视觉能力已经下降，特别是对观看 3D 电视非常重要的、与视力调节运动和辐辏运动相关联的视能力下降尤其明显。直到最近，研究人员才开始调查年龄差异对立体影像视觉舒适度的影响。

五、未来趋势

由于视觉舒适度对观看条件的依赖性以及个人或群体的巨大差异，所以，在立体图像制作传播过程中，我们需要相应地适度控制立体图像的深度信息。

这种控制的第一步是客观测量的能力（比如：使用一种数学模式，客观测量观看立体视频流时感知视觉舒适的度）。在这方面已经取得了进展，预测系统能够测量存在状态，以及空间变形的程度，正如我们所知，这些因素是与视觉舒适度相关联的。这些信息对设计能够预测观众感知到的视觉舒适度的工具非常有必要。一些研究人员已经开始开发这些工具了。

测量视觉舒适度的能力将会为实际控制和调整深度信息创造机会,并以此来提高舒适度。为了提高家庭观众的视觉舒适度,预想各种不同的(但却是相互补充的)方法调整深度信息是合理的。在传输之前,广播公司或许依据内部或者行业指引,决定编辑(如果需要的话)立体深度。这种方法不会考虑家庭环境中各种不同的观看条件,然而,它将会确保舒适度界限在大部分正常的家庭收看条件下是适用的。

立体深度也可以在接收端进行编辑。利用一些3D硬件工具,比如一台摄影机,或者其他嵌入式传感器,抑或是用户提供的传感器,可以获得收视环境本身的信息,使用这些信息,可以调整深度呈现状态以适应特定的家庭收看环境。深度图的估算和基于深度图像的图像呈现(DIBR)技术能够发挥重要的作用。这些技术可以让立体电影适应某些特定的观看条件。因此,调整深度信息的能力将最终成为显示系统的一部分,并且可以部分或者完全处于用户的控制之下。

参考文献:

1. 国际电信联盟无线电通信部门(ITU – R):《3D 电视视频广播系统的特性》(Features ofThree – Dimensional Television Video Systems for Broadcasting),2009 年。

2. 美国电影电视工程师协会(SMPTE):《关于电影电视工程师协会向家庭推广 3D 任务的报告》(Report of SMPTE Task Force on 3D to the Home),2009 年。

3. N. S. 霍利曼(Holliman)、N. A. 道奇森(Dodgson)、G. E. 法瓦劳拉(Fawalora)、L. 伯奈特(Pockett):《3 维显示器:综述及应用分析》(Three Dimensional Displays: A Review And applications Analysis),《广播》(Broadcast), 2011 年。

4. 克拉克(Clark):《3D 制作与发布》(3D Production and Post),2010 年,http://www.it-broadcastanddigitalcinema.com/docs/3d_production_and_post.pdf。

5. 伯奈德·门迪布鲁(Bernard Mendiburu):《3D 电影制作:数字立体电影从剧本到银幕》(3D Movie Making: Stereoscopic Digital Cinema From Script to Screen),焦点出版社(Focal Press)2009 年版。

6. H. 潘、C. 袁、S. J. 戴利:《为视觉偏好和防止视觉不适而进行的 3D 视频视差调整》(3D Video Disparity Adjustment for Preference and Prevention of Discomfort),《立体显示器》(Stereoscopic Displays),2011 年 1 月。

3D电影:技术催生的影像奇观和市场奇迹

中国传媒大学电视与新闻学院电视系教授　孙振虎

【摘要】本文回顾了3D电影发展的历史,揭示了3D电影发展与电影产业起伏的关系。文章认为,“内容为王”依然是3D电影赖以生存的基本法则,并且指出3D电影未来发展要顺应观众的观看心理、欣赏诉求,改善现有的技术缺陷和更新创作的美学观念。

【关键词】3D电影;技术;内容;发展

2010年,一部3D电影《阿凡达》仅仅在20天左右的时间内,就在全球创造了18.437亿美元的票房,一举超越历史上最卖座的影片《泰坦尼克号》,成为新的票房冠军。一时间,3D电影、IMAX成为人们热议的话题,电影产业似乎在一夜之间重回巅峰时代。3D技术似乎成为电影产业新的突破口,能够让电影从惨烈的市场竞争中脱颖而出。那么,3D电影究竟是不是电影工业的希望之光,抑或只是昙花一现的过客,这还要从3D电影的历史说起。

3D电影也就是立体电影,它利用“偏光原理”制造出立体影像,从而给观众不同于二维平面感觉的观影感受。这一影像形式的出现,可以一直追溯到20世纪20年代,即便是对于中国观众来说,戴着眼镜看立体电影也不是这两年才有的事情。早在20世纪的80年代,我们国家就曾经引进过当时盛极一时的立体电影《枪手哈特》,也放映过国产的3D电影《小小得月楼》。然而,为什么直到今天,3D电影才突然间成为电影的主流样式,受到观众和制作人的青睐呢?

一、3D电影的发展伴随着电影产业发展的起起伏伏

3D电影是电影技术发展到一定阶段的产物,它的出现源自于技术,但是推动这一影像形式发展的基本动力则是电影产业的商业利益。早在20世纪20年代,3D电影刚刚出现的时候,这种电影样式曾经遭遇过一场电影只有一个观众

的窘况。30 年代初,米高梅公司拍摄了短片《Audioscopiks》系列,这部电影因为出众的视觉效果,最后获得了当年奥斯卡最佳短片奖的提名。但是,无论是数量还是影响力,3D 电影在当时的电影产业中都是非常边缘的。面对市场的惨淡局面,早期的 3D 电影无可避免地遭遇了“门前冷落车马稀”的状况。

20 世纪 50 年代,电视业的大发展让电影遭遇了前所未有的危机。这个时候,挖掘电影独到的观影体验,找到其商业利益新的增长点成为电影产业存亡的关键。1952 年第一部彩色 3D 电影《博瓦纳的魔鬼》(Bwana Devil)横空出世,大大提升了 3D 电影的娱乐效果。随后哥伦比亚和华纳公司在 1953 年推出两部具有划时代意义的 3D 电影:《黑暗中的人》(Man in the Dark)和《蜡像馆》(House of Wax),这两部影片在票房上的巨大号召力,让人们开始意识到,3D 电影不只是一种技术杂耍式的玩意儿,而是真正的摇钱树。此后主流制片公司的 3D 商业电影如雨后春笋般冒了出来,迪士尼、环球、20 世纪福克斯纷纷加入,迪士尼还把这种电影带进了迪士尼乐园,展现了 3D 技术在娱乐业中的其他应用前景。

20 世纪 70 年代,3D 电影在经历了一段时间的低潮之后,伴随着环幕电影、球幕电影、IMAX 巨幕电影的纷纷诞生,又一次以新技术的样式重获新生。经过改良的 3D 电影,不再需要两台放映机来呈现 3D 效果,而是依托 Stereovision 的专利技术大大增强了观影效果。第一部使用 Stereovision 技术制作的 3D 影片是一部色情片《空姐》(The Stewardesses),该片仅以 10 万美元成本,就赚取了 2700 万美元的票房(相当于现在的一亿多美元),巨大的票房号召力再一次成为 3D 电影崛起的原因。在它的带动下,整个 70 年代的 3D 电影多半是些成人电影和恐怖片,甚至还有把两者结合在一起的。

进入 21 世纪,3D 电影的发展依然无法离开技术的革新。仅仅一部《阿凡达》就是用了新一代“立体摄影机”、“表情捕捉技术”以及“虚拟摄影机”等数项前人没有使用过的 3D 影像的最新技术,才获得了影片中无论是大场面还是细节上的成功。但是,3D 电影的蓬勃发展还是不能离开其卖座的程度。据统计,相比普通版本,制作 3D 电影会增加 15% 到 30% 的成本,但是,一般来说,一块 3D 银幕的票房却是普通银幕的 3 倍。3D 电影在国内大范围地上映,开始于 2008 年的《地心历险记》。该片在有限的 80 块 3D 银幕放映 27 周,票房达 6700 万元,平均每块银幕票房 80 万元。而获得了 3.2 亿元票房的《赤壁》(上),它在 3600 块银幕放映,合每块银幕票房 8 万多元。比较两部影片,3D 电影平均银幕票房数是普通影片的 10 倍。即便是在美国,3D 电影的收入也比普通胶片电影高出 3.6 倍。

二、3D 电影生存依赖的依然是“内容为王”的法则

票房至上原本是商业电影无可争议的法则，但是没有哪种影像形式是只追求商业利益的。电影总是在其商业性和艺术性之间找到一个微妙的动态平衡点。然而，3D 电影的发展历程让我们看到，这是一种从技术呈现简单过渡到追求商业利益的发展模式。这种单一诉求的发展模式，只会制约 3D 电影的快速发展。

从根本上说，3D 电影的成功秘诀首先源自其独特的观影体验。20 世纪 30 年代初，米高梅公司拍摄的影片《Audioscopiks》，就是因为充分施展了 3D 影片的纵深运动效果而大获全胜。然而，这样的视觉效果不过是技术杂耍式的简单呈现，距离一部影片的艺术性表现还有巨大的距离。曾经参与制作过 3D 成人电影《空姐》的电影史学家丹尼尔·塞莫斯，就曾经把 3D 电影比做是马戏团来到小镇上。当马戏表演的新鲜感一旦消失，也就到了马戏团搬家的时候了。3D 电影如果仅仅是执著于其技术上的视觉新鲜感，势必就会走上唯技术论的死胡同。

实际上，20 世纪 50 年代和 80 年代，3D 电影在经历过短暂的辉煌之后，都是因为内容上的单薄，而无法从简单的技术性视觉刺激的瓶颈中突围而没落。21 世纪的 3D 电影，目前依然没有脱离新技术发展带来的视觉新鲜性，即便是《阿凡达》这样十年磨一剑的作品，也很大程度上倚重于技术上的奢华铺排。但是，我们必须承认，《阿凡达》已经试图在内容架构上，超脱出唯技术流的樊篱，重树电影表现的“内容为王”法则。

例如，《阿凡达》没有像《2012》那样，过分地渲染大场面的视觉冲击力，而是在很多细节处理上尽显细腻的情感。比如，双腿残疾的杰克在化身为阿凡达之后，重新获得了站起来甚至奔跑的能力。影片用专门的段落来表现了主人公欢愉的情绪，这样的段落原本与 3D 无关，却有力的阐释了杰克为什么最终选择了阿凡达，而放弃了作为人类本我的简单欲望。再比如，为了表现圣树种子选择了男主人公的片段，影片极力铺陈了圣树种子的轻盈、圣洁以及男主人公满身圣树种子的可笑样子。这样的情感节奏，也一反大场面恢宏的气势，而给人细腻的感触。影片还极力铺陈了纳美人的圣树轰然倒地时的情景，试图让我们的内心得到应有的震撼。我们应该怎样对待我们的自然环境，环保的主题在这里不是被喊出来的口号，而是可以用心感触的情感。

很多人在看过了《阿凡达》之后，都有这样的感觉：这部作品不仅有宏大的场面，而且有宏大的主题。虽然很多网友开玩笑地说，这是一个“关于钉子户”的故

事。但是,不可回避的是《阿凡达》能够将恢宏的影像特技和细腻的情感有效结合的同时,也赋予了影片人与自然和谐共存的环保意识,同时不乏人与人之间真爱永存的永恒主题。虽然,为了展现技术性的视觉铺张,影片的叙事表达不是无懈可击,但是,在技术与艺术的平衡中,导演卡梅隆已经很清晰地显示了影片向内容倾斜的主张。这也是这部作品能够打动观众的真正原因。因为一种电影样式,并不是依靠简单的生理刺激就能够实现持续发展的。影片的感染力以及内容与观众的贴近性,叙事的严谨性和科学性,才是观众能够产生“梦境般”真实体验的关键。

这恰恰吻合了卡梅隆对 3D 电影的理解,那就是 3D 电影“更接近于人的真实体验,实际上会带给人一种普通电影所不能产生的记忆,因为观看立体图像需要动用更多的神经元。”①

三、3D 电影的未来必须顺应观众的欣赏诉求

3D 电影的异军突起,尤其是创造了票房奇迹的《阿凡达》,让众多媒体一面倒地大声喝彩。很多商家也一致看好 3D 电影的未来发展。据统计,根据美国影院业主协会(National Association of Theatre Owners,简称 NATO)统计,在 2009 年底,美国国内将会拥有大约 3000 块的 3D 银幕。尽管影院放映操作员数量不足,但 3D 银幕还是会以每月大约 90—100 块的速度增加。

同样,在国内市场数字显示,全国约 4000 多块电影屏幕。2009 年初,中国内地有 80 多块 3D 电影屏幕,当年 8 月,该数字增加到 330 多块。而为了迎接《阿凡达》等大制作 3D 电影,短短数月后,内地的 3D 电影屏幕数量急速增长到 730 块以上,比一年前增加 8 倍。

3D 影像网站负责人蒋勇认为:“中国观众喜欢新奇的技术和独特的观影体验,对 3D 电影充满热情,这是票房走高的一大原因。3D 电影的另一优势在于盗版很难,要看 3D 电影,还得去影院。此外,3D 电影的票价每张 100 元左右,比普通影片要高,每块银幕收获高票房,当在情理之中。”②

然而在这样的舆论环境下,我们实际上更应该对 3D 电影的未来发展,保持一个清醒的头脑。毕竟,《阿凡达》是詹姆斯·卡梅隆构思了十四年,又花了四年

---

① 《从〈阿凡达〉看 3D 技术对电影业的推动》,百度文库,http://wenku.com/view/le4dcqa70029bd64783ezcal.html。

② 周南焱:《谁也挡不住 3D 电影潮涌来》,《北京日报》,2009 年 8 月 10 日。

时间创作完成的科幻大片。并不是每一部3D电影，都能够达到这样的视觉效果和票房感召力的。3D电影面临的内容危机，使得众多急于上马的3D影院就遭遇了造了高尔夫球场，却没有高尔夫运动员的尴尬。据称，曾经盛极一时的大片，《指环王》、《骇客帝国》都将被改造成为3D电影进行播放，而这样的方式早在20世纪30年代就已经尝试过。这种新瓶装旧酒的尝试，被历史证明并不是3D电影的未来。因为，3D电影是一种相对独立的影像技术，就如同并不是所有16:9的画面样式，都是高清晰度电视一样。所以，如果要展现出3D电影带给观众的视觉盛宴，必须采用纯粹3D电影的创作方法和技术手段。而这一技术门槛，就已经将大部分的国内电影制作人挡在了3D电影的门外。只有真正理解3D电影技术的人，才能够将3D电影视觉表现力的奢华淋漓尽致地表现出来，否则就会像高清电视一样，有了设备也有了播出平台，但是就是无法展现出真正的高清效果。而纯粹3D的电影效果，才是观众肯花大把钱走进电影院的原因。

另一方面，虽然3D电影已经创造出了无与伦比的视觉张力。但是客观地说，这一电影样式即便是在影像技术方面，也依然存在着需要顺应观众的欣赏诉求而进一步改善的问题。比如，3D电影由于需要配戴眼镜进行观赏，因此电影画面的亮度会明显地弱于普通的2D电影。稍有常识的人都知道，影像艺术实际上就是光的艺术，光效的大打折扣，势必让那些已经习惯了电影细腻影调和色调的观众不能完全尽兴。而很多观众本身就由于视力的问题需要配戴眼镜，再戴上3D的眼镜会更加不方便也不舒适。这一简单的收视障碍，也已经将很多电影观众排斥在了3D电影的门外，更不要说因为3D影像技术上依然存在的缺陷，很多观众在观看影片后会产生眼部不适，甚至头疼呕吐的症状。摘下眼镜看3D电影，已经成为满足观众基本收视诉求的迫切要求。

另外，即便是目前最为先进的巨幕影院IMAX影像系统，也同样会遭遇因为要将两个眼睛的视觉效果进行重叠，而损失了电影宽银幕的视觉表现力的问题，让观众在电影院会产生屏幕不够大的感觉。

所有这些都是未来的3D电影必须要面对，并且亟待解决的实际问题。因为，观众始终将电影当做是一种视觉感知的奢华盛宴，所以任何造成视觉感知不适的现状都会成为接下来影像努力改善的方向。

参考文献：

1. 李相：《3D电影美学初探》，《当代电影》，2009年第2期，第19页。
2. 胡奕颢：《3D电影美学初探》，《北京电影学院学报》，2009年第4期，第86页。
3. 高五峰：《数字3D立体电影的技术与发展》，2009年第12期，第13页。

3D 立体电视节目中的视觉存在

苹果视频全球认证讲师　于　涛

【摘要】本文根据视觉感知存在的原理，纵览立体影视发展的过去和现实，对3D电视节目创作进行分析和思考。文章指出，根据“镜头化思考”原则，3D电视只适用于一些特定的节目类型；3D电视中的视觉存在是对传统影像的颠覆和再造；3D电视节目中对声画关系的处理与2D电视节目有诸多不同；传统视听语言在立体语境下必定会发生一定的变异。

【关键词】3D；电视节目；视觉存在

“视觉存在”是指基于人眼的视觉习惯，对真实的客观世界在思维系统中长时间感知之后，所形成的一种常态化的影像判断能力。这一判断能力会在我们的日常生活及对大量视觉信息的接受与筛选的过程中，产生最基础和最为直接的心理感受。视知觉理论也由此衍生出诸如“格式塔心理学”（完形心理学）、“存在美学”等一系列为视觉艺术工作者所熟知的可依存的方法论原理。

“立体电视节目”是指通过3D影像视频节目制作技术，利用人眼对“视觉存在”的判断能力，运用必要的放映环境和载体介质，所形成的一种新型的电视节目类型。相较于2D电视节目的制作而言，3D电视节目的视听语言体系与其说是一种视觉的“观看”，倒不如说更像是通过必要手段营造出的“视觉存在”在观众心理上所形成的一种“感知”。

随着3D立体化电视节目制作技术的不断发展与成熟，越来越多的电视传媒与节目制作机构开始选择以立体视觉的样态呈现节目，这种表达诉求与观众对新技术的视觉期待正相适合。基于此，本文试通过梳理立体化视觉影像的发展脉络，结合现今的影视实践，借鉴相关的表达方法，以期通过体现本质的、可操作的一系列特征符号，找寻和掌握立体影像之于电视节目制作中外在形态的视觉存在。

纵观影视发展史，百年以来，共出现过三次立体活动影像制作浪潮。2010年以来由电影波及电视节目制作领域的大规模的立体影像制作浪潮,实质是由于三维视觉特技与动画技术全面数字化后所引起的第三次立体影像节目制作高潮。

早在 1839 年,电影术被商业应用之前,英国科学家查理·惠斯顿爵士就已经根据"人两只眼睛的成像是不同的"发明了一种立体眼镜,令左右眼在看同样图像时产生不同的效果,而这也正是现今立体 3D 观影眼镜的雏形。19 世纪 60 年代前后,为了与电视争夺观众,立体成像技术频繁应用于电影创作,才在影像制作产业领域掀起了第一次立体电影的制作高潮。期间,不乏优秀的电影作品流传于世,为日后的立体影像制作提供了大量弥足珍贵的影视资料与可供借鉴的宝贵经验。

从全球范围内来看,我国的立体影像制作水平在这一时期,同步甚至领先于世界同行业水平。例如众所周知的美国经典悬疑电影大师希区柯克所导演的《电话谋杀案》(Dial M for Mudur, 1954 年)就曾制作和放映过 3D 版本;而由上海天马电影制片厂出品的,桑弧导演、陈强主演的《魔术师的奇遇》则是我国第一部真正意义的 3D 立体电影作品。

20 世纪 80 年代,由于 CG 计算机动画技术在影视制作领域的初步应用,使得虚拟的立体三维技术和传统的电影 3D 制作技术第一次找到了契合点,创作出了《大白鲨 3》(Jaws 3,1983 年)、《13 号星期五》(Friday the 13th)等一系列优秀的电影作品,迎来了第二次立体电影制作的高潮。

在此期间,由迪士尼制作的一部仅有 16 分钟的影视短片《魔法之旅》,第一次将立体 CG 制作的动画与真人的表演相结合,向世人展示了立体影像的全新视觉魅力。

随着影视制作技术的进一步提升,立足新的世纪,拍摄、剪辑、特技合成、调色、放映等全线环节数字化的创作模式,极大地满足了现实与虚拟这两个"视觉存在"中立体环境的融合,也为立体节目制作应用于电视节目创作领域,扫清了最后的障碍。随着《阿凡达》等一系列震撼的电影作品纷纷上映,第三次立体电影制作高潮出现,并迅速波及电视节目制作,在全数字化流程的高清电视节目制作平台上大量应用,为传统电视节目的发展与创作,带来了新的挑战与机遇。第三次立体活动影像制作的高潮与前两次高潮有所不同,前两次均为立体电影制作,而这一次出现了立体电视节目制作,这也许会带来"质"的不同。

值得一提的是在 2008 年制作完成的《U2 3D 演唱会》是第一次用 3D 双机位摄影机拍摄真人完成制作的首部音乐纪录片,正式吹响了立体影像进军电视领域的号角。

仰视先贤，细数这些立体影像，研究曾经有过的和正在飞速产生的优秀作品和宝贵经验，我们可以从中汲取和归纳出若干可供立体电视节目制作的理念和方法，以系统化地将原有的电视节目创作理念在新的技术手段与视觉环境下进行必要的拓展和升华，以期在双眼视觉的新型观影条件下，把握最接近真实的“视觉存在”，引领整个电视节目制作走向新的纪元。

一、“镜头化思考”与电视节目的类型匹配

“镜头化思考”是指将节目制作过程本身，还原至影像组成的最基本元素——镜头，并将对每一个镜头的设计、构思、摄录、制作以及视觉听觉处理为贯穿节目创作始终的一种影像创制方式。

由于3D立体节目的“视觉存在”以电视节目本身的镜头单位为基础，所以，建立3D电视节目的视听语言体系对于3D电视节目体系的建设至关重要。这就在客观上要求电视节目的创作人员更趋近于影视节目制作的思考方式，在确定和把握电视节目或者栏目的主题诉求与文字表达的基础上，细致扎实地做到对节目的“镜头化思考”，场景设置、场面调度、镜头运动、摄影用光、后期特效等能够有效协调配合，创作者能够有较强的事先掌控能力，对所制作的节目内容、视听表达方式有较准确的预判，对3D立体影像的表达手段有具体细致的了解。在创作与制作节目的过程中，将不可镜头化的因素控制在最小的范围，以最大程度确保节目内容的表达与立体影像特点的最大契合。

现阶段3D电视节目的制作手段主要依靠双机并行或者单机双镜的摄录技术条件，这种摄制方式对于突发性新闻纪实类节目、不可预见性的活动、宣传类节目、随机性较强的真人秀节目等不太适用，因为其节目时效性较强，内容细节事前不确定，镜头设计的难度较大，所以在现今技术环境下对这类节目进行3D制作的天然缺陷较多，不容易给观众营造出效果突出的“视觉存在”。

与之相对，综艺晚会类节目、演播室访谈类节目、剧情类节目、大型活动的电视转播类节目、常规体育赛事转播类节目、非新闻性纪录片及专题片等节目类型在创作之初，对电视化的镜头语言要求较高，节目的内容细节设置较多，环节可以被创作人员所掌控，这些节目的摄制往往可以按照分镜头拍摄或者遵循成熟规范的规则拍摄，也可以花费较多的时间和资金投入处理可能带给观众的“视觉存在”与“映画关系”，相比之下，更适用于3D电视语言的视觉表达方式，能够达到对节目或栏目诉求最大化的视觉展示与观众身临其境的观影感受。

二、“视觉存在”的颠覆与再造

从诞生之初，电影艺术或者电视艺术便是基于摄影技术，运用相关的编辑技巧，在二维平面上，展示和重现真实生活中三维环境这一“视觉存在”的综合类艺术。景深、焦点、透视关系、角度、焦距、光线条件、摄影机运动等等要素，均是要将画面中不同物体的前后、大小、虚实、进退等诸多映画关系在一个画平面上真实还原或者艺术再现的方式方法。

3D 立体电视节目的出现与立体化观影环境的技术变革，彻底地颠覆了影视原有的视听语言基础与相关技术技巧。由于立体影像的三维空间化特点，荧幕不再仅仅是一块展示世界的面板，而变成了一个移动的窗口，并由它界定了一个空间，在这个空间里，影像本身类似变换（Homothetic Transformation）被映射在观众的“视觉存在”之中。从节目创作上讲，以双眼同时摄取影像素材的记录方式，“真实”地展现或展示着三维环境中的事物的客观存在状态。这一方式，一方面为观众带来了三维影像的巨大视觉冲击和震撼；另一方面也对节目的创作人员提出了更高层次的艺术水准要求与立体影像的制作技法要求。

由于立体节目的制作是基于双眼视觉的成像原理，与传统的二维节目制作相比，在固有的单眼系统创作技法的基础上，我们有必要引入和掌握 3D 电视节目创作的特有视觉语言手段——视差，在新的视觉环境平台上，展现节目创作的魅力。

所谓“视差”（Parallax），在立体影像制作领域中，主要是指模拟人眼的两个摄影镜头或机位间，摄录某一物象时的位置偏移。正是因为这种影像间的位置偏移，才使得观影时映射在观众心理感知的视觉影像存在了“真实的”立体感。在实际的立体影像制作过程中，创作者也往往利用视差的作用，调整被摄主体与模拟人眼的两个摄影镜头或机位视野中具有立体感范围的位置关系，甚至调整两个摄影镜头或机位之间的夹角，来增强被摄物体的立体表现力。在全局影像立体化的掌控处理之后，再考虑单眼系统下的景深、曝光、运动等传统创作技法的匹配使用，完善整体的视听表达程度。

三、立体影视节目中的声画关系与处理技巧

立体电影电视节目制作的基础是以模拟人类双眼的两个摄影机或者镜头分别记录视频影像，再以一定的模式将左右眼的影像组合观看，营造观影者心理感

知的“视觉存在”。这一创作的理念将自始至终地贯穿节目制作的各个环节,从最初的镜头设计、场景布局到最终的动画特技合成与色彩调节等。

基于视差(Parallax)的存在,在立体影像创作中,画面中物体的大小、远近、前后以及运动速度的快慢等的处理都需要在最大化遵从立体视觉效果的前提下,运用相关的方式方法对立体化的透视关系依创作者的具体需要进行必要的控制。

在立体节目影像的创作过程中,模拟人眼所存在的两个摄影机之间的距离——视间距的设置和确定是立体影像制作中最为基础和重要的一个问题。在平行架设立体摄影机情况下,往往两台摄影机的间距越小,所拍摄物体的立体感也会减弱;反之,摄影机之间的间距增大,所拍摄物体的立体感也会增强。视间距也常常被称为立体基准(Stereo Base)、轴间距(Interaxial Distance)或孔间距(Entraxe)等。值得一提的是,视间距在实际的节目创作中会遵循一个重要的法则:当两台摄影机的距离恰为 2.5 英寸时,会产生所谓的正交立体(Orthostereoscopy)影像,即所拍摄的影像场景与人体肉眼所观察的视觉场景基本完全一致,也是观影者最易于接受的立体化的“视觉存在”。这一点,和我们在二维节目摄影创作时“标准镜头”的概念相类似。

电影或者电视是动态的影像艺术形式,而在立体节目创作中,往往在平行架设摄影机的条件下,采用设置两台机位或者镜头内夹角的方式来强化被摄物体的运动状态与立体表现力。运用两个摄影机镜头视场(Field of View)相交叉的范围(Convergence Field)拍摄运动物体的纵深运动,这一方法在电视节目创作中,往往用于解决有限定范围的摄影镜头,在不便快速跟随运动着的被摄物体移动机位时,有效地在一定范围内捕获具有较强立体感的运动主体。全球范围内,大多数已制作和播出的体育赛事转播、综艺晚会转播、大型活动转播类的立体电视节目,基本都采用了类似的原理进行摄制,但由于每个立体 EFP 系统中的每一独立讯道对有强立体感运动主体的捕获范围有限,所以,为了强化立体电视节目中给观众所营造的“视觉存在”感知,优秀的制作团队常常会架设更多的机位以适应节目制作的需求。

四、传统视听语言在立体语境下的变异与抉择

立体电视节目为观众所呈现的更像是一个观察世界的移动窗口,这就迫使我们必须放弃几乎所有以往在二维创作环境中所积攒的经验。由于立体节目向观众呈现的是一个具有深度的视觉环境,这就从客观上摈弃了那些刻意的、尝试

着做出虚拟纵深感的布景设计，而往常那些高反差、大对比、故意做出不同层次感的照明方法也是不适用于 3D 节目创作的。“我们在拍摄 3D 立体时，不可能欺骗空间——这就是我想说的全部。”索尼图形图像运作公司(Sony Pictures Imageworks)高级立体设计师罗伯·恩格尔(Rob Engle)如是说。

为了给我们的观众找到这样一个最佳的“立体窗口”，我们在最优化地设计影像中元素构成的同时，也要规避所有可能产生问题的——立体窗口干扰(Stereoscopic Windows Violation)，尊重不同电视语境下的差异，把握有益于视觉立体感的抉择。

在传统的节目画面设计中，我们往往会避免杂乱无章的构图与景物设计，但这种构图与景物设计在 3D 立体节目中却会有令人惊喜的视觉感受，因为它具备了足以让我们的“视觉存在”去感知的深度概念。同样，在 3D 的创作环境中，横向运动的镜头会比纵向运动的镜头带来更多的立体化享受，这和我们通常所认为的纵向运动更能表达深度感也是相违背的。这道理就如同坐在移动的火车上看窗外的风景，车窗两侧的，总会好过车头正面的。然而更为重要的一点，则是长焦镜头的运用。这是一个有空间深度的窗口，如果我们还像往常一样试图运用长焦距的镜头来压缩空间感或者虚化掉背景景物，我们会得到一个非常糟糕的影像结果，因为压缩掉深度——与立体影像制作的本质相抵触。

由于立体节目是一个完整的、可移动的、有深度的、“真实的”、可以被“视觉存在”所感知的观察世界的窗口，这就要求我们原有的几近完美的创作理念都要被放弃，取而代之的是一些更为细致和温和的艺术技巧。在实际的创作过程中，用一面有粗糙质感的墙做背景，往往会比强调透视关系的、夸张化的、近大远小式的景物排列更易于被观众所接受，而后者则很有可能引起观影的不适。值得注意的是一些在二维节目创作中被认为是基本的、好的、为人所称道的创作方法，在立体节目中几乎是被禁止的。

首先，为了保证这一观察窗口的完整性，任何被摄主体都是必须相对完整地存在于取景器内的。这至少限定了两点：人物特写的最小景别是取景器内保有留白的完整面部轮廓；过肩镜头的前景人物头肩必须完全居于画面内部。

其次，所有伪造纵深感的技法都是不被接受的：同一画面中既存在非常贴近观众的前景景物，又同时存在远离观众的远景景物，这样的构图在立体节目创作中也是不被允许的。再次，在立体节目的编辑或者剪辑过程中，两极镜头的跳切方式，快速的碎片剪辑方式，也都是不被允许的。

五、3D 立体电视节目的现存节目样态与发展趋势

早在 1982 年 2 月，周播节目电视科学杂志《真实的世界》(The Real World)的部分节目已经由南方电视(Television South)采用 3D 转播的方式在英国境内播映。从可供查阅的资料来看，这或许是第一次播出的电视 3D 立体节目。时至今日，全球范围内已有三十多家专业电视媒体开播了专属的 3D 立体电视节目频道。节目的已有类型方式，也多以体育赛事类、综艺晚会类、大型活动类的转播节目、大型纪录片、专题片为主。诸如 2010 年南非世界杯足球赛的部分场次比赛及官方纪录片就已经采用了 3D 立体的制作方式，英国的天空卫视(Sky TV)也曾对英超联赛的部分场次以及威廉王子的王室婚礼等大型活动进行了 3D 立体转播，并于天空卫视的 3D 频道(Sky 3D)播出。我国也于 2011 年底，采用 Sony 的立体高清转播设备开展了大规模的试验性节目制作，并在 2012 年 1 月 1 日正式开播了 3D 试验频道。

然而，一如前文所述，这次大规模席卷电视节目制作领域的立体影像浪潮，是由三维视觉特技与动画技术全面数字化后所引起的第三次立体活动影像制作高潮。这次浪潮的原始助推力也必将会在立体电视的平台上产生更为广泛和深远的影响。在 3D 立体视频节目的新型技术环境下，继续融合动画、游戏、新媒体等诸多开源化元素的植入与嫁接，把握观众收视时最真实的“视觉存在”必将成为电视业务的未来之路。

参考文献：

1. 李桂苓、潘榕、许树檀:《立体视觉与立体成像》,《电视技术》,2012 年第 2 期,第 15 页。

2. 吴飞:《3D 电影的诞生以及未来发展——从人类学与心理学角度解读》,《中国电影市场》,2012 年第 2 期,第 36 页。

3. 罗桂娥:《双目立体视觉深度感知与三维重建若干问题研究》,中南大学 2012 年博士论文。

制作方式差异与3D影视的未来发展

中国传媒大学电视与新闻学院电视系教授　郭艳民

【摘要】本文从影视制作方式的差异角度出发,认为电影是"以摄影机为中心"的制作方式,电视是"以被摄对象为中心"的制作方式,电影摄制强调可控性、重复性等,电视摄制强调随机性、时效性等,而且两者的具体工作方式也不尽相同,因此,3D技术更适合3D电影,在3D电视中主要适合具有规范性、可控性的特定题材的拍摄。文章认为,3D电影未来将蓬勃发展,3D电视还需做更多的探索。

【关键词】3D影视;制作方式;差异;发展

2010年以来,3D电影兴起电影史上第三次创作高潮,3D电视也开始进入普通观众的家庭,然而,三年时间过去,我们看到,3D电影的发展呈现出良性发展的态势,作品数量和质量都在稳步提高,相比较而言,3D电视则没有达到人们最初的预期,没有带来新的收视高峰,也没有给原有的电视制作、播出、收视格局带来突破性的影响,发展步伐有些缓慢。认真审视3D电影和3D电视三年来的发展历程,我们发现,电影、电视不同的本体特性,决定了其不同的制作方式,制作方式决定了3D影视的发展现状,也会对其未来发展造成根本性影响。

一、3D电影:以"摄影机"为中心的制作

长期以来,电影生产形成了自身一套比较成熟的机制——充分的策划、高额的投资、长时间的前期拍摄、高级的摄录器材、专业的工作人员、完美的后期制作和最佳的收看环境。无论是故事片,还是纪录电影,各个环节都努力追求品质极限,从而保证能够生产出相对优质的电影作品。"视听效果"和"故事内容"是电影受到广大观众认可和欢迎的两大法宝。

现在,在我国,许多作品自称是"电影",其体例、时间长度、发行方式基本符

合电影的特征，但是，从制作方式和作品品质方面来说，往往达不到“电影”的标准。

在电影的摄制过程中，“摄影机”处在中心地位，所有部门的工作（导演、表演、美术、灯光、录音等）都要围绕摄影机的拍摄来进行，一切努力的成败最终取决于摄影镜头效果的好坏。为了达到这一目的，电影摄制强调对拍摄场景、拍摄对象的可控性，拍摄现场的一切基本都是可重复或可调整的。

（一）被摄对象的可控性——分镜头拍摄

电影的摄制采用分镜头拍摄的方式，在正式拍摄前，会对每个镜头的内容、构图、运动方式、光线效果、色彩状况等做出设计，必要时还会采用电子预演技术在电脑屏幕上预览其视觉效果。

对拍摄镜头效果的监看现在达到了前所未有的水平。詹姆斯·卡梅隆在拍摄电影《阿凡达》时，通过团队研发的监看设备，将现场实际拍摄的画面与后期将要通过电脑生成的画面相结合，进行现场监看，这对确保最终镜头的成功至关重要。

到达拍摄现场后，实拍之前，还会与演员等各部门一起进行多次走位、拍摄演练，确认没有问题后，才正式开机拍摄。只要是从摄影机镜头中来看，任何部分没有达到预期艺术效果，就需要全部重来。

（二）动作行为的重复性——多条拍摄

多条拍摄是电影摄制的基本方式。尽管纪录电影的拍摄对象、拍摄场景往往不具备可控性，但是，它们却需要具备可预知性、可重复性，这样，电影工作者才可以进行事先准备，保证能够成功抓取其精彩过程，并且可以通过多角度、多景别、多运动方式的多条拍摄，确保对被摄对象表现的全面性，还可为后期剪辑提供保证。

（三）影像创作的合作性——多人分工协作

电影摄制组由导演组、演员组、摄影组、美术组、制片组等部门组成，摄影组一般由摄影指导（摄影师）、副摄影（掌机人）、大助理（负责量光）、二助理（负责跟焦点）、机械员（负责摄影机整备、胶片拆装等，如果使用数字摄影机拍摄，则该工种改称跟机员）、特殊摄影师（负责摇臂、斯坦尼康、水下摄影）等人员组成。传统上，照明组也从属于摄影组，由照明师以及若干名照明助理组成。

在3D电影摄影中，主要采用立体支架来架设摄影机，通过支架，可以根据不同的拍摄对象、拍摄目的，自由地调节摄影机之间的轴距、夹角、镜头焦距、画面焦点等因素,可以保证获得最佳的 3D 影像效果。

在 3D 电影的影像创作队伍中,除了摄影组之外,还增加了视觉效果组,由视觉监督(总监)和若干名电脑视觉效果操作员组成,负责拍摄前电脑视觉效果预演影像制作,拍摄过程中的 3D 效果跟踪调节,以及后期制作中特殊视觉效果的制作与合成。与传统 2D 电影的拍摄不同,3D 电影摄影中,增加了 3D 效果监督这样的工种,3D 电影摄影中的机位架设、镜头轴距和夹角设定、会聚面与焦平面的调整也都需要摄影组与视效组共同协作完成。

根据互联网电影数据库(简称 IMDB,全称为 The Internet Movie Database)网站资料,马丁·斯科塞斯导演的《雨果》(Hugo)的摄影部门由 120 多人组成,李安导演的《少年派的奇幻漂流》(Life of Pi)的摄影组共有 80 多人组成,而参加两部电影前后期视觉效果制作的人数都达到了数百人。(如图 1)

图 1 导演马丁·斯科塞斯、李安分别在《雨果》、《少年派的奇幻漂流》拍摄现场

(四)后期制作的强力补充

电影摄影拍摄的镜头素材需要经过后期的加工处理,进入数字化时代后,电影的后期制作在电影影像创作中发挥的作用越来越大,对于科幻、神怪、战争等题材的影片来讲,后期制作视觉特效的作用尤为重要。

在 3D 电影后期制作中,不仅需要和传统 2D 电影一样加进后期制作的视觉特效,还需要对前期拍摄时不够完美的 3D 效果(光轴误差、画面变焦匹配失调、色调匹配失调、画面的色彩、亮度差异等)进行修正和润饰,后期制作已经成为 3D 电影影像创作的决定性因素。

二、3D 电视:以“被摄对象”为中心的制作

与电影相比,电视被定义为“大众文化快餐”,其更强调时效性、贴近性,电视

节目的生产和消费模式都与电影有着本质的区别。在电视节目生产过程中，其投资规模、拍摄周期、制作条件都与电影有一定差距，因此，单从视听效果方面来比较，电视永远无法与电影相媲美。然而，与电影相比，电视是一个综合性媒体，它所涵盖的题材类型、节目的时间长度、表现的方式方法，可以比电影更加丰富、更多变化。新闻、娱乐、体育、生活服务节目构成了电视节目的主体，影视剧节目尽管在电视节目中也占有重要播出比重，但从摄制角度来说，其基本遵循“电影化”制作方式，不能代表电视节目制作的本体特征。

（一）被摄对象不可控——现场连续拍摄

在电视新闻、体育、综艺、生活服务类节目摄制过程中，被摄对象处于不可控或不完全可控状态，摄像机更多地发挥的是现场记录的功能，每一个镜头、每一个段落的拍摄都是连续的，被摄对象更多地按照自身的存在规律运动、发展和变化，不会因为摄像机拍摄的需要而变得静止和碎片化。摄像师在拍摄现场必须发挥自己的主观能动性，适时调整自身的拍摄位置、运动方式，在不妨碍被摄对象自然状态展现的前提下，完成自己的拍摄任务。即使是在某些非直播电视节目（如综艺娱乐）中，为了摄像机拍摄的需要会对被摄对象进行一定程度的干预，但是，这种干预是被严格限制的，只是间歇、短暂出现，不会影响电视节目连续摄制的根本特性。总的来说，电视节目拍摄是以“段落”为单位进行，而不是以“镜头”为单位来完成。

（二）动作行为不可重复——逐条拍摄

在电视屏幕上占据主体地位的节目主要采用纪实性摄制方式，被摄对象保持自身的自然状态，不会停止并原样重演过去的行为，供摄像机进行多景别、多角度、多运动方式的拍摄。绝大多数电视镜头的拍摄都是一次性完成，下一个镜头所拍摄的内容与上一个镜头所拍摄的内容是不同的，每一个镜头都是随着事物自身的时间延展在延续。为了保证对被摄对象表现的完整全面以及后期编辑的需要，在单位时间里，电视摄影必须要拍摄出更多的镜头数量。

（三）影像创作的独立性——单人操机

电视节目摄制过程中，摄影队伍的构成比较简单，每台摄像机往往只有一名摄影师操控，摄影师必须独自完成构图、调焦、曝光、运动等多种任务，在外景拍摄中，许多时候，摄影师还必须同时承担录音师的任务，声画同步地完成镜头摄制。

电视摄影可以分为单机制作、多机制作两种类型，无论是哪种形式，具体到每台摄像机背后，通常都是只有一位摄影师在操控。如果说电影摄影是“集体上阵”，那么电视摄影基本属于“单兵作战”。

在3D电视节目摄制过程中，主要使用双镜头摄录一体摄像机，这种摄像机具有便携、方便、灵活的特点，但是，由于镜头轴距固定，视差、夹角、会聚面、焦平面等各项调节均受到一定限制，再加上在现场拍摄时，往往不能适时辅之以3D视觉效果的调校，因此，在3D效果方面常常不能达到最佳，存在一定缺憾。

(四)制作播出的时效性

电视节目强调时效性，现场直播一直被认为是最能体现电视节目特性的节目制作和传播方式。即使是录播的节目，也会追求尽快完成和播出，以紧跟时代和形势的发展。对于时效性的追求，使得电视节目不可能像电影作品一样，在后期制作上进行精雕细琢，更不可能通过后期制作对前期拍摄的素材进行全新的改良。在3D电视节目摄制过程中，前期拍摄还是占据决定性地位，后期制作只能是电视影像创作的一种有益补充。同时，3D电视节目制作相对低廉的投资，也对后期制作的可能性做出了限制。

三、适合3D电视节目的摄制方式

3D电视节目与2D电视节目最大的区别就在于影像视觉效果，并不是所有的电视节目都能充分发挥3D技术的优势，目前看来，适合3D电视节目的摄制方式主要有以下两种。

(一)程式化

所谓程式化制作方式，就是在特定的时间和空间，根据被摄对象自身的规律，结合电视节目创作规律，形成的一种具有规范化、模式化，但又保持一定的灵活性、创造性的电视节目摄制方式。程式化的节目制作方式，既能保证对被摄对象的客观再现，又能在一定程度上达到主观表现的目的。

在3D电视节目创作中，体育比赛和现场演出节目是最能发挥3D技术优势的节目类型。在长期的2D电视发展过程中，形成了比较成熟完备的关于体育比赛和现场演出的电视摄制方法，机位架设、构图拍摄、镜头切换、后期制作、即时播出等各个环节都有章可循，具有一定的规律性，尽管现场的运动员或演员多有即兴发挥，但是，其时间、空间、运动方式等都具有一定的可预见性，这为使用3D

技术制作这类节目提供了基础保证。

观众对体育比赛、现场演出类节目的心理体验诉求，也与3D技术给人带来的强烈真实感、现场感相吻合，两者相互结合，相得益彰。

演播室谈话节目尽管也属于程式化制作范围，但是，因为其机位比较固定，场景比较单一，不以视觉效果为目标诉求，所以，这种节目并不适合使用3D技术来制作。

（二）电影化

所谓电影化制作方式，就是在电视节目制作过程中，从选题、策划、拍摄、制作等各个环节，普遍借鉴电影创作的方式和方法，强调对被摄对象的控制，充分发挥创作者的主观能动性，追求最终节目主题表现和视听效果完美的节目制作方式。

影视剧节目本身就是遵循电影化制作方式的，在很大程度上，3D影视剧在电视屏幕中播出，只是传播平台发生了变化，从制作角度来说，没有本质的区别。

自然、人文、历史、探险等题材的纪录片也是适合电影化制作方式的节目类型，这些纪录片往往远离观众的日常生活，能够极大地满足其好奇心。这些纪录片的摄制往往拥有雄厚的投资、长时间的拍摄周期、专业的摄制队伍、被摄对象也具有一定的可控性（或者可重复性）。3D影像可以带领观众，跨越广袤的时空，在现实和历史之间穿越往返，真切地感受自然的瑰丽、历史的重现和科学的神奇，极大地满足观众的在场感和体验感。

四、3D影视的未来发展

（一）3D电影蓬勃发展

2010年的《阿凡达》，2011年的《雨果》、《功夫熊猫2》、《变形金刚：月黑之时》，2012年的《少年派的奇幻漂流》，这些3D电影在技术和艺术两大方面都受到了人们的普遍赞誉，就连采用2D转3D技术完成的所谓“伪3D电影”《泰坦尼克号》、《2012》等也获得了良好的票房回报。这些影片的成功，在一定程度上反映了3D技术在电影领域里正在逐步走向成熟，其与电影艺术的融合也逐渐被广大观众接受。据不完全统计，2010年以来，世界范围内共拍摄、发行了188部3D电影长片，11部3D电影短片，3D电影的数量和质量都在稳步提升。

在中国电影市场，由于资金、技术、艺术实力等方面的差距，真正采用3D技术拍摄并获得成功的影片不多，但是，借助2D 转3D 技术获得商业成功的例子却不少，2012 年的《画皮2》、《西游降魔篇》、《十二生肖》等都借3D 技术之利，获得了较好的市场回报。

在3D 电影蓬勃发展的同时，失败之作也比比皆是，《爱丽丝梦游仙境》、《诸神之战》、《霍比特人》等就因情节简单生硬，徒有视觉效果，而广遭诟病。因此，唱衰3D 电影未来发展的声音也不绝于耳。然而，笔者认为，这些作品的成败不能归因于3D 技术，而主要是创作者对3D 技术使用不当所致。不少电影业界人士均表达了对3D 电影未来发展的乐观看法。

詹姆斯·卡梅隆在接受媒体采访时表示："我余生所拍摄的电影，都将是3D 电影。"①同时，他还认为3D 就是电影的未来。

李安认为："3D 是一种全新的媒体和经验，在动画片领域3D 技术已经运用得很不错了，而真人电影这块我们还只是蹒跚学步。我觉得人们应该把它当做一种新的艺术形式——而不是噱头来使用。""我现在还是更偏爱3D 的，我觉得它是一种新的电影语言，有很大的探索空间，这点让我非常兴奋。"②

与几位电影大师的看法相同，笔者认为，3D 电影的制作方式，可以确保3D 技术的优势获得充分发挥，3D 电影将以其强烈的真实感、逼真的空间感获得越来越多观众的认可。随着3D 技术的不断发展，3D 技术成本进一步降低，3D 电影摄制和收看更加简便，3D 电影的产量会越来越多，最终成为电影摄制的标准配置，其艺术质量也将稳步提升。

(二)3D 电视谨慎乐观

与3D 电影相比，笔者对3D 电视的未来发展持谨慎乐观态度。3D 电视的"立体魔盒"已经打开，它不会昙花一现、转瞬即逝，但是，3D 电视也不可能在短期内取代2D 电视，而只能通过某些特定的节目和频道获得观众的认可，两者将长期共存、竞争发展。要想使得3D 电视事业健康发展，就需要扬长避短，探索符合电视本体特性的发展道路。

1. 频道专业化

从目前世界范围内3D 电视频道的发展情况来看，频道专业化是比较适合3D 电视节目制作和传播的，专业化的频道可以有效地吸引和聚拢目标受众，可

---

① 应声虫(责任编辑)：《对话卡梅隆：盛赞〈少年派〉余生只拍3D 片》，新浪娱乐，http://ent.sina.com.cn/m/f/2012-11-27/21563798129.shtml。

② 尼莫(编译)：《李安：我现在更偏爱3D 电影》，新京报官网，http://www.bjnews.com.cn/ent/2012/11/23/235333.html。

以适应3D电视观众目的性强的收视特点，也容易采用收费制度来维持频道运营。3D体育比赛直播、电影、纪录片、动画片、现场演出节目等是目前最受欢迎的3D电视节目，也比较适合频道化播出。

2. 高端化制作

3D电视节目创作有着不同于2D电视节目创作的特点，讲究选题的新奇、强调视觉效果的震撼、追求心理体验的真实，这些是其基本原则。电影化、程式化制作，影视专业素质较高的创作者主导，是其主要制作方式。传统上强调"小、快、灵"的资讯类节目、语言类节目不适合使用3D技术摄制，应该予以摒弃。

3D电视能否获得良好的发展，还取决于观众的收视体验。"剧场和家庭环境在很多方面存在差异。也许最大的区别就是收看条件，在电影院里的观看条件是相当统一的，然而，在家庭环境中这些条件在很多方面都会发生变化：电视机屏幕大小不同、观看距离不同、视频格式不同等。这些因素使得控制视觉舒适度非常困难。换句话说，在不同的家庭环境中收看同样的3D电视节目内容会带来不同的视觉舒适感受。"①在解决了3D电视节目创作问题后，还需要逐步培养电视观众新的收视习惯，以适应收看3D电视节目的需要。讲究最佳距离、最佳角度、最佳环境的"仪式化"观看方式要逐渐取代观看2D电视的"随意化"方式。

按照国家有关部门的"十二五"规划，到2015年我国要开播10个3D电视频道，从目前情况来看，技术平台和频道资源的建设应该没有问题，但是，3D电视节目内容的创作明显滞后，要想达成目标，尚需不懈努力。

参考文献：

1. 田长军：《3D电影及其发展展望》，《当代电影》，2011年第4期，第153页。

2.《3D电影引领未来》，《大众电影》，2009年第2期。

3. 洪艳、陈佩怡：《3D电影的现状与问题研究》，《重庆邮电大学学报》（社会科学版），2012年第3期，第93页。

4. 汪献平：《国产3D电影的现状与发展走向》，《当代电影》，2011年第12期，第139页。

5. 王甫、李其芳：《我国3D电视发展现状、困境及对策探析》，《现代传播》，2012年第9期，第1页。

① 詹姆斯·陶马什·巴瓦（Wa James Tam）等：《3D立体电视与视觉舒适度研究》（Stereoscopic 3D-TV: Visual Comfort），电气与电子工程师协会关于广播业的报告（IEEE Transactions on Broadcasting），2011年6月第2期第57卷，第335页。

3D电视广告创作初探

厦门大学新闻传播学院2011级博士　闫　琰

【摘要】本文从3D电视广告创作的角度对3D电视广告进行剖析研究，对3D电视广告的创作要点、节目投放及主要受众进行逐一分析和研究，以期找到3D电视广告创作的基本规律和技巧。

【关键词】3D立体成像技术；3D电视广告；创作

在全球范围内，高新技术的推动使得传媒行业更新换代的速度愈来愈快。电视机行业亦是如此。电视产业的发展从数字到高清，到如今的3D，步伐日益加快。就我国而言，国内首个3D电视试验频道已经于2012年元旦起开始播出，用户可以通过具有3D功能的电视机和有线数字高清机顶盒收看立体效果的电视节目，包括像伦敦奥运会等重大活动的转播，体验身临其境的视觉感受。据统计，目前全国电视机保有量约5亿台，如果其中的部分能够转化为3D电视，将直接形成巨额的消费需求。①

3D电视技术不仅充分体现了科技与文化的融合，大大提升电视的功能，还将在拉动内需、服务经济发展方面起到重要作用。电视技术的提升和其在带动消费方面的影响，必将带来电视广告创作方式和创作内容的改变。因此，3D电视广告将是一个新的趋势，并为广告人带来新的创作挑战。从实践来看，目前国内已经有了少量的商家对3D电视广告进行涉足，但对3D电视广告的应用研究的文章还比较少，值得进行深入的研究和探讨。

---

① 李喆：《中国首个3D电视频道开始试播，初期可免费观看》，腾讯新闻网，http://news.qq.com/a/20120101/000670.htm。

一、3D 电视广告的发展现状

（一）3D 电视立体成像技术的发展

3D 是 Three – Dimensional 的缩写，指三维立体图形。3D 立体成像技术其实早在20 世纪初叶就已经出现，1922 年美国曾诞生了世界上第一部3D 电影，可见3D 技术比起现在主流的液晶、等离子这些平板显示技术，历史更加悠久。但是直到 21 世纪，随着 3D 电影巨制的不断涌现，并在全球赢得较高票房，3D 立体成像技术才开始被人们广泛关注。平板家电行业也较早采用 3D 立体成像技术。从 2010 年初的美国 CES 展会开始，各个家电品牌轮番推出具备 3D 立体显示功能的电视机，产品涉及主流的液晶电视以及等离子电视。3D 产品的尺寸覆盖了从 42 寸到最高 150 寸较为主流、完整的区域，3D 电视时代拉开了序幕。①

3D 电视立体成像技术目前主要分为三类：色差式 3D 成像技术、偏光式 3D 技术和快门式 3D 技术。② 色差式 3D 立体成像是比较简单的一种方法，这种 3D 成像只需要通过一副简单的红蓝（或者红绿）眼镜就可实现，成本低廉，对显示设备也没有要求。但其采用的色度分离方式会给观看者带来比较严重的视觉障碍，同时画面的色彩还原效果也一直较差。偏光式 3D 技术主要利用偏振光分离技术实现 3D 立体成像。观看者通过佩戴偏振眼镜，左右眼镜片就分别过滤掉不同偏振方向的光线，从而实现了左右眼画面的分离。偏光式 3D 系统的成本不高，但存在分辨率损失的问题。快门式 3D 技术是通过快门式的 3D 眼镜轮流开关切换，分别控制进入左右眼的画面，从而在观看者的大脑中形成 3D 立体感。快门式 3D 方案具有很好的清晰度指标，不会产生明显的闪烁感。不过这种方式也有缺点，就是 3D 眼镜的造价比较高。

可视角度与观看舒适度是左右消费者接受 3D 电视的关键。由于色差式 3D 和偏光式 3D 存在明显不足，所以快门式 3D 成像技术就成为主流，如索尼、三星、长虹等 3D 电视厂商都采用这种方式。③

总体来说，3D 技术一直处在进化之中。目前已经出现了裸眼 3D 电视，如果

---

① 《3D 如何实现？3D 电视立体成像原理分析》，《投影时代》，http://www.pjtime.com/2010/7/71741957.shtml。

② 《3D 如何实现？3D 电视立体成像原理分析》，《投影时代》，http://www.pjtime.com/2010/7/71741957.shtml。

③ 《3D 电视现状及未来发展趋势》，《商品与质量》，2011 第 3 期，第 23 页。

裸眼 3D 电视机能大幅降低成本，双眼图像清晰度达到高清全带宽像素水准，观看区域接近普通电视，裸眼 3D 电视必将有更大的市场。

裸眼 3D 之后，3D 技术仍然会向前发展，未来会推出多视点自动立体成像技术和全息立体显示技术，其面对的主要市场将会是数字影院或电视观众。①

(二)3D 电视广告目前的现状

随着 3D 技术在全球的推广和发展，3D 广告也日渐增多，目前常见的方式有报纸 3D 广告、户外 3D 投影广告等。2010 年被称为 3D 报刊元年，2010 年 3 月比利时《最后一点钟报》推出欧洲第一份 3D 报纸，我国也相继有报纸、杂志推出了 3D 版。由于 3D 报纸印刷复杂，不利于报纸的时效性，因此依托于报刊的 3D 报刊广告，也处于尝试阶段。

户外平面 3D 广告也是一种新的 3D 广告应用形式，但不会成为常态，因为公交站台户外广告，一方面需要专人发放 3D 眼镜，成本较高；另一方面，乘客候车为主，来去匆忙，可能没时间戴眼镜看广告。此外，3D 投影技术和建筑物外观相结合的艺术形式也越来越多被利用。由于投影在应用上具有移动方便、形象逼真的特点，未来也会有较高的使用率。②

对于 3D 电视广告来说，伴随着全球 3D 电视推出的步伐日益加快，电视立体显像技术的日益完善，3D 电视频道的不断增多，3D 电视广告在我国也不断涌现。2010 年，TCL 邀请国家男子篮球队，花费数月时间，拍摄制作了一条 3D 广告片，这也是中国首条采用 3D 技术拍摄制作的电视广告，标志着国内 3D 内容制作水平迈上了新的台阶。③ 2010 年南非世界杯开赛后，3D 电视广告在央视 5 套的世界杯赛事中频繁播出。

互联网媒体上，网络视频的 3D 广告也频繁出现。随着 3D 电视机的逐步普及和视频网站的进一步发展，3D 电视广告还会有更大的发展空间。

二、3D 电视广告的传播优势

随着技术发展，3D 电视必将迅速释放出立体影像技术的颠覆性影响。除了

---

① 周汝文、李新：《3D 电视工程技术及其未来趋势》，《广播与电视技术》，2012 年第 1 期，第 48 页。

② 邹陶嘉：《3D 广告发展现状及前景预测》，中国营销传播网，http://www.emkt.com.cn/article/478/47839.html。

③ TCL 推出中国首条 3D 电视广告，新浪网，http://tech.sina.com.cn/e/2010-08-19/15491465172.shtml。

能够不断给我们带来非同凡响的视觉体验,3D 也将会对许多行业产生革命性影响,如广告业、传媒业、网络游戏业等。本文主要侧重于 3D 电视广告的研究。

本文研究的 3D 电视广告主要是指利用 3D 技术拍摄的在 3D 电视上播出,或者在视频中播出的电视广告。准确地讲,3D 电视广告是以 3D 技术为基础,以 3D 电视为主要播出平台,配合 3D 电视节目内容一起播出的电视广告。3D 电视广告除了适合在 3D 电视频道播出外,依靠其技术特点,具有很多的传播优势。

(一)3D 电视广告能更直观、准确地展现产品信息

众所周知,3D 技术能够更立体、直观地展现产品特质,尤其对于一些凸显空间感(如汽车)、凸显美感或效果的产品来说,3D 电视广告能够最直观、最有效地展示产品特质。

展现产品特质的方式无非两种:一种是现场展览;一种是通过媒体影像来展现。展览展示最直观、最有效的方式,就是将实物完全呈现在观赏者面前,让观看者直接对该物品有着清晰的感官认知。

但是,现场展览不是对所有产品都适用。对于某些产品,实物展示无法完全实现,如珍贵的历史文物、历史古迹、奇特的自然景观等,这些就要通过图片文字或影像进行信息展示,但其中多数无法充分展示出物品的所有外观和特点。

3D 电视广告在这些产品中可以提供较出色的呈现效果。3D 电视广告利用其出色的显像技术能够清晰生动地还原产品的真实状态,使观赏者完全体验到 3D 电视广告所创造的逼真形象。相对于图片、文字及普通的 2D 影像展示效果,3D 电视广告所展示的产品效果更为出色。

(二)3D 电视广告能给受众带来视觉上的强烈冲击

电视一直是商家产品宣传推广、发布信息的主要载体之一。而广告是否成功的评判标准之一就是广告是否吸引到受众的眼球。3D 电视广告能够通过震撼的立体画面展示产品,将画面效果发挥到极致,大大加强目标受众对产品的关注度,从而能够强烈吸引眼球,增加消费者的购买欲望。对于一些需要展示效果、营造氛围的消费产品来说,3D 电视广告能够凭之清晰的炫丽画面,震撼的立体效果,使得消费者有亲临现场的感觉,强化消费者的品牌忠诚度,进一步扩大市场份额。

(三)3D 电视广告能处理好虚拟与现实的互动关系

3D 电视广告还可以采用虚拟现实这种近年来新出现的高新技术,利用电脑

模拟产生一个三维空间的虚拟世界，提供给使用者关于视觉、听觉、触觉等感官的模拟，让使用者如同身临其境一般，可以及时、没有限制地观察三度空间内的事物。对于没有建成的楼盘、规划中的城市等，3D 电视广告可以利用虚拟现实的技术清晰地展现到公众面前，给公众带来逼真、强烈的感官冲击，更加有利于公众对此类信息的信任与理解。另外，3D 电视广告在医学、教育类广告中也有优势，可以建立虚拟的人体模型、人体内部器官乃至体内一个微小的细胞，展现效果更加直观清晰，满足消费者的需求。

总体来说，3D 电视广告远比 2D 电视更吸引受众。借用麦克卢汉的“热”媒介和“冷”媒介的理论，3D 电视可能比传统 2D 电视提供更多的“热信息”。如果以麦克卢汉的标准来判断，他所谓的热信息媒介——2D 电视，在 3D 技术面前还只能算冷媒介。因此，增添视听觉维度的 3D 概念的推广速度将会大大超过通过高分辨率来推广的数字和高清电视。3D 电视广告也将成为吸引受众和广告主的一种广告方式。

三、3D 电视广告的创作要点

对传统媒体来说，3D 电视的推出彻底颠覆了传统的平面终端显示方式，成为一个高品质的传播平台。不仅能够立体展现媒体信息，并且通过载体本身的趣味性、传播手段的突破性、沟通渠道的独占性，牢牢地吸引目标受众。鉴于这些突出的优点及 3D 技术的新特点，3D 电视广告在创作中跟传统的 2D 电视广告存在很大的不同。

（一）基于技术特性进行创作

在高新技术飞速发展的互联网时代，各行各业对于新技术、新手段的使用也越来越多、越来越频繁，广告创作亦是如此。广告创作从纸媒广告到影视广告，从影视制作到动画制作，从科学计算到工业设计，乃至现代的新媒体的互动广告传播与实践，广告的创作与设计都与高新技术的发展有着密不可分的联系。

3D 电视广告设计涉及了设计艺术学、影视传播学和计算机图形图像学。因此，对于 3D 电视广告来说，技术的掌握和应用是基础。借助以上三个领域的技术和知识，3D 电视广告能创造出传统手法无法获取的镜头运动、奇幻场景及一些令人惊叹的视觉效果，实现科技和艺术的完美结合。

相应地，3D 电视广告创作要善于利用 3D 技术变幻无穷的表现力及高效的工作方式，将专业人员从大量的摄录实景、繁琐的剪辑过程中解放出来，为创意的发挥开辟更大空间,同时从某种程度上又做到了广告表现的差异化。

(二)契合节目特性进行创作

可以预见的是,在一些大型体育赛事、文艺晚会、演唱会等特定场所和活动中,3D 技术的应用与画面转播,将会全面放大这些活动和内容的社会影响力,增强传播的效果。

另外 3D 电视超强的逼真感,将使一些目前受众不多的节目,在将来成为受众的宠儿。因为 3D 技术契合了那些可能有身体接触、对抗激烈、特别是能够带给受众"被袭击感"的运动项目,如赛车和拳击等。

此外,3D 电视的推出还将大大提高诸如纪录片、影视剧等节目的视觉效果,使此类传播内容更加受到受众的青睐。而一些比较平缓的如棋牌类比赛、或者谈话类节目必将受到一定的挑战。①

鉴于 3D 电视可能对一些节目形式造成冲击,对另一些节目(诸如大型体育赛事、演唱会等)会有较大的提升和帮助,在未来 3D 电视广告的创作中,也要注意这个问题:一方面要选择适合的、效果较好的节目进行投放或赞助;另一方面,要在创意创作中考虑到选择能够最大限度发挥 3D 技术视觉冲击和画面效果的创意方式和创意内容,以更好发挥 3D 电视的视觉效果,最大限度地吸引受众。

(三)把握受众心理进行创作

3D 电视广告受众群体是以中青年人群为主要的受众人群,对老年人群体的影响力较小,3D 电视广告的受众群体分类的方法有很多种,但最主要的几个因素是受众的年龄结构、职业特点和文化层次。

1. 年龄结构的影响

根据一些学者对三维等计算机新技术的接受者的研究分析,可以看出受现代高新技术影响最大的应该是中青年受众群体,中年受众群体由于思维定式已基本形成,对新技术的接受程度也因文化程度、职业和性别的不同而有所不同。②

(1)10—20 岁少年阶段

少年阶段由于没有收入,消费水平受限制,消费方向主要集中在学习和生活用品上,因此,3D 电视广告对这一类受众的影响也主要集中在学习娱乐等方面

---

① 闫琰、李威:《3D 背景下电视媒体的理想与现实》,《中国广播影视》(半月刊),2010(467):65。

② 崔晋:《计算机三维技术在影视广告设计中应用的研究》,苏州大学 2008 年硕士论文。

的产品广告上，如电子字典、MP3 、MP4、PSP、快餐食品等方面的影视广告。基本上这一阶段的受众群体并不是3D 电视广告主要的目标受众群体，但这一受众群体也不容忽视，现在处于这个年龄段的受众基本都是独生子女，从某种程度上说他们的需求左右着整个家庭的开支。

(2)青年阶段

青年受众群体心理特点主要表现为好奇心强、对新鲜事物接受较快、争强好胜、喜欢表现自我、具有时代感。青年受众群体是消费能力最强的消费群体，各方面的需求消费都很高，从早期发育对各类高脂肪高蛋白的食品到中后期与异性交往时的各种消费，直到结婚前期的结婚用品购买而形成的消费高峰，使这个阶段的消费支出要远远高于以往任何一个时期，也远远高于其他消费群体，他们的消费趋向直接导致影视广告创作的趋向。

青年人的好奇和猎奇心理使其主观上认同影视娱乐中3D 技术所带来的令人瞠目结舌的视觉和听觉效果，因此青年受众群体成为受3D 技术影响最强的一个受众群体。当今随着计算机发展起来的许多基于数字技术的产品和服务，深受广大青年受众群体的喜欢和追捧，如 MP3、MP4、GPS、手机、数码相机等，同时这些数字产品更新换代的速度快，正好满足了青年消费者不断更新的消费欲望。基于这样的因素，青年受众群体成为现代高科技数码产品和互联网消费中最大的消费群体，同时也是3D 电视广告潜力最大的一个受众群体。

在广告心理学中影响影视广告接近消费者的四个重要途径为：人口环境之路、社会经济之路、文化环境之路、心理因素之路。[①] 其中文化环境对环境中群体的影响力根据受众的年龄大小也有所不同，青少年由于在青春期中，思想并未完全成熟，辨别判断能力较差，易受外界环境的干扰。尤其是在转型期受到文化环境的影响最大，文化环境中又以娱乐环境对青少年的心理影响最大最直接。对于青少年来说，高新的技术手段、娱乐化的广告诉求，无疑是最吸引青年受众的广告创作手段。

(3)中年阶段

中年人消费能力较强，社会地位较高，一般容易形成思维定势，对高新技术兴趣不高。但是不排除一部分高收入、高知识水平的受众，对部分产品如电脑及电脑周边产品、游戏、汽车、家用电器、数字化产品、现代通信产品等具有高技术含量的产品，还是保有较高的兴趣。因此，3D 电视也可能成为这一受众群体追求高品质生活的载体，3D 电视广告也能成为他们比较接受的广告方式。

---

① 马翠华：《击中消费者——消费者心理及行为透视》，中国纺织出版社 2002 年版，第 12 页。

(4)老年人阶段

老年人由于年龄较大,身体上容易出现毛病等原因,一般对保健品、药品、保健器材等与健康相关的产品广告比较感兴趣。同时由于多年一贯的思维定式,对高科技产品、化妆品、时装等时尚用品产品兴趣较低,甚至有一些抵触心理。这类广告对老年人受众效果不明显,仅限于一些简单的视觉特效和产品的功能演示,因此 3D 电视广告对这部分受众群体的影响力是相当有限的。

由此可以看出,3D 电视广告对中青年的影响较大,这部分人对高新技术产品抱有热情,同时有较高的收入水平和消费能力,3D 电视广告的最大有效受众应该是这一部分人群。

2. 职业特点的影响

具有不同的职业特点的受众在观看 3D 电视广告时,由于职业特点及工作技能的影响,决定受众在认可 3D 电视广告的程度方面表现出较大的差异性,从事电脑 IT 等高科技相关工作的从业者,要远比从事文史研究、文物考古、地质勘探等等方面工作的从业者对 3D 电视广告的认同度要高;教育工作者要比农业工作者认同度高;坐办公室的从业者要比从事服务行业者对 3D 电视广告的认可度高,因此不同职业特点的受众群体对 3D 电视广告的认可程度也不一样。

3. 文化层次的影响

受众的文化程度对 3D 电视广告的到达率影响也很大。文化水平越高,对 3D 电视广告的认可程度就越高,反之,认可程度就比较低,但这只是在同等情况下而言,同样是年轻人,文化程度高的要比文化程度低的更容易认可 3D 电视广告的广告内容。

总体上来看,3D 电视广告最有效的受众具有以下特点:年龄上处于中青年阶段,对新技术持有好奇心,从事职业为 IT 等与高新技术有关的行业,另外具有较高的文化水平,这部分人具有较高的消费能力,对新技术抱有热情,是 3D 电视广告的主要受众,广告创作中要考虑到主要受众的情况。

(四)避免创作中的唯技术倾向

3D 电视广告也要克服一些创作中可能遇到的不足,最主要的就是避免 3D 电视广告创作的唯技术论。

首先,技术只是手段,要避免过于依赖技术。3D 电视广告较传统电视广告拍摄及制作要复杂得多,对操作技术的要求比较高,制作过程中很容易陷入到技术的泥潭。因此,不要忽视影视广告设计中艺术语言的表达,避免带有较强的人为制作的痕迹。

其次,过度使用 3D 技术容易造成片面追求奇幻创意和单纯的视觉效果,忽视了电视广告设计打动受众的要点——情感诉求,容易形成千篇一律的技术展现和场面刻画,进而造成受众并不认同甚至反感。

最后,如果设计者和制作者不具有良好的艺术审美观和对消费者内心需求的深刻洞察,很容易制作出形式呆板、内容空洞、徒有技术的广告作品来。

3D技术在电视领域的应用和反思

中国传媒大学电视系2009级电视摄影专业本科生　郝　放
中国传媒大学电视与新闻学院电视系副教授　刘　羽

【摘要】从2010年全世界第一个3D电视频道开播,3D电视节目已经经历了三年的发展。经过不断实践和总结经验,传统的2D镜头语言已经不能完全满足3D电视节目制作的要求。如何更好地利用3D技术制作出效果更好的3D电视节目成为了3D电视发展的首要问题。本文从电视美学角度和技术角度分析了3D时代镜头语言可能出现的改变,以及对中国发展3D电视技术状况的反思。

【关键词】3D电视;3D拍摄;镜头语言;3D频道

一、3D电视技术的发展现状

3D影像技术并不是什么新技术,早在70多年前,美国人就发明了3D电影,只是这项技术随着近年来数字技术的发展和微电子制造工艺的不断提高,3D影像技术得到了小型化和家庭化的发展变化,成为一种新的影像潮流。人们已经不再满足于在电影院里享受3D影像带来的视觉冲击,更愿意在自己家里享受这种感觉。2010年1月1日,世界上第一个数字3D频道韩国的Sky 3D通过卫星向韩国境内发送信号,标志着3D视频技术第一次应用到商用电视广播系统之中。同年1月31日,英国天空电视台进行了世界上首场3D足球转播,标志着3D信号的实时传送和包装技术已经大体成型。在随后的几年之间,美国、日本和欧洲许多国家都开播了3D数字频道,这种快速的发展甚至超过了当年高清数字电视普及的速度。仅2010年一年,美国的3D电视机出货量就达到了430万台,到2013年3D电视将占据美国电视市场的四分之一。

3D视频技术在国际上的发展,推动了我国3D电视的发展。2012年,我国开播3D数字频道,由中央电视台牵头,联合北京、天津、上海、深圳、江苏五家地方卫视进行 3D 节目的制作和技术研发。目前,3D 电视在我国尚属新兴领域,国内从事专门研究的单位和个人还寥寥无几。但是,如果 3D 电视在几年之内能取得技术上和视觉美学上的重大突破,它将成为电视行业新的增长点。我国广电部门也正是看到了这一势头,决心发展 3D 电视频道,计划在"十二五"期间开办十家 3D 频道。

由国家广电总局牵头的"3D 频道发展计划",是我国"十二五"期间一个重点项目。该项目的参与者包含中央电视台在内的六家国内卫视频道、多家科研机构。该项目内容包括:中国 3D 节目播出标准、中国 3D 电视行业标准等多个标准的制定、数十项专利以及上万小时 3D 节目积累等。

我国在完成模拟电视信号向数字信号的转换之后,大多数使用数字高清机顶盒的用户都已经初步具备了接收 3D 数字节目的条件。只是受制于我国现有的网络条件,3D 节目信号的传输只能采用对于画面质量和画幅都会产生影响的左右(side by side)模式,最高分辨率由高清节目的 1080/50i 下降为 720/50i。这种情况下,加上 3D 电视在观看时无论是采用主动快门式眼镜还是偏振式眼镜,都会对画面的饱和度、对比度、亮度产生影响,特别是对亮度的影响比较大,通常来讲要比正常曝光降低 1—2 档。

二、国内主要电视媒体的 3D 节目制作经验

(一)拍摄设备的选择

我国现在的 3D 电视拍摄主要采用 3D 支架(双机拍摄)和 3D 一体摄像机(单机拍摄)两种方式。双机拍摄方式对于画面的质量有良好的保证,使用广播级高清摄像机加 3D 支架,能够获得高质量的图像信号和完全符合视觉安全范围的 3D 效果。但是,支架拍摄中机位架设、光学矫正、数字矫正、构图、机械调谐等前期准备工作十分复杂,在开始拍摄之前的准备时间长达一小时以上。一体机拍摄由于感光元件面积较小,而且镜头之间的距离固定,在超出安全拍摄范围以后,3D 效果和观看舒适度都有所下降。单机拍摄前期的优势是调整时间短,准备过程几乎与传统摄影机无异。就北京电视台、江苏电视台已经进行两年多的 3D 电视节目制作经验来看,电视机构在制作 3D 电视节目的时候要综合考虑包括画面质量、观看感受、制作成本、制作周期和拍摄条件等因素,选择适合的 3D 拍摄方式。

2011 年北京电视台环球春晚首次采用 3D 手段进行制作,当时采用了两套

3D 拍摄支架系统，一套为水平(间距 65 毫米)、一套为垂直(间距 45 毫米)，进行了多场次的拍摄，最终形成了 6 机位、10 多个小时的 3D 节目素材。由于北京电视台环球春晚并非直播节目，而且是多场次录制，所以北京电视台采用了追求最高画面质量的双机支架拍摄方式。

2012 年，江苏卫视开始制作 3D 版的健康讲堂类节目《万家灯火》。每天制作 3O 分钟，一周制作出三个半小时的节目供中央电视台 3D 实验频道播出。由于制作周期短，江苏卫视《万家灯火》采用了 3D 一体机的拍摄系统，现场机位架设如图 1。

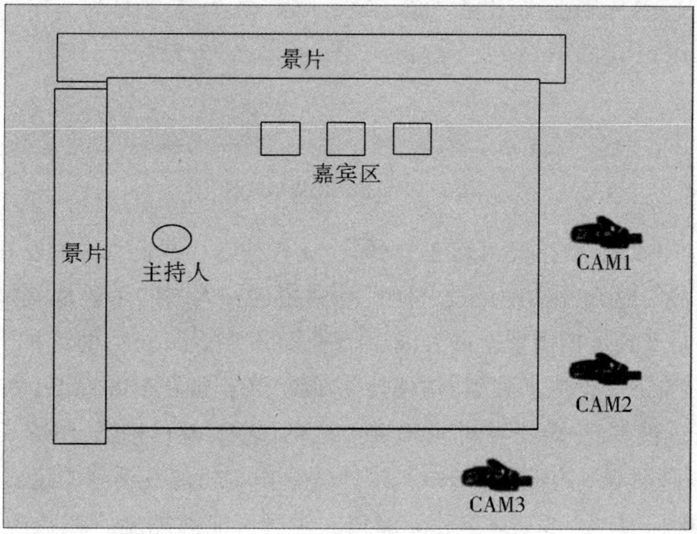

图 1 《万家灯火》3D 拍摄机位图

如此可见，在拍摄电影、风光片、晚会、大型演出等需要高画质节目时，一般采用双机支架方式进行拍摄。而在进行体育转播、电视购物、访谈节目时，由于制作周期和经费紧张，受到拍摄条件的各种限制，则主要选择 3D 一体机拍摄方式。

(二)3D 电视节目的拍摄流程及要点

3D 电视节目与传统 2D 节目最大的不同在于，3D 电视节目增加了会聚面(屏幕平面)深度的考量因素。无论是舞美、灯光还是机位的架设，都要将典型会聚面深度问题考虑进去。图 2 是江苏卫视《万家灯火》拍摄流程示意图。

在考虑过会聚面的问题之后，双眼 3D 立体节目还存在视差管理和误差管理的问题。人类双眼位置不同，看到的图像存在差异，人脑通过图像位置感受所观

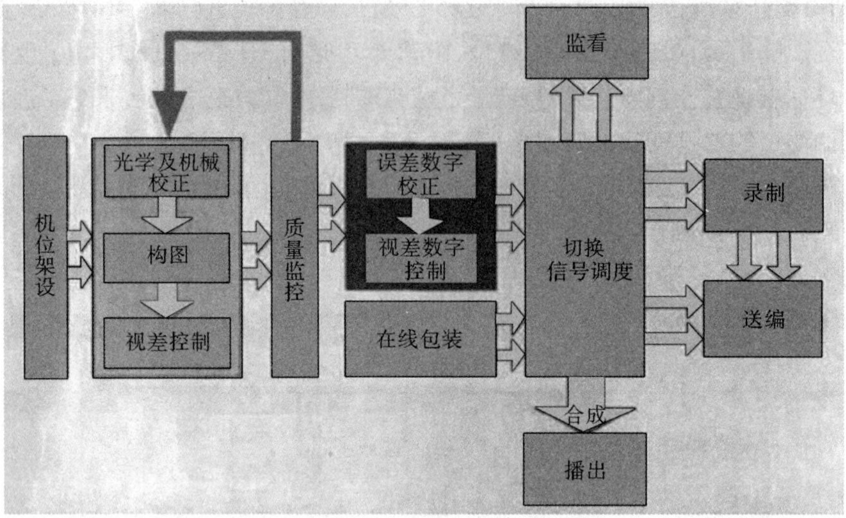

图 2　系统拍摄流程示意图

看景物的立体效果，敏感度大约在 1/60°。这种视差让我们人类可以在一定距离内（大约 20 米）感知物体的远近，3D 视频利用这种人眼的远近视差呈现了立体效果，随之而来的是拍摄视差过大或过小带来的观看不适感，而这种不适在家庭电视视听环境下变得更加强烈。根据日本经济产业省发布的标准，负视差：视差角 1°以内；正视差：小孩两眼间距 50 毫米以内（视差角 1°相当于 HD 标准视听位置 57 像素，画面水平方向的 2.9%）。“考虑到电视机离观看者的距离普遍较近，必须严格调节（焦点）否则对焦和会聚角的矛盾可能被加剧。”在拍摄开始之前，应尽可能地计算、设置间距并调整会聚角，控制视差范围。

在采用双机拍摄时，可能存在包括光学、几何学、电气等多种误差。在前期拍摄时应注意尽量避免误差的出现，如果出现误差，在后期进行调整时也应注意不能进行范围过大的调整。

三、3D 条件下对传统镜头语言的改变

3D 条件下的电视节目，给观众带来的观看体验和愉悦感是 2D 电视所不能提供的。经美国佛罗里达州立大学的研究证实，3D 条件下的体育转播比 2D 条件下给观众带来的现场感和愉悦感要高出许多。（具体数据如图 3）

目前，电视观众对于 3D 电视节目最大的不满就是在视觉冲击力和观看舒适度的相互平衡上。这种矛盾的形成，是因为电视工作者在拍摄 3D 节目时，依然

沿用了2D时代的镜头语言。为了改变这种现状，必然要从改变传统2D镜头语言上下手。

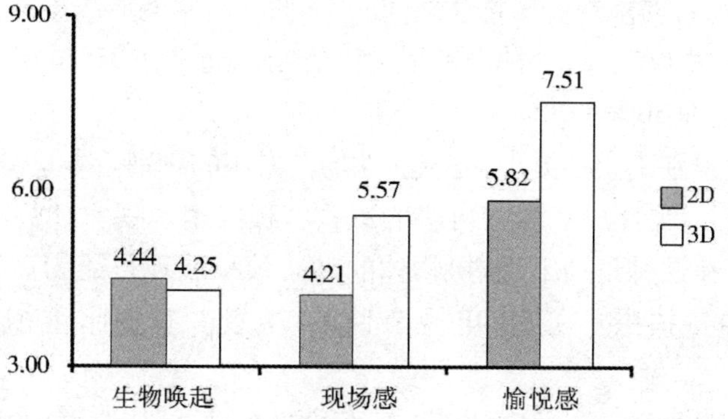

图3 3D体育转播对众生生物唤起、现场感、愉悦感与2D之比较数据

（一）传统拍摄手法的新诠释

3D视频创造了模拟观众第一视角的效果，这使得在3D拍摄模式下的镜头语言必须发生改变。传统摄影构图的美学依据，是根据形式美得来的，而形式美最主要的特点就是对比和均衡。典型的形式美例子就是根据近大远小的视觉特性，利用近大远小的特点完成摄影构图，通过这种透视关系实现了一种前景和后景的配搭，从而达到意向表达的需要。这是传统摄影当中一种基础的镜头语言运用。但是在3D环境下，前景在画面中的比例和焦点、会聚面的深度以及屏幕位置有着密切的联系。如果前景飘出屏幕过多，意味着画面的焦点和会聚面都不可能附着在前景，这时再依照原有的近大远小规律进行构图，势必使观看者产生极大的不适感和视觉冲突。这就需要摄影师根据3D的观感效果，对传统的镜头语言习惯进行改变。

人们选择3D电视，是因为它能让观众有身临其境的感受。正因为如此，在进行3D电视节目拍摄时，摄影师应该根据人眼视觉习惯进行构图，而非忠实于传统构图美学。在景别的运用上，传统摄影的远、全、中、近、特依旧沿用到3D摄影上，只不过根据3D的视觉特性进行了适当的调整。这种调整包括拍摄方法上的调整和所占片长比重的调整。

远景镜头因为景别最大，距离被拍摄主体最远。拍摄远景时摄影机与被摄主体之间的距离，很可能超出了3D效果呈现的最佳范围，也就是超过了人眼远近视差的有效范围，使得远景画面的3D效果并不明显，但是这种镜头的观看舒适度最高也最为安全。在3D拍摄时，远景所占的比重和2D时代并无太大差异，约占全片长的 10%—15%。

全景镜头景别比远景稍小,主要是展现人物与环境之间的关系。全景镜头在 3D 条件下很容易呈现被摄物体之间的空间关系,空间层次丰富。现场感较为强烈,视觉安全程度较高,这种景别下拍摄的画面通常在 3D 电视节目中占有较大的比重,大约在 30%—40%。

中景镜头景别比全景更小,是表演性场面常用的景别。中景镜头也是 3D 拍摄安全的临界景别,比中景景别再小的镜头就极易出现视觉冲突和观看舒适度下降的现象。在这种景别下,被摄物体的动态效果展现得最为良好,3D 体育转播中常采用中景拍摄。在 3D 电视节目中,中景占有的比重相当大,大约在 40%—50%。

近景镜头是指摄取人体胸部以上画面的镜头,拍摄其他事物时,近景景别镜头只包含事物的主要部分,这种镜头在传统 2D 影像中经常采用。但是近景镜头的问题在于,它本身是人类观察事物时很少采用的景别,大脑在只接收平面的图像信息时还能够应付和适应,但不适感依旧存在。在 3D 环境下,大脑不但要处理近景镜头的图像信息,分辨画面中出现的是什么,还要处理空间信息,"幻想"出被摄物体与自己的距离,判断自己是否安全。这样一下就增加了大脑工作的负担,使得观看者产生不适感。所以近景镜头在 3D 电视节目中所占比例非常之小,因为它在前期拍摄时要非常准确地设计过会聚面的深度和观看屏幕的位置,拍摄起来比较麻烦,并且非常容易造成视觉冲突和不适感,是比较不推荐采用的 3D 拍摄景别。

特写是指只摄取对象局部的画面景别。通常以人体肩部以上的头像为取景参照,突出强调人体的某个局部,或相应的物件细节、景物细节等。这种景别,也是人类平日观察景物时不常采用的。我们在生活里是很少有机会这么近距离盯着一个人的脸看的,对于大多数的观众来说,长时间近距离盯着一个物体看会增加不适感。另外,当我们盯着一个 2D 特写镜头看的时候,无论如何,我们都无法看清后面远处的景物,但 3D 技术却可以让我们同时看清它们,这种不符合视觉习惯的影像带来的感觉非常奇怪,就像前后两张皮影(3D 视频里时常出现的卡牌效应),无论如何也不是太真实的。并且,在这种景别下,被摄物体的运动趋势会因为景别小的缘故被过分放大,这种放大在传统 2D 模式下会被大脑反应为动感强烈,而在 3D 模式下会被大脑认为是潜在的威胁,产生强烈的不适感。因此,特写镜头是在 3D 拍摄时应该谨慎使用的景别。

3D 时代的拍摄技法,还是推、拉、摇、移、转、升、降、俯、仰、变焦等,这些从传统时代继承下来的拍摄技法并不会被彻底颠覆,只是在 3D 时代需要用新的诠释方法。这种新的诠释方法,主要是要求摄像师要拥有三维空间的构图能力。要在头脑中思考,会聚面和观看屏幕之间的位置关系、观看屏幕在整个构图空间内所处的位置。

推和拉这两种通过改变摄像机和被摄物体距离,从而达到一定视觉效果的拍摄技法,在 3D 时代看来很少被使用了。原因是改变被摄物体与摄像机之间的距离后,相应地,会聚面深度与观看屏幕之间的空间关系也就发生了改变,而推、拉拍摄是一个持续一定时间的运动过程,在这个过程之中,摄像师需要完成聚焦和会聚面的同步调节,难度较大,特别是在使用 3D 支架拍摄的情况下。但是,这种拍摄手法带来的视觉冲击力很强,只是由于拍摄难度较大,在现在的 3D 作品中较少见。

摇、移、转、升、降,这五种摄影机外部运动的拍摄技法,在 3D 环境下也发生了相应的变化。由于 3D 视频给人一种身临其境的感觉,在许多 3D 电影作品中,都能看到类似于在隧道或者是丛林等情境中追逐的长镜头。这种近乎程式化的手法,成为 3D 作品表现视觉冲击力的最简单有效的方法。当被摄主体周围的景物不断地由远及近,飞向观众面前的时候,观众仿佛取代了被摄主体成为了影片中的人物,这种带入感几乎是不需要影片内容的帮助就能实现的。只是,再有效的拍摄手法,频繁过多地使用也会给人一种强制性的感觉,3D 电视节目在应用这些拍摄手法时,还是应该坚持“内容为王”的原则。

(二)焦点的控制

2D 摄影中,焦点的控制是一种有效的创作手段。这种超出人眼视觉常规的技巧,能够有效减少画面中其他景物对于被摄主体的干扰,从而达到简洁构图的目的。油画般的焦外散景与清晰的焦点上的景物之对比,形成一种虚实结合的美妙意境。转移焦点的手法能够让观赏者将视觉焦点自然地转移到另一景物上。这种视觉效果,是超越人眼视觉常规的,因为人眼在日常视物的时候,除非是距离某一物体非常近,否则不会出现一个物体特别清晰、背景特别模糊的视觉效果。人眼在进行两个相对距离较远的物体之间“转移焦点”时,也不会得到一个物体清晰,另一物体模糊的效果。而摄像机,特别是使用长焦镜头进行拍摄的时候,这种夸张的视觉效果会达到最大化。传统的 2D 影像,因为其本身就与人眼视觉经验相左,在使用这些“非自然”的视觉表现方式时,并不会引起观赏者的视觉不适,反而是一种风格化的镜头语言。

“3D 环境下,由于所呈现的画面,要给观赏者造成‘第一视角’的错觉。画面的表现风格就要更加接近真实,‘仿真’程度要尽可能的高。在应用一些传统的、

‘非自然’的摄影技巧时就要更加小心谨慎。”①

2D 摄影时经常使用大光圈、长焦镜头，刻意追求焦外散景的模糊和焦点的锐利。这种配置在 3D 摄影中带来的效果常常是毁灭性的。首先是大光圈的焦外虚化，带来的效果是被摄主体被生硬地剥离于背景和整个环境之外，看起来真实感下降严重。其次，长焦镜头压缩了空间上的距离，加剧了画面中各个被摄主体的“卡片化”效应，被摄物体就好像一张纸片出现在画面之中，失去了原本的“厚度”。

（三）焦距的选择

不同焦距的镜头对空间的复制，有着不同的效果。长焦距镜头适合压缩空间，短焦距镜头适合夸张空间感，这都是在 2D 画面中经常被使用的拍摄手法。3D 摄影中，焦距的选择非常重要。摄影师需要给观众重新建立一个正常的、统一的视觉空间，在一个影片中，这个视觉空间应该始终存在，它是一个存在在观众心里的空间，是观众根据自己的视觉经验和影片画面建立起来的视觉空间，不应该总是被画面所打破。所以在 3D 摄影中，不应经常改变拍摄所用的焦距。

一般来讲，人眼相当于是一颗 50 毫米、F4.0 的定焦镜头，所以在拍摄 3D 影片时，50 毫米的镜头应该成为主力镜头。辅以部分用广角镜头拍摄的画面和极少量使用长焦镜头拍摄的画面。这样的镜头焦距结构，使得所拍摄的 3D 影像更加接近于人眼视觉，减少了观赏者产生视觉不适感的机率。

3D 一体摄像机的镜头一般都是采用广角端在 35—40 毫米，长焦端在 100—200 毫米的变焦镜头，这也正好符合之前所说的镜头焦距结构。

当然，以上所说的焦距的选择，是依据现有的 3D 视频拍摄、制作技术而言。目前正在发展的头戴式 3D 显示器、环幕 3D 显示技术以及超广视角甚至 360°环绕视觉有可能在未来改变 3D 拍摄中焦距的限制。

（四）空间观念的重新建立

由于具备了对空间关系的立体性描述，3D 影片更加强调对于所拍摄空间的客观真实的再现与还原。这样的描述能力，将真实性的追求推向了更高的层次。

在 2D 时代，蒙太奇手法的应用是影片在叙事时常用的一种剪辑手法。经典影片《战舰波将金号》中著名的敖德萨阶梯片段，导演爱森斯坦将不同方位、不同视点、不同景致的镜头反复组接，扩大了阶梯的空间，敖德萨阶梯显得又高又长，

---

① 陈凡：《走进 3D 电影的奇妙世界》，引自《阿凡达现象透视》，北京出版社 2010 年版。

这种空间的变形渲染了沙皇军队的残暴，给观众留下了无法湮灭的深刻印象。在蒙太奇手法处理下，空间关系被导演玩弄于股掌之间。观众只能被动接受也许并不合理的空间关系。在传统 2D 影片中，通过摄影手段刻意弱化被摄物体所处的空间环境，是十分简单的。蒙太奇手法发展到今天，导演已经可以将由于蒙太奇组接造成的空间跳跃感消除，也许观众看见的上一帧画面还是洛杉矶的高级公寓，下一帧已经组接到北京的某个摄影棚里。

与蒙太奇手法相对的是长镜头。长镜头对于影像的记录是同时、同地的，这样对于空间的描述是完整的、统一的。相对于蒙太奇手法，长镜头的影像真实性更容易被观众所认同。

作为 3D 影片，与传统影片最大的不同就是在拍摄和剪辑时要尊重人的视点。从摄影机带领观众进入一个空间之后，观众就会对被摄主体所处的这个空间进行一个全面、系统的感知，运用自己平时的视觉经验在脑海之中想象出一个完整的空间结构。过多的蒙太奇手法在 3D 影片中就将打乱之前所构建的空间结构。这里所说的打乱不仅是理性的更是感性的。因为 3D 影片的特性，一个空间之中的深度、广度、高度等描述空间的信息将被记录并形象地传递给观众。在 3D 环境下进行蒙太奇剪辑，除了要关注画面的连续性和逻辑性，还要关注会聚面深度的一致性。两个镜头之间会聚面深度不同，会造成观看者强烈的不适感，会让人立刻警觉，意识到自己所观看的画面是经过剪辑和空间变化的。这让原本是在 2D 影片中处于从属地位的空间表现的方法，在 3D 环境下变成了限制传统镜头语言发挥作用的最大障碍。

蒙太奇和长镜头并非是绝对对立的，两者相辅相成。但是在 3D 环境下，蒙太奇手法的发挥很显然被抑制了。蒙太奇强调的是空间的可拆解性、可重组性和可再造性，这对于强调空间延续性的 3D 影片来说是背道而驰的。3D 影片对于空间延续性的要求正好与长镜头的特性不谋而合。

“曾有导演说，他希望未来的摄像机应该像人的眼睛那样去记录下眼前发生的一切。过去传统的 2D 拍摄，达到这个高度还是有些勉强，但 3D 视频技术的运用，给这种理念提供了实现的可能性。要更真实地复原‘现实场景’，长镜头是最好的选择。在 2D 时代，长镜头经常出现在文艺片中，但商业片中很少见，因为长镜头使用不好很容易使观众感觉沉闷。”①3D 效果增加了影片对于观众的带入感，这种带入感会降低这种沉闷感。观众更愿意像看日常出现在眼前的事物那样看着故事的进展，而蒙太奇剪辑点可能会因此大大减少。

---

① 李相：《3D 电影美学初探》，《大众电影》，2009 年第 12 期，第 21—27 页。

(五)新镜头语言的产生

传统的2D镜头语言产生,是由于传统2D影像与人眼视觉经验存在着“第三维”的空间差距。为了弥合这种差距,摄影师们发挥创造力通过构图、焦点控制、改变焦距等方法在平面空间内人为创造出画面的纵深感和立体感,从而形成了一系列镜头语言。

在3D时代中,由立体感所带来的积极影响是影片的真实感提升了;另一方面,原来在2D时代约定俗成的规律统统失去了原有的效用,甚至有些还起到了反作用。3D影片通过模拟人类双眼立体视觉,贴近了观众的视角。这种“贴近”的行为,推动了新的、脱离传统2D体系的镜头语言的产生。现阶段,还停留在对传统镜头语言的发展和丰富,相信在不久之后就会迎来3D环境下新镜头语言的大发展。

四、中国3D电视发展的反思

(一)3D技术并非电视发展的唯一出路

电视从黑白到彩色,从标清到高清,一路发展过来,每次跨越都是由技术革命带动的。无论是制作技术还是播送技术的突破,都能给电视行业带来新的发展平台。

3D技术并非近年来才出现,从3D技术面世到今天的这几十年间,3D视频技术经历了商用化、小型化等过程,终于在2010年投放电视市场。投放市场三年多以来,市场的反应一直不温不火,主要原因是3D电视本身的高昂价格和配套产品的消费过高。时至今日3D视频技术仍然是作为高清电视的附庸而存在,不能成为独当一面的技术手段。就目前的情况来看,3D电视节目在短期之内不可能成为观众收看的主要内容,更多的是一种新鲜的体验。

3D电视节目与传统节目最大的不同是观众因素在整个节目中起到了决定性的作用。首先说前期拍摄,要照顾观众的观看感受。在节目内容上依旧要吸引人,形式上要有创新,虽然借助了3D技术,但是如果不能坚持内容为王的制作原则,依旧不能占有一定数量的观众。在播送环节,观众的视听感受也成为直接决定3D节目成败的关键。曾经在国内公共频道播出了的3D节目,许多都是因为观众的观看体验不佳在收视调查的时候直接被打了差评。

现在比较流行的3D制作模式是“5D”模式,即“2D+3D”。例如前面所提到的江苏卫视《万家灯火》,在拍摄现场同时存在3D组和2D组两组人马,有些机位拍摄的镜头还可以共享,两组人马各自制作各自版本的节目。这样就为观众提供了一个除传统节目之外的另一种选择和体验,避免了单一制作3D节目造成收视惨淡的后果。

(二)3D热背后的冷思考

《阿凡达》的巨大成功,为3D技术的发展注入了一剂强心针,也让业界有些头脑发热,大家都渴望发展3D技术,却很少有人会思考3D技术的发展究竟带来了哪些得与失。

在艺术层面,3D视频由于多种原因,摒弃了原来传统时代那些丰富的镜头过渡技巧。在传统电视节目和广告中,除了有切入、切出、淡入、淡出、叠化等基本效果,还有诸如画中画、分割画面、滑像等种类繁多的特效效果。电视观众已经对这些华丽的效果十分熟悉,并不感觉难以忍受。可在3D环境下,由于画面和人眼视觉经验的高度一致性,只要表现得稍有一些不符合视觉习惯,观众就会感觉到不适。因此3D非编软件中所提供的特效就只有淡入、淡出、叠化等基本特效。这让3D电视节目给人一种"返璞归真"的错觉,观众会感觉3D电视不如以前的画面漂亮了。当然,这只是观众们的错觉,可这种错觉会导致观众们在习惯了3D视频的视觉效果之后,对收看3D节目的兴趣度降低。

3D电视在画面的视觉冲击力上,主要是依靠画面中的景物在纵深空间上的移动,也就是在观看屏幕上飞入和飞出来实现的。当观众时而被"吸"进电视屏幕,置身节目中的故事世界;时而又被屏幕中飞出来的事物所惊吓。曾经被无数舞台剧艺术家所推崇的间离效果在不知不觉中"被实现"了。但是间离效果出现的同时,伴随的是对于片子内部故事世界的打破和中断,这样很容易破坏电视节目内部时空的完整性和统一性。

在技术层面,3D电视还存在一个比较大的问题是"边框问题",因为无论是多么大尺寸的电视都是有边界的,这样在某些展现宏大场景的镜头出现在电视屏幕上时,观众的体验往往不是身处于宏大场景之中,而是在一个沙盘之前看一些微缩模型。人眼的"视界"并不存在边框,从视觉中心到余光的过渡是自然的、无界的。而3D视频在高度仿真了人眼视觉之后却用一个边框将它限制在了一定范围内。头戴式显示器和环幕放映的普及,可能会解决这一问题。

综上所述,我国的3D电视节目还在起步阶段。笔者认为,目前中国的3D电视节目应该坚持内容为王,走低门槛、平民化路线。应该加紧制定出符合我国现状的3D电视制作标准,让我国3D电视节目制作走上平稳发展的轨道。

至于3D电视是否会在将来取代2D电视，笔者认为短期之内可能性极小。3D电视取代2D电视的两个至关重要的条件是：一、电视观众对于3D电视节目的需要十分迫切；二、3D裸眼广视角显示介质的研发和头戴式3D显示器领域的发展进步极大，普及率达到高清电视普及率。目前在世界范围内看，以上两条均不具备。

参考文献：

1. 薛兵、李世萍：《江苏台3D电视制作探索与展望》，《广播与电视技术》，2012年第1期，第41页。

2. 孙延禄：《从模拟人眼立体视觉功能的差异看3D影像技术的类别与未来》，《现代电影技术》，2012年第1期，第13页。

3. 陈凡：《走进3D电影的奇妙世界》，引自《阿凡达现象透视》，北京出版社2010年版。

4. 奥克斯(Okoshi)：《三维图像技术》(Three - Dimensional Imaging Techniques)，学院出版社(Academic Press)，1976年。

5.《"3D电视怎样工作?"》("How Does 3DTV Work?")，http://www. 3dtv - prices. co. uk. [EB/OL] Retrieved 19 June 2010.

6. 尤达：《乱花渐欲迷人眼 - 3D摄像机发展探讨》，《大舞台》，2011年第11期，第161页。

7. 李相：《3D电影美学初探》，《大众电影》，2009年第12期，第21页。

8. 阿瑟·雷尼(Arthur a. Raney)、安迪·埃利斯(Andy Ellis)、索菲·杰尼基(Sophie h. Janicke)：《3D与2D电视体育收看体验的对比研究》(Comparative Research on the Experience of Watching Sports by 3D and 2D TV)，《佛罗里达州立大学》(Florida State University)，2012年第3期。

评论篇

2013年央视3D春晚立体效果的分析与思考

中国传媒大学电视与新闻学院电视系教授　孟　群
中国传媒大学2012级新闻与传播专业硕士　陈　迪

【摘要】3D技术大潮不断冲击着电影银幕与电视屏幕,中国电视界也在这一潮流中不断探索,寻找新的突破点,力求为观众带来全新体验。2013年央视蛇年春节联欢晚会是央视拍摄制作的第二届3D版春晚,本文从景别、角度、舞美、出屏效果、观众参与和切换几个方面分析这一届春晚在3D表现上的技术与创作特点,并对构图、拍摄技术和字幕上的不足之处提出建议。中国3D春晚在发展上要想求得突破,仍然要从内容和技术两方面下工夫,力争取得形式和内容的双重美感。

【关键词】3D春晚;立体效果;技术分析

2010年的《阿凡达》让全球观众了解到3D效果产生的巨大魅力,3D这一概念引起了广泛关注,2010年的南非足球世界杯又让3D电视进入观众的视野。奥维咨询数据显示,3D电视在经过2010年的市场培育后,不仅消费者的认知度超过了80%,其技术也日益成熟,价格趋向平民化。① 2011年,创维、康佳、LG、三星等中外品牌齐力推进,3D电视开始风生水起。2012年元旦,我国首个3D频道中国3D试验频道由六家单位联合开办,中央电视台统一播出。

3D电视是一种能够模拟实际景物的真实空间关系的新型电视,它利用人眼的视觉特性产生立体感,让观众感受到观看的影像是具有深度特性的三维立体场景,观众对延伸于屏幕前的景物有触手可及的震撼效果。3D电视可分为双画面3D电视、多视点3D电视和真实3D电视。②

随着3D电视的不断推进,央视已经连续两年拍摄3D版春节联欢晚会,三十年来,春晚已经成为中国人欢度春节必不可少的一部分,观众审美品位的不断提高和多样化给春晚不断提出新的挑战,不仅在节目内容上,在视觉要求上,春晚

---

① 百度百科:http://baike.baidu.com/view/2791247.htm。

② 李世萍:《3D电视节目制作流程和规范》,《现代电视技术》,2012年第8期,第42页。

也是一个"难调众口"的差事。2012 年龙年春晚采用 3D 拍摄之后,引发了业界和学界的共同关注,2013 年蛇年春晚延续了 3D 拍摄方式,并且在 3D 试验频道播出,3D 电视的普及让蛇年春晚 3D 版有了更多关注。

一、2013 央视蛇年春晚效果分析

2013 年蛇年春晚是央视第二年做 3D 春晚,相对于龙年春晚,蛇年春晚在 3D 拍摄方面有了更多的经验,制作也娴熟许多。龙年春晚上舞台灯光等成功经验在蛇年春晚有所延续,在 3D 运动镜头的拍摄上更加熟练,使蛇年春晚的视觉效果更加丰富。

3D 支架可以调整两台摄像机光轴之间的距离,这个距离影响了视觉立体感,轴距越大,立体感就越强,但是过大的轴距会导致画面物体变形,也就是每一个场景都有最适合的轴距。[①] 两台摄像机光轴相交的平面是会聚面,当左眼画面投射在右屏幕、右眼画面投射在左屏幕时,称之为负视差,画面主体会呈现在会聚面和观众之间,也就是出屏效果,反之是入屏效果。3D 最吸引人的就是负视差引起的出屏效果。3D 春晚与普通春晚的不同之处和最吸引观众的视觉效果就在于此,3D 春晚的内容和立体感是影响其质量的两大因素,蛇年 3D 春晚则根据不同的节目内容,选择最适合展现立体感的方式进行拍摄制作。

(一)景别和角度影响 3D 效果

3D 效果因景别的不同变化明显的程度也不一样,全景以上景别 3D 效果不明显,与 2D 春晚的视觉观感相差无几,如蛇年春晚开场联唱的全景镜头立体感不是很强,六位主持人在歌声伴随中,从红色阶梯上徐徐走下,这一段落的拍摄由于使用的全景,阶梯的延伸效果和舞台的错落感并不突出,没有很强的视觉冲击力(如图 1)。

图 1　蛇年春晚开场全景镜头

图 2　张靓颖蛇年春晚演唱中景镜头

① 林远:《让艺术跳出平面》,《现代电视技术》,2012 年第 3 期,第 16 页。

中景对主体的拍摄能够更好地表现舞台纵深感和演员的立体感，如歌曲《一辈子的朋友》侧面机位拍摄张靓颖和杨坤时，运用了中景拍摄，张靓颖声情并茂地演唱时，手臂的舞动产生了出屏效果，立体感十分明显（如图 2）。中景拍摄的画面在整场晚会中运用比例较大，这些画面在对空间的阐述和现场感的渲染上有独特的表现力。

3D 技术利用双眼立体视觉空间深度，把主体人物和景物放在会聚面上，常规情况下，焦点平面与会聚平面位置相同。移动焦点平面时，如果会聚平面没有同步移动，将会产生焦点平面与会聚平面空间位置不一致的矛盾，使观众产生不舒适的感受。通常将会聚面与焦点平面进行重合，在实际拍摄中，常常会发生焦平面调整不准确，造成焦虚的现象。3D 摄像机在推拉的拍摄上难度较大，并且推拉镜头并不适合人眼的观看规律，因此，3D 春晚的运动镜头主要是依靠摇臂摄像机和轨道摄像机来完成。

摇臂摄像机在较高角度俯拍时，整个舞台空间被压缩，立体感不强，一览全貌的角度在展现距离的细微差异方面显得有些力不从心，而拍摄角度与人的腰部平齐或者更低时，立体感很强。角度放低，也就意味着摄像机的镜头在模拟人的日常观察，人眼平视有层次、有变化的物体时，才能有层层叠叠、远近高低的感受。在对一些舞蹈的表现上，3D 春晚的摇臂摄像机运用了较低的角度，主持人队列、舞蹈演员错落有致的队形和曼妙的动作变化在这一角度得到最好的诠释，产生了很好的立体空间效果。斜侧拍摄立体感明显最强，同时立体舒适度也恰当（如图 3）。

图 3　摇臂摄像机低角度、斜侧面拍摄镜头

(二)虚拟技术与舞台的配合

从龙年春晚开始,舞美成为春晚的一大亮点,可活动的 LED 屏与节目配合的多种变化呈现出以往舞台达不到的效果。这种可自由升降并且变化 LED 屏幕画面的舞台特别适合 3D 拍摄,3D 的核心在于纵深和立体,舞台的变化使整个演播厅成为一个立体的空间,能够更好地表现立体效果。值得注意的是,虚拟植入技术的运用填补了舞台 LED 屏之外的空间,使这些空间能够与舞台融为一体。虚拟植入技术通过带有传感器的摄像机把数据传给计算机工作站,在计算机工作站里关联跟踪信息,进行虚拟前景和真实的摄像机信号合成,控制虚拟物体的大小、位置、角度以及其他参数,可以同时加载多个场景,实现虚拟植入的效果,让 3D 摄像机拥有了完整的融为一体的前景、主体和背景。随着摄像机的运动,由计算机制作的虚拟元素完美地融入真实场景中(如图 4),给人以真实的三维空间感觉,舞台融入在三维虚拟场景中,被赋予极强的生命力和视觉感染力,让电视机前的观众体验到了一种梦幻般的感觉,遗憾的是,现场观众不能看到如此绚丽的电视画面。

图 4　蛇年春晚中的虚拟植入技术

在歌曲《春暖花开》中，虚拟阳光和树叶的设计与 LED 呈现的花海森林相呼应，摇臂俯拍的全景使整个舞台成为一片鸟语花香的绿色天堂(如图5)，那英在这一场景的表达中成为声音的传递者，她本人成为舞台的一部分，她的歌声与舞台融为一体，让观众在美妙的声音伴随中犹如走入百花争妍、青翠欲滴的人间仙境，芳草、鲜花、鸟鸣、虫响都在触手可及的地方，人与自然的和谐共生之感油然而生。

图5 《春暖花开》中的虚拟技术运用

图6 《剪花花》中的虚拟技术运用

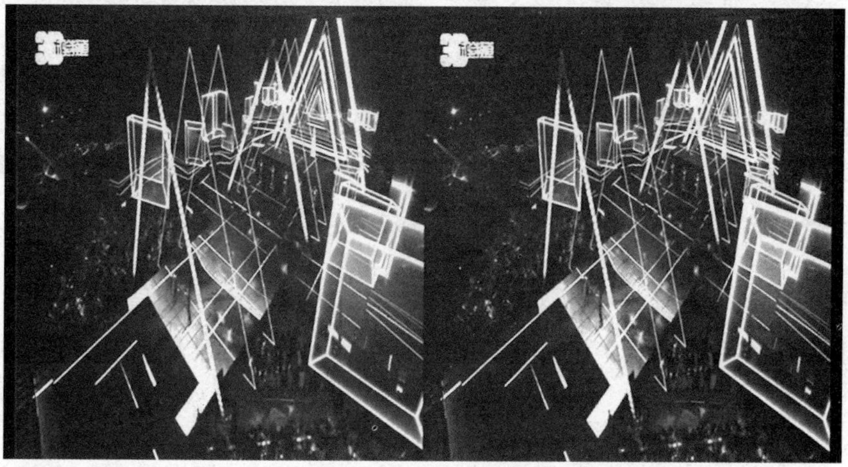

图7 《给你我的爱》中的虚拟技术运用

《剪花花》节目中，虚拟投影的雪花和窗棂都与舞台 LED 变化相一致，使舞台在邓鸣贺的童谣中由雪花飞舞的室外进入了温馨有年味儿的室内，这样一个变化是通过摇臂摄像机在由远及近接近邓鸣贺兄妹时，穿越了虚拟投影出来的大红色窗棂后完成的，具有强烈的立体感。舞台背后的视频播放与舞台上的舞蹈相照应，万花筒效果与舞台表演相叠加，一方面呼应舞蹈演员的队形变化(如图6)，另一方面丰富了舞蹈的表现力，单纯舞蹈动作的变化在表达“剪窗花”这一主题时会略显单薄。大屏幕视频与舞台舞蹈的配合也实现了让观众从正面看到平视和俯拍的双重效果。

歌曲《给我你的爱》节奏较为欢快，是带动现场氛围的情绪点，因此，舞台需要配合歌曲的节奏呈现出有跃动感的变化。舞台 LED 和虚拟投影都以电子线条的方式呈现,虚拟投影做出向前滚动的三角线条和立体图形,围绕在舞台周围(如图 7),线条的滚动与旋律的变动相配合,营造出一个电子虚拟的、有未来感的空间,歌声仿佛穿越时空隧道传递情感,舞台的边界被重新定义,延展了演播室的空间,将表演扩展到更广的时空范围。汪峰歌曲《我爱你中国》的瀑布投影、玖月奇迹《中国范儿》的灯笼投影、《难忘今宵》的“福”字投影都与舞台表演相配合,成为表现舞台张力的一部分。

3D 拍摄的灯光要求比 2D 拍摄要高,不仅亮度更高,也更需要层次感,不能所有物体的照度都是一样的,要对主体有所凸显,同时又不能使背景变成黑的。虚拟投影与舞台变化的配合就很好地解决了 3D 舞台拍摄灯光层次的问题。

(三)出屏效果

3D 春晚最有立体感的就是出屏,摄像机镜头的间距决定画面的立体感,会聚角则决定观众看到的立体电视画面中,哪些物体是在屏幕上(零视差),哪些是在屏幕前(负视差),哪些是在屏幕后(正视差)。出屏效果的出现加强了电视观众的参与感,仿佛置身于现场。出屏是画面中的物体处于会聚面与观众之间的效果,打破了电视边框的限制,拉近了观众与演员现场的距离。

蛇年春晚的出屏设计主要有以下几种,主持人在现场观众中主持时,背向电视机的现场观众出屏;中近景对主体的拍摄使主体与背景产生层次,主体出屏;侧面角度拍摄并排的多个演员时,靠近摄像机一侧的演员出屏;舞蹈表演中向摄像机走来或者由摄像机一侧走入的演员以及距离摄像机最近的演员群体出屏。

语言类节目中人员一字排列较多,把全景设置为正视差(入屏效果),适当选择近景为负视差(出屏效果)。在舞台前面挂一些现场观众(如图 8),能够较好地突出 3D 效果,增强节目的立体感,由于语言类节目本身表演者的运动很少,因此以台前观众的出屏来增强立体感。前后景物有层次地出屏或入屏,效果较好,融入家庭观看范围内,电视观众能够充分体验参与感。

中近景拍摄产生的出屏效果较为常见,基本上在舞蹈类、歌曲类节目中都有涉及,如杂技《冰与火》最高难度动作中,女演员被抱住双脚倒向舞台一侧的画面拍摄就采用中景,实现女演员出屏的效果(如图 9),《冰与火》杂技的动作难度系数都非常高,是展现人体力量和技巧的一个节目,女演员被抱住双脚倒向舞台一侧的动作是他们排练了十年才完成的,这样一个动作安排出屏效果不仅使电视观众仿佛在台上观看表演,而且突出了表演的难度,抓住了观众的情绪紧绷点。

《风吹麦浪》歌曲中,李健和孙俪并排的侧拍镜头,由于李健更靠近摄像机,

图 8　为增强 3D 效果使用观众做前景镜头

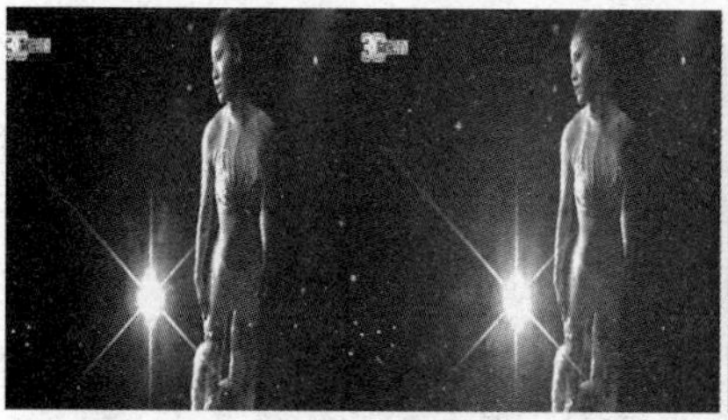

图 9　《冰与火》中的出屏效果镜头

图 10　《中国范儿》中的出屏效果镜头

图 11　《家人》节目中的出屏效果镜头

有出屏的效果，这一出屏效果与前面所述的歌曲《一辈子的朋友》中张靓颖的出屏是属于同一类，会聚面和焦距的变化能够最直接产生这一类出屏效果。

《中国范儿》歌曲的伴舞群人数很多，玖月奇迹在舞台的最深处，大屏幕的方形环状背景设计延长了舞台的深度，使得这一组表演有很大的排列空间（如图10），台上左右两组的伴舞演员又是一字纵队排列，这样的排位使舞台演员都像在很深的盒子里表演，如果没有其他因素的介入，电视观众与演员的距离就被这种安排加大了，然而，不断加入舞蹈的演员从摄像机右侧走入舞蹈表演队伍，产生了出屏效果，这使电视观众有一种加入感，情绪上融入舞蹈的表演中，克服了舞台深度过大而产生的游离感。

谭晶演唱《家人》的伴舞中，靠近摄像机的一组伴舞演员也有出屏效果（如图11），舞蹈演员手捧的红色纸船伸出屏幕，像送给电视观众一样，《家人》歌词中表达的祝福和亲切感被这样的动作传达给每一位电视观众，出屏的技术效果与表演的情绪效果相得益彰。

3D 最有吸引力的表现手段就是出屏，但是出屏太多也会给电视观众带来视觉疲劳，总体上看，蛇年春晚对出屏的使用频率不是很高，中近景与全景切换，确保观众眼睛有休息的时间。

为了更好地强调 3D 效果，在整体节目里是需要进行设计的，哪些镜头比较适合体现立体感，人物动作偶尔出屏几次，是会给观众带来不同的立体效果感受的。如果能在以下环节中强调出屏效果，电视观众会强烈地记住 3D 春晚的。开场大联唱时，如果每个主持人手中的道具拍摄成出屏，观众似乎感到触碰，立体体验效果会更好，将成为亮点之一，在开始就会吸引住观众（如图 12A）。最后临近结束祝福之时，如果主持人手提的灯笼出屏，观众会感觉拿到了主持人的祝福。（如图 12B）

图 12A　晚会开场主持人手持道具镜头

图 12B　晚会结束前主持人手持灯笼镜头

再有图 13 场景，如果发放小广告，采用出屏效果，直接递到电视观众的面前，那是什么感觉呢？当然，出屏镜头不要过多，过多就会使眼睛疲劳。

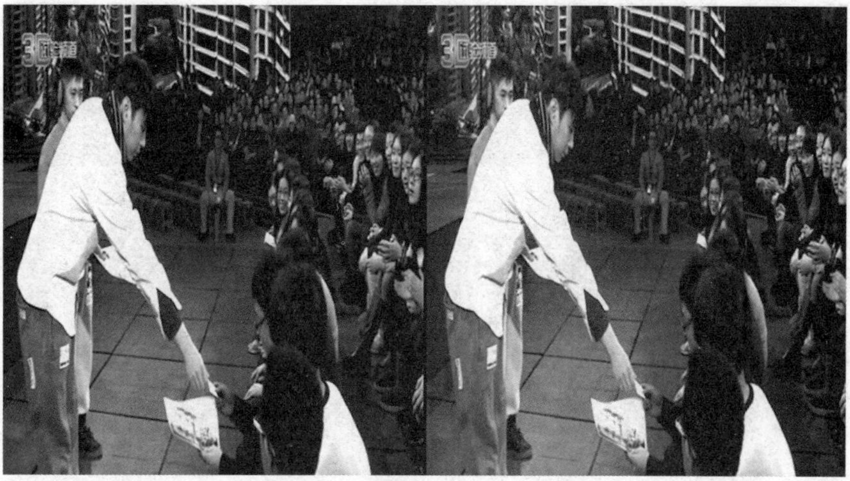

图 13 《今天的幸福》中发小广告镜头

(四)观众在全景舞台中的参与

蛇年春晚更加注重全景舞台中观众的参与作用,最明显的一点就是语言类节目中镜头前观众群的设计,加上 3D 效果的配合,使电视观众的参与感增强,坐在电视机前的观众看到了台前观众的背影,如同现实生活中观看表演一样,能看到前排观众,产生了身临其境的感觉。(如图 14)

图 14 语言类节目中镜头前的观众群

不同于 3D 试验频道一些节目的拍摄,蛇年春晚对节目中观众的反应镜头照顾很多,对于主持人和节目内容中能够引起观众共鸣的节点都有相应的观众画面,这一方面能够表现现场观众的反应,另一方面也带动了电视观众的情感参与。另外,主持人与现场观众席中的嘉宾进行对话,把舞台与观众席联系在一起,烘托出一种热热闹闹过大年的氛围。

现场观众在蛇年春晚中的参与作用能够吸引电视观众的注意力,带动电视观众的在场感和愉悦感,体现了较好的立体空间效果。

图 15 《冬天里的一把火》节目

（五）切换效果

3D 节目切换不同于 2D 节目的切换，快节奏的切换会引起视觉不适，而且在制作中对摄像师和 3D 效果师的技术配合度要求很高，因此，3D 节目的切换一般选用淡入、淡出或者硬切。蛇年春晚在切换中主要使用了这几种方法，摇臂镜头与中近景镜头的切换多用淡入淡出，中近景和全景的切换多使用硬切，这样避免了景别跳跃给观众带来的视觉不适，保证了镜头转换连续、顺畅，有现场感。

3D 节目切换还有一个需要注意的问题，就是每一个镜头时间不能过短，特别是在有出屏效果的镜头切换上，蛇年春晚节奏较慢的节目镜头切换在 10 秒/次左右，《冬天里的一把火》是切换较快的一个节目（如图 15），全景和近景之间硬切过渡，4 秒左右一个镜头的切换速度在这里适合歌曲节奏，但对视觉造成了一定压力，因为全景的 3D 效果不明显，而近景的 3D 出屏冲击力较大，两个景别之间切换过于频繁，致使视觉舒适度降低。

二、央视 2013 年 3D 春晚的不足之处

蛇年春晚在 3D 拍摄上采取了比较保守的方法，镜头运动和切换都没有很花哨，一方面是为了保证拍摄质量，另一方面也是由于目前我们的拍摄团队并不是“熟练工”的水平。由于 3D 表现的限制，蛇年春晚在构图上有很多不完善之处，

摄影艺术做的是减法，画面中无关的内容出现会破坏构图美感①。但是，3D 效果的实现又需要“不相干”的旁物来衬托主体，表现主体，比如语言类节目安排的镜头前观众，稍显死板，很多观众都表示不理解为什么要安排这一区的现场观众，实际上这是立体效果的需要。这样安排观众，虽然有 3D 效果，但是，横排人物变成小人国形态，电视观众会感到好像家里突然出现了别人。采用带座席的观众，应该感觉会正常些，类似于电影院观看，是一个观看的环境气氛，只是挂一排观众（如图 16），为了 3D 而 3D，观众心理效果是不舒服的。

图 16　语言类节目中的观众群

图 17　拍摄前排观众出屏镜头

像图 17 这样拍摄前排观众，将其置于出屏边缘，显得太过亲近，夺人眼目，观众会忽视主持人或歌手的主体性。

全景画面的运用在蛇年春晚中比例也很大，但是全景并不是万能镜头，对于展现舞台的美和演员的美都显得力度不够。与 2D 春晚比较，3D 春晚整体的剪辑感觉稍显粗糙，构图问题是其中很重要的一个方面。开场联唱，全景中人物前后混叠，没有纵深感，而且背景色彩和人物的主色调都是红色，呈现的效果也是混叠在一起的，几乎无立体空间体验感。（如图 18）

图 18　蛇年春晚开场全景镜头

在《剪花花》节目中，邓鸣贺兄妹有绕场一周、跑到镜头前结束的安排，对于

① 王珮：《3D 版春节联欢晚会与立体效果展现》（上），《现代电视技术》，2012 年第 5 期，第 34 页。

最后兄妹二人的位置,摇臂摄像移动得过于靠近,会聚面与焦平面不重合,导致兄妹二人的出屏效果成为虚焦。

类似的情况在 3D 直播中常常会遇到,这就要求摄像师的预判力要够高,与 3D 效果师的配合要默契,快速准确地调整会聚面与焦平面。否则,直播过程中出现这样的问题是没办法在后期中弥补的。

蛇年春晚的字幕都采用了浮在最前的方法,这也是目前 3D 电视节目和 3D 电影惯用的手段,但是从效果上来看,字幕对于节目的辅助说明作用会因为这样的位置安排显得有些喧宾夺主,观众在 3D 节目欣赏中首先会注意到出屏的物体,字幕的出屏效果吸引了观众的注意力,并且有些情况下字幕还挡住了主体的走位,这样的字幕安排使节目与字幕脱节,观众心里感觉刚刚进入现场,一个节目结束,马上又被字幕提示回到电视机前。(如图 19)

图 19　央视蛇年春晚中出屏效果的字幕

从观众的观看心理角度讲,字幕的位置最好不要安排出屏,使节目与字幕能够融为一体更好。

三、对央视蛇年 3D 春晚的思考

通过以上节目分析可以看出,目前我国在 3D 春晚制作方面已经有所突破和成就,但还有很大的拓展空间。

从技术层面来看,3D 春晚在拍摄以及剪辑方面都还比较保守,没有过多花哨的特效和炫目的剪辑手法,与上映的一些 3D 电影在视觉效果上还有很大的差距，这主要是由于当前在拍摄方面我国技术人员的水平与国外还存在一定距离。3D是一种技术，更是一种理念，要把3D效果熟练于心，才能在拍摄和剪辑中找到最合适的表达方式，也才能让3D效果发挥到最大。因此，除了在设备上我们要不断进取，更重要的是，我们要培养掌握3D理念的技术团队，才能通过优秀的节目培养出受众对于3D节目观看的需求，进而促进3D制作产业的不断发展。

从内容层面来看，由于视觉观看的不同，在制作上3D节目与2D节目有一定的不同之处，长年积累下来的2D电视制作技巧与规律在3D节目上势必要做一定的变通。比如在主体移动的拍摄中，3D拍摄需要重新调整会聚面和焦点，因此主体移动的速度需要减慢，必要时要做停顿，这样的内容如何编排才能在节目表达上达到观众日积月累形成的效果期望，也是需要业界在实践中寻求答案的。同样需要培养掌握3D理念的创作团队。

形式是为内容服务的，中国3D春晚发展的核心仍然在于内容，先将内容做得精，才能使3D这一新形式有吸引观众的灵魂，我们在追求技术美的同时，不能偏离内容美的王道。通过两年3D春晚的实践，我们应该看到中国3D节目发展的良好态势，通过搭建可以自由变化的舞台配合3D拍摄，并且注重3D立体效果与节目内容的环环相扣，在吸收国外专家的指导意见的同时，按照3D表达规律进行节目制作。这些努力都让我们有理由相信，无论在形式上，还是在内容上，中国3D春晚都将不断地进步，取得更大的突破。

值得重视的是，在相当长的时间内，观看3D电视依然是小众的需求，收看3D节目的人群基本上是定向人群，广大观众将慢慢地接受3D电视，有人认为许多人在网络上看3D节目，网络上观看是个人行为，家庭电视是小团体，而且受电视屏幕大小、观看范围等因素的影响，不是每个家庭成员看到的都是最佳3D效果。不正对着屏幕的人，看到的效果会出现模糊；屏幕尺寸小的感觉会是“小人国”效应，立体效果无法保证；不规范的出屏效果，还会引起一些生理上的不适反应，尤其是老人和小孩不宜长时间地看3D电视。

在电视节目类型上，有些节目适合3D制作，有些节目不适合3D制作，这需要进行3D电视节目收视率调查分析，思考如何吸引更多的老百姓喜欢3D节目。3D电视机在市场上已经成为标配，实际上有多少家庭在看3D电视节目呢？不是简单地2D转换3D，应该打造专门的3D电视节目，重视内容的开拓，表现手法的创新，而不是把现有2D节目简单地转换成3D节目。3D电视节目或3D电视频道任重道远。

BBC 伦敦奥运开幕式转播
2D 版与 3D 版比较研究

中国传媒大学电视与新闻学院电视系教授　郭艳民
北京城市学院传播学系讲师　刘　培

【摘要】本文对 BBC 制作的伦敦奥运会开幕式直播的 2D 版和 3D 版做了细致深入的比较研究，发现 3D 版开幕式在新技术方面引人关注，在场景设计、立体表演方面具有创新，其中还大量运用了 2D 转 3D 技术。2D 版开幕式在技术和艺术的结合上更加完美，其现实空间与屏幕空间的结合、现场切换与特效使用、机位设置和景别处理方面更加成功。

【关键词】BBC；伦敦奥运；开幕式；2D 版；3D 版；比较

2012 年伦敦奥运会是人类历史上第一次提供 3D 直播服务的奥运会，国际奥委会认为，这将成为奥运会转播历史上新的里程碑。此次直播工作全部由国际奥委会全资下属子公司"奥运会转播服务公司"（OBS）以夏季奥运会独家主转播商的身份负责制作和执行，这在奥运会转播历史上也是史无前例的。

日本松下公司为奥运会转播服务公司（OBS）提供了 3D 转播设备，凭借 33 台"真 3D"摄像机（主要是一体式双镜头 AG－3DP1 摄像机）等最新的 3D 设备，OBS 将这场世界上最伟大的体育盛会以前所未见的形式展现在电视观众面前。3D 转播的内容包括本届奥运会的开幕式、闭幕式以及 26 个运动大项中的 12 个，其中包括田径、游泳、体操、艺术体操、自行车、足球、篮球、蹦床等项目。每天的 3D 转播时间超过 10 个小时，总时长达 242 个小时。

包括英国广播公司（BBC）、美国 NBC、ESPN 在内的 14 家电视机构对本届奥运会进行 3D 转播，这是世界电视史上首次进行如此大规模的 3D 转播工作。3D 转播与普通转播的摄制工作是完全分离的，使用不同的转播设备和转播团队。中央电视台作为持权转播商之一，也通过中国 3D 试验电视频道把激动人心的 3D 奥运信号呈现到中国观众眼前，给观众带来身临其境的感受。

尽管"3D 奥运会"一直作为一个响亮的口号被广泛宣传，但是，从实际情况来看，本届奥运会的 3D 转播还是属于“实验性”的，伦敦奥运会并没有成为“全3D 奥运会”，2D 版和 3D 版电视信号分别进行制作和播出，而且 OBS 和各家电视台都将转播的重点放在了 2D 版电视信号的制作和播出上。这从一定程度上反映了国际范围内对当前 3D 电视技术的一种理性判断，在现阶段，3D 电视还没有完全取代 2D 电视的资本，与 2D 电视相比，它有着明显的优点，也还存在着诸多不足。本文拟以 BBC 版伦敦奥运会开幕式 2D 版和 3D 版电视转播为例，就此进行对比探讨。

一、3D 版开幕式电视转播：技术的胜利

伦敦奥运会的 3D 电视转播在历史上是具有开创性的，与 2D 版电视转播相比，具有明显的优点和长处。如果观众能够具备理想的收视环境和收视设备，在一个全黑的环境中，在一个巨大的电视屏幕前，在最适当的距离和角度上收看 3D 版电视转播，就会明显地感受到 3D 电视不同于 2D 电视的魅力所在。

（一）新技术设备与 3D 转播

3D 电视现场直播首先强调现场感，在“以被摄对象为中心”的纪实摄影方式下，拍摄的方便快捷、连续有效显得格外重要。传统的双机左右水平式或上下垂直式 3D 摄影方式调整起来比较费时、费力，难以保证电视现场直播的需要。2012 年伦敦奥运会 3D 转播采用了松下最新的一体式 3D 摄像机为主要拍摄设备，较好地满足了 3D 现场转播拍摄的需要。

2012 年伦敦奥运会 3D 转播的主力摄像机是松下 AG－3DP1 摄像机，这款摄像机的高清双镜头系统专门为 AG－3DP1 摄像机开发，其广角和 17 倍远距离长焦功能可以满足体育赛事、电视剧和电影拍摄中的各种应用要求。因为高清双镜头系统采用高精确度组装，所以在拍摄之前不需要对光轴或视角进行调整。焦点、变焦和光圈调整对于左右镜头而言准确同步。AG－3DP1 摄像机还支持遥控功能（包括焦点、变焦、光圈、会聚和拍摄开始/停止等）。另外它还具有低像差和高分辨率，能够在光线昏暗的场景中实现卓越的色彩再现、详细的色彩微差和清晰的 3D 图像——同时尽可能减少闪烁和重影。

除了接近可互换镜头的人工控制水平的变焦环、聚焦环和光圈环之外，AG－3DP1摄像机还有一个单独的会聚转盘。通过改变光学部件内的两个镜头的会聚角度，会聚点（3D 图像的基准平面）可以向前或向后调节，以控制入屏和出屏效果。

图 1　松下 AG－3DP1 摄像机

这款摄像机还具有新 3D 辅助功能，一个红框覆盖在图像上显示负视差的部位，一个黄框覆盖在显示正视差的部位，基准平面内的部分周围显示一条绿边（汇聚平面），可以实现可靠便利的 3D 拍摄。此外，这款摄像机还可以以波形的形式显示对象和汇聚平面之间的向前/ 向后关系。

正是借助这样的高新 3D 设备，才能做到方便、快捷、高效地完成伦敦奥运会的 3D 转播。

在摄像机机位设置方面，伦敦奥运会开幕式 3D 转播既有客观机位（主要是固定机位），在场外进行旁观式拍摄，又有主观机位（主要是斯坦尼康机位），在场地中进行参与式拍摄，两者结合，给观众带来了较完整的现场信息，而后者拍摄的主观镜头可以给观众更加强烈的现场感、参与感。

（二）场景设计与 3D 转播

伦敦奥运会开幕式的场景设计比较符合 3D 拍摄的需要，大树、山包、水车、烟囱、红色小屋、光影房子、金色大钟使得空间布局层次丰富、错落有致。伦敦奥运会开幕式的 3D 电视转播画面更像是“立体塑像”。

对比北京奥运会开幕式的场景设计，显得立体感、空间感更强，而北京奥运会开幕式的场景设计则平面感更强，“击缶而歌”、“书法水墨”、“活字印刷”等令人印象深刻的段落，表演都是在平面上展开，其电视转播画面更像是“画卷”。

（三）立体表演与 3D 转播

与其他大型活动开幕式多在平面上展开场面不同，伦敦奥运会开幕式的表演是“立体化、多空间”的，空中、地面、看台、场地内、场地外，空间变换比较丰富。即使是场地内的表演，也因为山包、光影小屋的设置，形成了立体的舞台。“工业革命”段落，烟囱拔地而起，五环在空中交汇；“幸福与光荣”段落，女王和007乘直升机从空中降落；“伏地魔闯入孩子梦境”段落，腾空而起的自行车、悬在空中的床与孩子、高高的伏地魔等都使得表演在三维空间得以拓展。

这种表演方式的立体化，为3D电视转播提供了良好的基础，可以充分发挥3D电视转播的优势。

（四）“2D转3D”技术的大量运用

在伦敦奥运会开幕式3D版的转播中，有不少段落使用了“2D转3D”的技术手段，而不是直接使用3D设备进行摄制。

这些段落有“开场片头”、“女王与007赴现场”、“憨豆助演《烈火战车》音乐演奏”、“圣火传递及圣火点燃”等。经笔者认真比对研究，发现上述段落中，3D版和2D版的机位、取景、切换、运动完全一致，确定其为“2D转3D”段落。如图2、图3分别是伦敦奥运会开幕式“憨豆助演《烈火战车》音乐演奏”段落3D版、2D版镜头截图，这个段落全长5分钟，在本文中我们将截图频率设定为每20秒截1帧。仔细对比两个版本的镜头截图，大家会发现，两者构图、切换完全一致，这充分证明了，在转播这个段落时，3D版和2D版信号来源一致，3D效果是由2D画面转换而来，而非3D摄录系统完成。

在观看这些段落时，即使观众使用的是3D设备收看，其立体效果也会大打折扣，与真正的3D制作相差比较明显。

之所以在3D版开幕式电视转播中出现如此众多的“2D转3D”画面，一方面是因为这些段落中存在大量事先录制完成的视频，而这些视频本身是2D的；另一方面是因为某些段落空间跳跃幅度比较大，调度比较复杂，3D制作团队在这方面投入不足。

尽管上述段落在3D版开幕式转播中属于“2D转3D”，但是，在摄制过程中，2D版制作团队还是考虑到了“2D转3D”的需求，在镜头的运动方式上大量采用纵向运动（如“开场片头”、“女王和007飞赴伦敦碗”、“贝克汉姆泰晤士河圣火传递”等），在镜头焦距的选择上大量使用广角镜头拍摄，在拍摄场景的选择上也非常注意景物的层次，大景深、快速度的运动镜头本身立体感、空间感较强，也为转为3D立体信号提供了良好的基础。

虽然“2D转3D”段落在立体效果上与真正的3D制作存在明显差距，但是，在客观上，2D转3D的段落却起到了舒缓观众视觉的作用，“强烈的3D立体效果应该用不明显的3D效果来分开，有时称后者为‘休息区（rest area）’，因为观众此时可以休息一下他们的视觉肌肉”①。从实际收视过程来看，人的观看行为有“视觉惯性”、“视觉惰性”存在，连续观看 20—30 分钟后，正常观众对真正的“3D 制作”和“2D 转 3D”效果的感知能力出现明显下降，这也为在实际转播过程中使用“2D 转 3D”技术提供了可能。当然，如果条件允许、制作能力足够强大的时候，还是应该制作真正的“3D 版”。

图 2　伦敦奥运会开幕式 3D 版“憨豆助演《烈火战车》音乐演奏”段落镜头截图

① 伯奈德·门迪布鲁(Bernard Mendiburu)著，黄裕成、刘志强译：《3D 电影制作——数字立体电影制作全流程》(3D Movie Making: Stereoscopic Digital Cinema from Script to Screen)，人民邮电出版社 2011 年版，第 99 页。

图 3　伦敦奥运会开幕式 2D 版“憨豆助演《烈火战车》音乐演奏”段落镜头截图

二、2D 版开幕式电视转播：技术与艺术的完美结合

本届奥运会的电视转播第一次由 OBS 全权负责完成，然而，开幕式导演、著名电影导演丹尼·博伊尔（Danny Boyle）却坚持使用自己选择的转播团队来拍摄开幕式表演部分，“他不想让一个体育转播的团队来拍摄开幕式”，“他想给大家一个‘光的娱乐（light entertainment）’的感觉，而不是一个‘运动’的感觉”，“他不是在拍摄一个体育事件，他是一个艺术家，他尝试创造一种类似戏剧的效果，因此，他坚持用自己的团队进行摄制”①。

① 尼克·霍普金斯（Nick Hopkins）、欧文·吉布森（Owen Gibson）：《奥运会开幕式：戏剧的盛宴……这只是彩排》（Olympic Opening Ceremony: A Feast of Drama … and that's Just the Rehearsals），http://www.guardian.co.uk/sport/2012/jul/18/olympic-opening-ceremony-drama。

经过争取和协调，最终决定，伦敦奥运会开幕式表演部分由完结（Done and Dusted）电视制作公司负责摄制，而 OBS 则负责摄制运动员入场和伦敦奥组委主席讲话、国际奥委会主席罗格讲话、运动员、裁判员及教练员宣誓等内容。

完结（Done and Dusted）是一家独立的电视制作公司，成立于 1998 年，擅长在演出场所、体育馆、街头完成现场制作型视频节目，他们的代表作品有《维多利亚内衣秀》（The Victoria's Secret Fashion Show）、《CNN 英雄》（CNN Heroes）、《劳伦斯世界体育奖颁奖礼》（Laureus World Sports Awards）、滚石现场音乐会、麦当娜现场演唱会等。他们制作的视频或节目曾多次获得格莱美奖提名，还多次获得金玫瑰电视节（Rose d'Or Festival）奖。他们出色的业界成绩使得丹尼·博伊尔选择其承担伦敦奥运开幕式的摄制工作，他们最终的工作成果也证明了导演选择的正确。

（一）现实空间与屏幕空间结合——时空多维化

在奥运会开幕式的电视转播中，时间是单向度的，一直向前，不能停止，也不能回溯。伦敦碗体育场内外的表演、活动是在现实的场景、规定的时间中进行的，不能中断，也不能重来。在这种情况下，时间和空间似乎被严格地限定、结合在一起，然而，导演丹尼·博伊尔发挥自己的电影专长，在现实表演的基础上，加进了一些事先录制完成的视频段落，使得开幕式电视转播的时间和空间变换得以多样化。

伦敦奥运会开幕式中视频段落的穿插运用令人印象深刻。

开场“民谣响彻英伦三岛”段落，2D 版本在现场直播的画面中插入了事先录制的北爱尔兰儿童演唱《丹尼少年》（Danny Bog）、苏格兰儿童演唱《苏格兰之花》（Flower of Scotland）、威尔士儿童演唱《引导我，伟大的救世主》（Guide me，O Thou Great Redeemer）的视频，并且画面、声音能够准确衔接，将开幕式现场和英伦三岛相连接。同时，还插入了一些体育比赛的资料视频镜头，将现实与历史相勾连，唤起观众历史的记忆，产生“抚今追昔”的感慨。

《弗兰基和琼说：感谢蒂姆》（Frankie and June Say Thanks Tim）段落，正是大量英国影视剧的视频片段才成就了令人惊叹的“光影房子”，让观众在历史与现实间快速穿越，唤起了人们对英国历史和文化的记忆和共鸣。

《快乐与荣耀》（Happy and Glory）段落的“女王与 007”视频，以及“憨豆版《烈火战车》”视频更是将电影融入开幕式表演的典型代表，完整的视频段落起到了承上启下的作用，“英国式幽默”被展现得淋漓尽致。

现场的表演和入场式，包括圣火传递的场外空间（泰晤士河、大本钟大桥等），都属于现实空间，现实空间中的时间与开幕式电视转播时间同步。各段视频中的空间属于屏幕空间，屏幕时间与开幕式电视转播时间既关联又不完全同步，这使得开幕式的时间、空间多维化。

这种时间、空间的多维化，为电视转播创造出超越现场的演出效果提供了可能，在家里观看电视转播的观众，可以借助影视创作技术与艺术手段，获得比现场观众更丰富的视听体验。这使得伦敦奥运会开幕式电视转播的影视素质得以彰显，它在本体上是"影视化的"，而不仅仅是一个现场演出的"机械复制"。

（二）现场切换与特效

伦敦奥运会开幕式就像一场音乐剧，自始至终一直有音乐贯穿，因此，对于切换的节奏要求很高，导播能够在音乐的节点上进行适时、准确的切换，不仅保证了现场信息的准确传达，还形成了非常好的视听节奏感。

2D 版的拍摄更加精准，视觉信息显得更丰富，现场的各个环节、细节都得到了较好的表现，显示出事先准备的充分。比如工业革命短落，不仅表现了工业革命的场景，还表现了同时代的女权运动、披头士年代的文化变迁、帝国风驰号带来的西印度群岛移民、切尔西退伍军人、王室成员等。镜头不断地在工业革命场景、伊萨姆巴德·金德姆·布鲁内尔（Isambard Kingdom Brunel）、鼓手乐队、时代缩影场景之间转换，伊萨姆巴德·金德姆·布鲁内尔成为串联本段落的视觉符号。

2D 版开幕式转播不仅可以在直播的同时顺畅、适时地插入事先录制的视频，而且还可以加进一些后期视觉特效。2D 版中加进了许多后期特效，如各种与表演场景相结合的字幕，男女主人公的网络对话内容等，这些内容在 3D 版中，全不存在。这些后期特效和现场摄制画面、事先录制的视频一起组成了完整、丰富的开幕式转播电视画面，2D 版的拍摄、切换、制作等环节的配合更加娴熟，电视制作手段运用更加充分。

在《弗兰基和琼说：感谢蒂姆》（Frankie and June Say Thanks Tim）段落，2D 版与 3D 版的区别最为明显。

首先，2D 版插入了许多视频影像，其中有英国影视剧的视频片段，也有真人舞者事先录制的视频片段，这些在 3D 版中几乎不存在，3D 版只能把相应的时间留给开幕式现场的影像来填充。图 4 和图 5 分别是《弗兰基和琼说：感谢蒂姆》段落的 3D 版和 2D 版镜头截图，由于篇幅版所限，因此，只选择该段落前 3 分钟进行截图对比，两个版本都是每 10 秒截一帧。将图 3、图 4 进行对比，我们可以清楚地看到两点，一是 3D 版本画面全部来自现场拍摄，没有事先准备的视频适时插入；二是 2D 版的剪辑节奏较快，场景和人物的变换要比 3D 版丰富很多。

其次，由于切换精准和特技的有效使用，2D 版开幕式转播的叙事比较清晰、完整、准确，在这一段落中，以男女主角（弗兰基和琼）为重点，以两人的见面为线索，点面结合，既表现了舞蹈场面，又具有一定的故事性、情节性。相比之下，3D 版开幕式的转播却遗漏了基本的情节、场面重点，使得男女主人公未能得到突出、清晰的表现，其叙事也显得不完整和碎片化，更多的是给观众展现了群舞的场面。

图4　伦敦奥运会开幕式 3D 版《弗兰基和琼说：感谢蒂姆》段落前三分钟镜头截图

（三）机位设置和景别处理

2D版机位更加丰富，除了常规摄像机位之外，还包括航拍、摇臂、飞猫、斯坦尼康、特殊固定摄像头等特种机位。

图5　伦敦奥运会开幕式2D版《弗兰基和琼说：感谢蒂姆》段落前三分钟镜头截图

在伦敦奥运会开幕式3D版的转播中，很少看到3D版的航拍、摇臂、飞猫、特定摄像头等拍摄的画面。

从转播画面信号来看，伦敦奥运会开幕式的3D转播机位只限于伦敦碗体育场内，场外的机位全部是2D摄像机，将其信号转为3D，切入3D版开幕式直播信号。

伦敦奥运会开幕式电视转播采用两支队伍分别负责2D版和3D版制作的方式，为了确保目前占主流的2D高清电视观众的收视需要，在机位设置等诸多环节，都采用了“2D版制作团队优先”的原则，2D版开幕式转播设置机位更多、角度位置更佳、摄像机运动更主动。

从画面景别来看，2D版开幕式镜头景别变化更丰富，近景、特写镜头起到了重要作用。在“工业革命”段落，开始对声源——鼓的表现就是从特写镜头开始；中间段落，对士兵扮演者的表现，两次都是用到地面上一只红花的特写进行过渡、转场，2D版中有许多人物特写镜头，可以将人物的表情神态表现得淋漓尽致，可以给观众展示参与者的表情，进而让观众感知其内心的情感，可以让观众看到“一个个活生生的人”；而3D版则更多地表现了现场的场面，让观众看到的是“一群一群的人”。这主要是因为3D摄影中存在“立体窗口干扰”现象，即被摄物体处于立体窗口的边框位置时，左右视图就不能匹配成立体效果，这种现象在拍摄特写、近景镜头时最为常见，只要人物有体位超出画面边框，就会破坏立体效果。在动态电视转播摄影中，摄影师很难保证被摄人物在特写或近景画面中不出现体位出画，因此，为了保险起见，通常采用更为宽松的景别进行拍摄，以中景、全景或远景为主。

综上所述，在肯定伦敦奥运会3D转播的成功的同时，我们也注意到其中存在的缺憾和不足。通过对比研究伦敦奥运会开幕式电视转播的2D版和3D版，我们发现，2012年伦敦奥运会开幕式的3D转播，使用了最先进的3D技术，也采用了全高清的数字格式，在技术层面应该说是做到了最好，但是，在创作方面，却存在着一些不尽如人意之处。3D转播团队对开幕式表演内容的熟悉程度和理解程度都不够理想，团队成员的音乐素养、舞蹈素养、影视文化素养等方面均有一定缺憾。从3D转播的实际效果来看，其“技术性”远远大于其“艺术性”。伦敦奥运会的3D转播依然停留在技术层面的试验和完善阶段，转播团队并没能将3D技术与艺术的结合提高到一个新的层次，创造出本质上不同于2D电视的3D电视节目。这也体现出当今2D电视节目制作和3D电视节目制作的现状和真实水平。

3D电视技术及其创作可能为我们展示出电视节目制作的美好前景，2D电视技术及其多年的创作积累也让我们认识到其不可替代的传统优势。“3D电视”与“2D电视”将在一定时期内共存发展，“全息立体”和“超高清”将成为两者各自努力的方向，二者的优劣、取舍还需要未来电视创作实践的进一步检验。

参考文献：

1. 伯奈德·门迪布鲁（Bernard Mendiburu）著，黄裕成、刘志强译：《3D电影制作——数字立体电影制作全流程》(3D Movie Making: Stereoscopic Digital Cinema from Script to Screen),人民邮电出版社 2011 年版。

2. 马爱平:《伦敦奥运实现 3D 直播》,《科技日报》,2012 年 8 月 14 日。

3D 与 2D 技术的合理选用与完美结合

——纪录片《凯蒂·派瑞:这样的我》评析

中国传媒大学电视与新闻学院电视系教授　郭艳民

北京城市学院传播学系讲师　刘　培

【摘要】本文主要从技术手段、创作思路等方面对3D纪录片《凯蒂·派瑞:这样的我》做了作品研究,认为现阶段3D技术和2D技术各有利弊,可以在创作中根据拍摄题材适当分别选用。3D技术适用于程式化、规范化制作模式,2D技术更适合随机纪实拍摄。无论技术怎样变迁,“故事”和“情感”都是纪录片创作的核心元素。

【关键词】3D;2D;选用;结合

《凯蒂·派瑞:这样的我》(Katy Perry:Part of Me)是一部3D音乐会与人物传记相结合的纪录片,该片讲述了美国当红流行歌星凯蒂·派瑞的成长故事,影片以其2011年启动的环球巡回音乐会演出为线索,向观众呈现了凯蒂·派瑞的童年时代、青春梦想、舞台演出、幕后活动、个人生活等多个方面,给人以强烈的真实感和亲近感,并且从中能够领悟到“青春励志、实现梦想”的主题。

这部纪录片大约投资1200万美元,上映首周全美票房达到713.8266万美元,截止2012年8月30日,全球票房总计3243.9363万美元。在美国1984年以来生产的纪录片中票房排名第七,在音乐会电影中票房排行第四①。2012年7月22日获得2012年美国“青少年选择奖”(Teen Choice Awards)②;2013年1月9日,该片还获得“人民选择奖”(People's Choice Awards)评选中的四个奖项——“最受欢迎音乐影视”(Favourite Music Video)、“最受欢迎女艺人”(Favourite Female Artist)、“最受欢迎流行艺人”(Favourite Pop Artist)、“最受乐迷追捧”

① 票房魔力(box office mojo)官网,http://www.boxofficemojo.com/movies/? id=katyperry.htm。

② 维基百科网,http://en.wikipedia.org/wiki/2012_Teen_Choice_Awards#Choice_Movie。

(Favourite Music Fan Following)①。2013 年 2 月，该片又获得 2012 年“3D 奥斯卡奖”(Creative Arts Awards)最佳现场演出奖(3D Live Event)。一部纪录片能够获得这样的成绩，还是非常难得的。

一、3D 技术的选择性应用

《凯蒂·派瑞:这样的我》采用 3D 技术进行摄制，在许多部分充分体现了 3D 技术的优势，给观众留下了美好且深刻的印象。

(一)3D 字幕

在 2D 影视中，字幕尽管可以变换颜色、字体、字号、运动方式等，但是，因为视觉画面是一个平面，字幕只能附着在影视屏幕表面，主要发挥信息提示和补充的功能。而在 3D 影视节目创作过程中，由于画面的深度感、空间感大大加强，因此，字幕的立体化不仅成为可能，而且成为必须，字幕在画面中的空间方位设置、运动方式处理的变化可能性大大增加，字幕越来越成为一种独立的视觉元素存在在影视画面中。

纪录片《凯蒂·派瑞:这样的我》开场部分的 3D 字幕制作令人感到惊艳，所有字幕不仅都是立体字，在空间布局上与每个衬底镜头相互补充，其颜色(主要采用粉色和白色，粉色是凯蒂·派瑞各项宣传活动的主色)与整部影片的色彩处理风格协调一致，而且每屏字幕的运动方式都不尽相同，就像跳跃、舞动的精灵，与演唱会表演的时尚、活泼感觉相得益彰(如图 1)。

① 凯特·古戴克(Kate Goodacre):《凯蒂·派瑞:“人民选择奖”是新的一年的良好开始》(Katy Perry: People's Choice Awards Are a Nice Way to Start the Year),2012 年 1 月 10 日,“数字密探”(Didital Spy)网站,http//www.digitalspy.co.uk/music/news/a449846/katy-perry-peoples-choice-awards-are-a-nice-way-to-start-the-year.html。

图 1　纪录片《凯蒂·派瑞:这样的我》开场带 3D 字幕镜头截图

(二)3D 录制演唱会现场实况

这部纪录片的制作团队跟随凯蒂·派瑞在世界各地举办“加利福尼亚梦想”巡演并拍摄,先后分别在美国北卡罗来纳州首府罗利(Raleigh)、加州洛杉矶斯台普斯中心(Staples Center)、康涅狄格州首府哈特福德(Hartford)、巴西圣保罗赛马俱乐部(Jockey Club)、日本东京、瑞士苏黎世(Zurich)、英国伦敦、美国内华达州拉斯维加斯(Las Vegas)取景拍摄。演唱会 3D 实况部分主要在 2011 年 11 月 23 日在加州洛杉矶斯台普斯中心录制完成。

该纪录片使用 Red Epic 数字摄影机(如图 2)、蔡司(Zeiss Ultra Prime)和安琴(Angenieux Optimo)镜头、3Ality Technica Atom 3D 支架(如图 3)完成 3D 部分的拍摄,摄影设备总体重量较轻,具有小型、轻便的特点。其数字中间片为 2K 分辨率,文件格式为标准格式;3D 部分为 5K 分辨率,文件格式为 Redcode RAW 格式。精良的制作,使得技术运用与艺术创作达到了完美结合。

图 2　Red Epic 数字摄影机

图 3　3Ality Technica Atom 3D 支架

在这部纪录片中,3D 技术主要被用于拍摄凯蒂·派瑞的演唱会实况,其 3D 效果明显,层次感、空间感、距离感处理得均恰如其分,绚丽的舞台、璀璨的灯光、鲜艳的服饰、充满活力的舞蹈与动人的歌声一起呈现在我们面前,观众仿佛真的置身现场,并参与其中,与演员、观众一起欢歌热舞(如图 4)。

图 4　纪录片《凯蒂·派瑞:这样的我》演唱会现场实况部分截图

这部纪录片演唱会 3D 实况部分的切换、剪辑也非常值得称道,镜头随着音乐的节奏、情绪切换,剪辑点非常精准,镜头拍摄内容及景别也非常到位,所选择的角度也都是最佳角度,从中可以看出,在实际拍摄之前,摄制团队已经进行了精心的准备、演练。当然,由此也可以看出制作团队优秀的现场录制专业素质。

(三)资料镜头 2D 转 3D

纪录片的创作总是不可避免地要使用过去式的影音素材,由于此前大部分图片、视频都是使用 2D 设备拍摄的,所以,2D 转 3D 技术成为处理这类素材的主要技术手段。

纪录片《凯蒂·派瑞:这样的我》中使用了凯蒂·派瑞儿童时代、少女时期、出道初期的一些视频,还使用了一些采集自网站的粉丝"告白"的影像素材,以及主人公与各位朋友、工作伙伴、家人在一起的照片资料,这些影像资料都被转成了 3D 效果,特别是其中的照片影像所体现出来的 3D 效果更加明显。这些画面丰富了主人公及被访谈者讲述部分的视觉内容,再现了逝去岁月里凯蒂·派瑞的人生故事,带观众重回过去时光,也成为该片叙事的重要组成部分,毕竟,这是一部没有解说的纪录片(如图 5)。

图 5　纪录片《凯蒂·派瑞:这样的我》中资料视频及照片 2D 转 3D 镜头截图

二、传统创作手段的经典应用

(一)2D 摄影优势的继承与发扬

尽管纪录片《凯蒂·派瑞:这样的我》宣称自己是"3D"纪录片,但是,并非整部片子的纪实段落都是使用 3D 摄影机拍摄完成的,从最终的画面效果,我们明显可以看出,除了凯蒂·派瑞专访、演唱会现场实况,其他人物的访谈、演唱会会场内外观众状态、派瑞幕后活动及个人生活等部分都是使用传统 2D 摄录设备拍摄,之后再转成 3D 形式,组合进完成片,而且,在转制过程中,并没有特别强调其 3D 效果,观众看这些段落的时候,看到的视觉效果和普通 2D 镜头没有多大差异。(如图 6)

虽然 2D 摄影与 3D 摄影相比,画面效果在空间感、立体感、真实感方面逊色一些，但是，在其他许多方面，它却具有相当的优势，比如：2D 摄影焦点调整方便快捷，有利于纪实拍摄小景深镜头；2D 摄影轻便、灵活，有利于随机快速跟拍人物活动和抓拍细节。最为重要的是，2D 摄影比较经济，可以缩短制作周期，节约制作成本。现阶段，如果使用 3D 技术拍摄不具备规范性、程式化、可控性的纪实场景和对象，只能选择双镜头一体机进行拍摄，然而，这种方式并不能完全满足“高度机动拍摄”和“立体效果完美”兼顾的要求，实际操作起来，在这两方面都会有一定程度的降格以求，同时还会造成拍摄成本的增加、制作周期延长。从资源利用效率角度出发，选用 2D 摄影技术随机拍摄纪实段落，显得更为现实与合理。

图 6　纪录片《凯蒂·派瑞：这样的我》中 2D 纪实拍摄再转 3D 镜头截图

在 3D 版完成片中，2D 技术拍摄的部分被转成 3D 格式与“真 3D”部分穿插组合，尽管这些部分属于“伪 3D”，但是，在视觉惰性的作用下，观众观影十几分钟后，往往并不能敏感地发现“真 3D”与“伪 3D”之间的变换。因此，这种穿插组合方式，不仅能够充分发挥 2D 摄影与 3D 摄影各自的优势，甚至还可在一定程度上缓解观众的视疲劳，在连续观影过程中给观众一定的视觉缓冲。在 3D 技术尚不够完善的情况下，这种方式不失为一种比较务实、高效的做法。

（二）“故事”与“情感”——不变的创作核心

纪录片制作技术已经进入了新的时代，数字 3D 技术与此前的影像采集、制作方式都有着本质不同，然而，尽管技术快速变迁，艺术规律却恒久，“故事”和“情感”永远是纪录片创作不变的核心元素。

1. 故事

纪录片《凯蒂·派瑞：这样的我》给我们讲述了凯蒂·派瑞的成长故事，其中有她童年的家庭生活，也有她青年时期的音乐梦想；有她初出道时遭受的打击与挫折，也有她不懈的努力和坚持；有她失去爱情后的痛苦与悲伤，也有她获得成功后的快乐和辉煌……一个个真实的小故事，让我们感觉超级明星就像我们身边熟识的朋友，那么平实和真切。正是因为这些故事的存在，才使得《凯蒂·派瑞：这样的我》真正成为一部纪录片，而不是演唱会音乐的拼凑之作，也不是高级版的影视广告。

凯蒂·派瑞的故事并不具有传奇色彩，但是，她的故事却贯穿着努力、坚持、奋斗、执著，充满了令人鼓舞的精神力量，这不仅成为这部纪录片的主题，还是它的灵魂。在谈及这部纪录片的创作过程时，作为本片制作人之一的好莱坞大师级导演朗·霍华德（Ron Howard）说道：“凯蒂·派瑞的经历很曲折，也很让人振奋，她也曾经有过低谷，那时候的凯蒂·派瑞并不像现在这样充满自信，给予大家无穷的开心和快乐；而在走过那段低谷之后，她选择用声音来为大家打气。我希望《凯蒂·派瑞：这样的我》能够让观众们在音乐里找到一种积极的力量。大家看着凯蒂·派瑞的成长之路，跟随着她的歌曲，然后去寻找自己的方向。”本片两位导演之一丹·库特弗斯（Dan Cutforth）说道：“凯蒂·派瑞的人生并不是大多数人想象的那么一路顺风，她得到了光环，也失去了许多的东西，她一直坚持自己的音乐理想，才能走到如今这一步，这一点我认为对如今的年轻人是非常有帮助的，所以这也是电影要阐述的一个重点。我希望《凯蒂·派瑞：这样的我》即便再过十年、二十年来看，仍然可以留给大家，作为展现凯蒂·派瑞人生的一部影像资料。”①

2. 情感

艺术作品之所以能对人产生影响，主要是通过塑造形象、依赖情感感动的方法来进行，这种以感性认识为基础的方式，往往比理性思辨来得更加直接、强烈，甚至深刻。

---

① 人人影视网站，http://www.yyets.com/resource/28160。

在这部纪录片中,凯蒂·派瑞的情感世界得到了很好的展现,她不再是一个被光环包围着的明星,而是一个有血有肉的鲜活的生命个体。她对音乐梦想的执著追求,她对美好爱情的珍惜渴望,成为这部纪录片的两条情感主线,片子当中的多个段落都令人非常感动。比如,凯蒂·派瑞在巴西得知婚姻失败的消息后,一直躺在休息室里哭泣,而演唱会现场已经聚集了成千上万热情期待她登台演唱的歌迷,她擦干眼泪、强忍悲伤登台演出,一曲情真意切的《离开的那个人》(The One Got Away)被导演有意识地剪辑在此处,恰如其分且感人至深。

由于凯蒂·派瑞的代表歌曲主要由她自己创作,这些歌曲也大都是因其生活经历有感而发,所以,她的歌曲就是自己"故事"和"情感"的高度凝练。在这部纪录片的叙事过程中,现场演唱与纪实段落穿插进行,每一首现场演唱歌曲都与其前后的故事有机结合,成为对现实生活的诠释和总结,使得整部片子具有了音乐剧一样的风格特征。

综上所述,3D 纪录片《凯蒂·派瑞:这样的我》创作过程中,根据 2D 和 3D 摄影技术各自的特性,结合各个段落的主题,分别对其加以利用。笔者认为,在现阶段,这种摄制方式是比较理性和现实的,3D 技术和 2D 技术本质上都是人们进行影像创作的一种手段,对其使用的深度和广度,都要以"题材适用"为原则,以最终的镜头视觉效果为依据。对 3D 技术不可盲目崇拜,对 2D 技术也不能彻底抛弃,技术终究要为艺术创作服务,两者的有机结合才是王道。

参考文献:

1. 卡拉·华纳(Kara Warner):《〈凯蒂·派瑞:这样的我〉音乐会电影不会"便宜"》('Katy Perry: Part of Me' Concert Movie Wont Be 'Cheap'),《音乐影视新闻》(MTV News),2012 年 3 月 22 日,http://www.mtv.com/news/articles/1681607/katy-perry-part-of-me-concert-movie.jhtml。

2. 3ality technica 官网,http://3alitytechnica.com/3D-rigs/Atom.php。

3. Red 官网,http://www.red.com/products/epic。

4. 票房魔力(box office mojo)官网,
http://www.boxofficemojo.com/movies/?id=katyperry.htm。

5. 维基百科网,
http://en.wikipedia.org/wiki/2012_Teen_Choice_Awards#Choice_Movie。

3D 技术创造极限真实体验
——纪录片《风暴冲浪者》评析

中国传媒大学电视与新闻学院电视系教授　**郭艳民**
中央电视台体育中心记者　**许　迅**

2013 年 2 月 6 日,国际 3D 协会在洛杉矶贝弗利山庄酒店颁发了 2012 年度"3D 奥斯卡奖"(Creative Arts Awards)的各个奖项,澳大利亚 3D 纪录片《风暴冲浪者》(Storm Surfers)击败了詹姆斯·卡梅隆制作的《太阳马戏团:遥远的世界》(Cirque Du Soleil:Worlds Away)和丹·库特弗斯(Dan Cutfort)、珍·利普希茨(Jane Lipsitz)联合执导的《凯蒂·派瑞:这样的我》(Katy Perry:Part of Me),获得了最佳纪录片奖。此前,这部纪录片已经获得了 2012 年度澳洲电影与电视学院奖(AACTA Award)最佳纪录影片奖(Best Feature Length Documentary)、2012 年度东京国际电影节(Tokyo International Film Festival,简称 TIFF)最佳纪录片奖(Best Documentary)评奖的第二名。《风暴冲浪者》2012 年 8 月 14 日在澳大利亚上映,至年底在澳大利亚获得超过 66 万美元的票房收入①。

《风暴冲浪者》表现了牵引冲浪传奇人物罗斯·克拉克 - 琼斯(Ross Clarke - Jones)、两届世界冲浪冠军汤姆·卡罗尔(Tom Carroll)和风浪预报员本·麦特森(Ben Matson)2011 年在南半球冬季(5—8 月)的冲浪冒险之旅,他们根据海潮预报,辗转于将有巨浪产生的海域,在夏威夷、塔斯马尼亚、澳大利亚东西海岸等地创造自己冲浪的新纪录。摄制组克服了气候寒冷、风急浪大的困难,有时甚至要冒生命危险完成拍摄。观众跟随摄影机镜头在风口浪尖上跌宕起伏,海浪和潮水仿佛就围绕在观众身边,3D 技术为大家带来了前所未有的真实体验。

---

① 布兰登·斯威夫特(Brendan Swift):《〈风暴冲浪者〉赢得国际 3D 协会奖》(Storm Surfers 3D wins International 3D Society Awards),http//if. com. au/2013/02/08/article/Storm - Surfers - 3D - wins - International - 3D - Society - Award/Vtectiuayf. html。

一、适宜3D 拍摄的题材——海洋

《风暴冲浪者》的主要拍摄场景是海洋，具体来说就是海水和海浪，这些都是非常适宜3D 技术拍摄的题材和对象，能够充分发挥3D 技术的优势。海水既有形又可以随意变形，这种特性使其在超出立体视觉舒适范围时给观众带来的视觉不适感降低，涌动的海水、海浪又具有丰富的层次性，摄影机可以最大限度地表现从距离镜头最近到无限远的景物，使用3D 技术拍摄，可以获得良好的立体感、空间感。

在前人的创作实践中，人们就发现了这一"秘密"，著名导演詹姆斯·卡梅隆就曾多次谈到使用3D 技术拍摄海洋题材的经验，"我们当时发明这一套3D 摄影设备的时候就拍了一部关于海洋的纪录片，我们发现它很适合处理关于水的题材。原因有很多，当然3D 技术适合拍一切题材，但尤其在拍水的时候，你真的感受到那种扑面而来的感觉"①。"有海洋镜头的电影天生适合用3D 拍摄，不论是在水中还是在水上。……3D 总是能使得在水下的镜头显得更加真实。而在水面的镜头，3D 的加入也会使得观众感到好像自己也承受着银幕上巨浪的冲击一样，这一点在《泰坦尼克号》上得到了验证，虽然它只是后期转制3D。在《少年派的奇幻漂流》中，我看到了同样的用法，导演将镜头几乎贴在水面之上，让观众感觉好像水就在自己下巴下面。"②

《风暴冲浪者》采用全3D 技术拍摄，所有实拍段落均为"真3D"，没有使用2D 转3D 技术。在拍摄海洋段落时，机位采取立体设置方式，海平面、海水中、渔船、直升机、滑板、摩托艇、手划艇等各处都有3D 摄影机镜头，全方位地记录下巨大海浪的壮观和震撼，以及冲浪者的高潮技艺和勇敢精神。

在陆地上使用3D 技术进行拍摄已经是比较复杂的事情，在距离海岸几十公里的海洋上进行3D 拍摄则需要克服更多的困难，摄影机的稳定性、双机拍摄的绝对同步、摄录器材的防水和防腐蚀性能、遥控拍摄装置的可靠性等都是技术上的难题。在拍摄这部影片时，还没有现成的拍摄冲浪运动的3D 设备，这部影片的摄制组创造了全新的拍摄方式。经过六个多月的精心准备和设计，本片导演、摄影师、水下摄影师、3D 立体效果监督等人将多种摄影机组合成6 套不同的摄影设备，用

---

① 王振国：《卡梅隆赞〈少年派〉打破3D 技术框架：我服了》，《广州日报》，2012 年11 月28 日。

② 莱特：《对话卡梅隆：盛赞〈少年派〉，余生只拍3D 片》，新浪娱乐，http://ent.sina.com.cn/m/f/2012－11－27/21563798129.shtml。

来在咸咸的海水、狂风、暴雨等恶劣环境下捕捉冲浪这种高速运动(如图1)。

图1 《风暴冲浪者》摄制组使用特制的3D摄影器材进行拍摄

由于海水、海浪具有不可控性,尽管摄制组尽其所能进行前期准备,但是,具体到每次海浪的形状、速度、位置、时间等都会有所不同,这使得摄制组只能在现场采用多机同时拍摄、多次拍摄的方式,完成记录,因此,《风暴冲浪者》的片比极高,完成片为95分钟,而素材片共拍摄了约1500小时,片比高达940:1,只有在数字时代,才有可能以这样的片比来完成影视作品的拍摄。

由于本纪录片的摄制组由30多人组成,经常是8－9台摄影机同时启动拍摄同一场景,因此,采用了双导演联合执导的方式,克里斯·奈琉斯(Chris Nelius)主要负责直升机和船上的拍摄任务,而贾斯汀·麦克米伦(Justin McMillan)主要负责水中拍摄部分。

二、超越极限的影像记录

《风暴冲浪者》的主创均有比较丰富的海洋拍摄经验,拥有良好的影视专业素质,再加上超大片比的拍摄方式,使得他们能够捕捉到众多既美丽壮观又令人震撼的镜头,特别是他们完美地记录下冲浪者在大潮形成的潮洞中穿行的镜头,美轮美奂、惊险刺激,仿佛是天外来客的灵光闪现(如图2)。

因为《风暴冲浪者》是一部剧场放映的纪录电影长片,所以,在前期拍摄时既要追求最佳的影像质量,同时,创作者还要强调使用最微型的摄影机,以便将观众带入到巨大的海浪中。

《风暴冲浪者》摄制组在机位设置方面,超越常规、锐意创新,除了在海中、渔船上、直升机上的摄影机外,还在冲浪者的滑板、手划艇、摩托艇等处安装了小型3D摄影设备,让观众随冲浪者一起体验在潮头浪尖的感觉(如图3)。摄制组使用了一种保护装置,使得镜头前完全没有水印儿。为拍摄这部纪录片,共使用

图 2 《风暴冲浪者》中冲浪者穿越潮洞的镜头

了 23 台 3D 摄影机,因为所需要拍摄的场景一般只持续几秒钟,所以,导演和所有摄影师时刻保持联系,做好准备,随时拍摄。当重要时刻来到时,所有的摄影机都在拍摄。

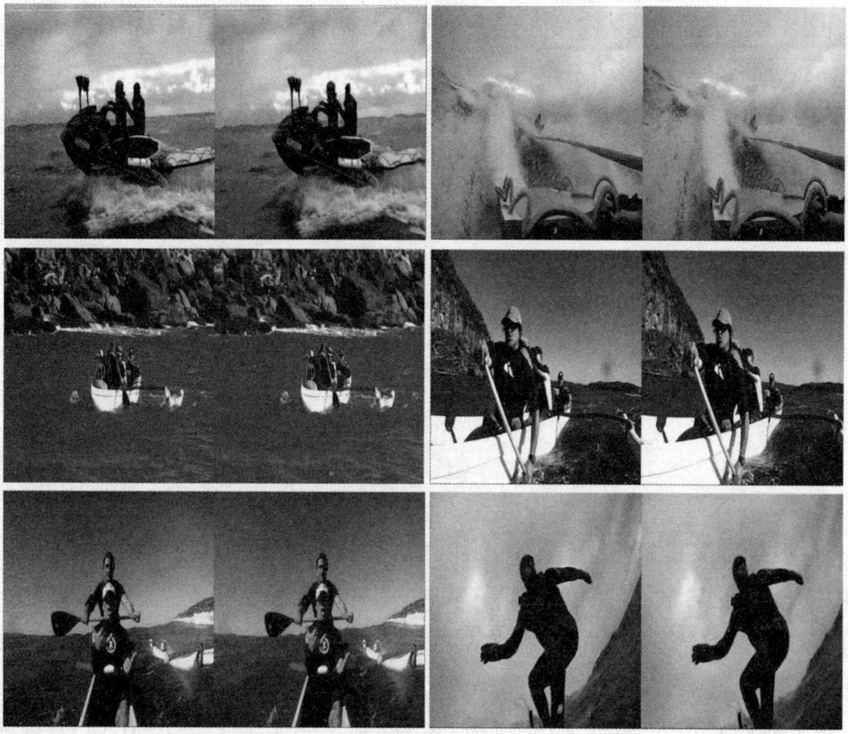

图 3 《风暴冲浪者》在摩托艇前后、手划艇侧面和前端、滑板前端设置 3D 摄影机

在这部纪录片中,最令人称赞的就是摄制组在一根手竿上装上 3D 摄影器材,让冲浪者在冲浪过程中手持,进行主观镜头拍摄。这些主观镜头的拍摄,彻底使观众与冲浪者一体化,随冲浪者在波峰浪谷中起伏、穿越,给观众带来无与伦比的真实感和体验感。(如图 4)

图 4 《风暴冲浪者》中手持手竿上的摄影机及其拍摄的镜头

这些前所未有的镜头的获得，得益于科技的发展与创新，Go Pro 相机的出现为本片拍摄提供了技术保证。Go Pro Hero 3 相机专为极限运动拍摄而打造，具有一定的防水、防震功能，可以拍摄 1080p、960p、720p 以及 480p 的视频，并且可以进行高速摄影（最高达 240 帧/秒），内置 Wi - Fi 无线传输功能，1100 万像素传感器，并配备有遥控器。Go Pro 3D 系统可以将两个小型相机并置，用来在记录 3D 视频和照片的同时进行 2D 记录，还可给其加上防水罩等各种外保护舱。一根插在前部的同步电线将两台相机连接，确保它们能够非常完美地进行同步记录。这种使用小型相机拍摄专业级 3D 影像的记录方法，为 Go Pro 公司所独有。（如图 5）

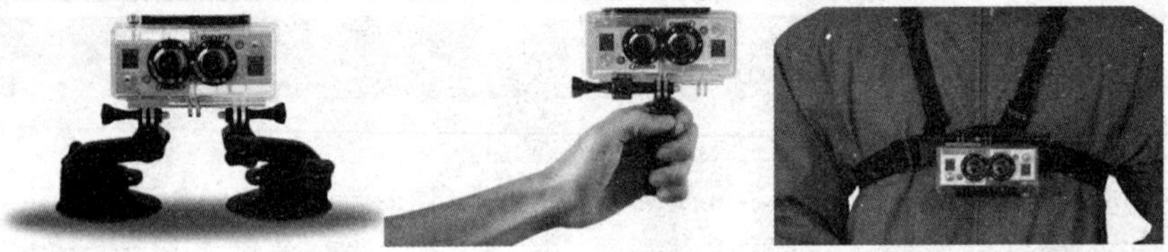

图 5　Go Pro Hero 3 相机

在《风暴冲浪者》拍摄过程中，摄制组将 Go Pro 相机创造性运用，通过手持装有 Go Pro 相机的手竿拍摄，罗斯·克拉克 - 琼斯跃上 20 英尺高的潮头，再以 60 公里/小时的速度飞驰而下，观众仿佛和他一起，能够非常真实地体验到他的视觉、心理感受。

除了使用 Go Pro 相机，《风暴冲浪者》摄制组还使用了松下 AG - 3DA1 摄像机、SI 2K 3D 摄影机（使用 ET Dark Country 3D 支架）、Sony PMW - TD300 摄像机、Sony EX3 摄像机（使用水平支架）拍摄。此外，还使用了佳能 550D 数码单反相机拍摄片中延时摄影部分。

技术装备的合理运用，为创作者提供了极限记录影像的可能，从而，拓展了人类的视野，丰富了人们的心理感受，增强了观众的体验感。《风暴冲浪者》导演克里斯·奈琉斯(Chris Nelius)认为:"《阿凡达》等电影打开了3D的大门,但是,纪录片才是3D真正能够确立自身地位的领域,因为和创造虚幻世界相比,纪录片是带领人们和我们一起去旅行,他们会觉得自己真的在那里。我们甚至将摄影机置于15英尺高的浪潮中,观众就像在罗斯·克拉克-琼斯身后和他一起在致命的大浪中滑行,这种效果非常令人惊奇。"导演贾斯汀·麦克米伦(Justin McMillan)也说:"这是在不弄湿自己的前提下,最逼真地体验在大潮中冲浪的方式。"①

三、散文化叙事表现情感主题

《风暴冲浪者》记录了冲浪者追寻巨大浪潮进行冲浪的过程。作为一部极限运动题材纪录片,其故事线索并不复杂,人物关系也很简单,缺乏激烈的矛盾冲突,没有过多曲折反复的情节,也没有完整的故事结构,但是,这部纪录片绝不仅仅是惊险壮观场面的堆砌展现,而是穿插表现了汤姆、罗斯团队的准备、训练、疗伤、超越极限等故事,表现了他们对冲浪运动的热爱以及彼此之间的深厚情谊。

本片首先表现了汤姆和罗斯这对老搭档征服自然、征服海浪的豪情壮志,尽管已经人到中年,但是,依然雄心不减当年,他们成为人类征服自然、在海天之间自由驰骋的代表。汤姆和罗斯之间的友情也是本片的重要看点,在多年的合作过程中,两人风雨同舟、配合默契,共同创造了冲浪界的传奇人生。他们一起冒着生命危险去征服这个星球上最危险的风暴浪潮,一起享受冲浪的快乐,也共同忍耐冲浪带来的伤痛和辛苦。

其次,本片表现了世界各地冲浪者之间的朋友情谊,无论是在夏威夷,还是在澳大利亚,都有同样热爱冲浪的朋友加入汤姆和罗斯的冲浪活动。在夏威夷,有凯利·斯莱特(Kelly Slater)加入;在澳大利亚,有保罗·摩根(Paul Morgan)和巴西的玛雅·格贝拉(Maya Gabeira)加入。因为对冲浪运动的共同热爱,使得他们走到一起,切磋技艺并彼此友爱,当伙伴在浪潮的冲击下身影消失时,大家都非常急切地寻找其下落;当看到同伴从危险的浪潮中平安脱身的时候,大家的欣喜之情也都溢于言表。

① 格伦·费里斯(Glen Ferris):《〈风暴冲浪者〉导演问答》(Storm Surfers 3D Directors Q&A),http://www.redbull.com/cs/Satellite/en_INT/Article/Storm-Surfers-3D-Directors-QA-Movie-Feature-021243240583059。

《风暴冲浪者》还表现了罗斯·克拉克－琼斯和儿子卡兰·克拉克－琼斯(Kanan clarke－Jones)之间的故事,父亲亲自教儿子学习冲浪,并且驾驶摩托艇牵引儿子第一次进行大海浪冲浪,在言传身教和共同努力之中,让我们看到了父亲与儿子之间独特的情感交流和惊世技艺的传承。

《风暴冲浪者》展现了汤姆、罗斯团队在夏威夷瓦胡岛、澳大利亚西海岸、塔斯马尼亚、澳大利亚东海岸追踪风暴进行冲浪的过程,壮观震撼的风暴潮和冲浪者高超的冲浪技艺为观众提供了视觉享受,而包含在影像之中的冲浪者的顽强精神、真挚情感则为我们带来了心灵的感动。正如评论者西蒙·弗斯特(Simon Foster)所说:"正是这部片子比较人性的一面,使得它能够在电影节、艺术影院、纪录片院线上映,而不只是在冲浪俱乐部大厅里放映。在影片令人头晕目眩的动作场面中,包含着朋友情谊、年华流逝、父辈情怀和精神遗产等主题,使观众产生深深的共鸣"①。

《风暴冲浪者》的选题和创作手段完美结合,创作者采用极限的方式对冲浪这种极限运动进行了记录,用散文化叙事方法展示了冲浪者的精神和情怀,它对3D 技术的创新运用,进一步突破了3D 技术的原有局限,它向人们证明,要想获得完美的立体视觉效果,并不一定非要使用大型摄像机和垂直、水平支架在慢速状态下拍摄,而是可以使用小型设备在高速运动状态中进行纯纪实拍摄。随着新技术、新设备的不断出现和更新,3D 技术也将不断进步,3D 影视摄制将获得更大的自由空间,创作出更多优秀的立体影视作品。

参考文献:

1. 百度百科:相机,http://baike. baidu. com/view/9862527. htm。

2. Go Pro 官方网站:http://gopro. com/hd－hero3－cameras。

3.《风暴冲浪者》(Storm Surfers)官网,http://www. stormsurfers. com. au/。

4. 特雷弗·霍格(Trevor Hogg):《兴风作浪:贾斯汀·麦克米伦和克里斯·奈琉斯谈〈风暴冲浪者〉》(Making Waves: Justin McMillan & Chris Nelius Talk about Storm Surfers 3D),http://weixin. proxyaaa. com/soufun. com. php? u＝xPAapoy96eO2emz0VOccIog8v3%2Fei6Jm1Cy%2FvrdxgQFCtzCsDwyk6hoP8A9Dy3MikUZSwO6eg2G0HhX3ARYT3o0B98vEGkvyRQ%3D%3D&b＝3&f＝norefer。

5. 安德鲁·L·厄本(Andrew L. Urban):《〈风暴冲浪者〉评论》,http://www. urbancinefile. com. au/home/view. asp? a＝18893&s＝Reviews。

---

① 西蒙·弗斯特(Simon Foster):《〈风暴冲浪者〉评论》,http://screen－space. squarespace. com/reviews/2012/7/20/storm－surfers－3d. html。

附录 1

3D 电视节目大事记

20 世纪 80 年代

1982 年 2 月,世界上最早的 3D 电视节目在英国播出,该节目是一期关于科学周刊《真实的世界》(The Real World)的节目。这期节目包括部分菲利普斯(Philips)在荷兰拍摄的测试性镜头。红绿 3D 眼镜被免费随《电视时代》(TV Times)杂志发放给观众,但是,该节目的 3D 部分播出时却呈现为单色。这个试验在 1982 年 12 月再次在全国范围进行,这次使用红蓝 3D 眼镜观看,实现了首次彩色 3D 电视信号播出。

20 世纪 90 年代

1997 年 5 月,情景喜剧《来自太阳的第三块岩石》(3rd Rock from the Sun)中的《迪克街道的噩梦》(Nightmare on Dick Street)剧集中,一些角色的梦境被用 3D 方式展现。在该剧集播出时,会在屏幕一角显示“3D 开始”、“3D 结束”这样的标识来提示观众戴上或摘下 3D 眼镜。

1997 年 5 月,美国广播公司(ABC)有多个节目采用 3D 技术展示特别段落,这些节目包括情景喜剧《家庭改善计划》(Home Improvement)、《旋转城市》(Spin City)、《德鲁 · 凯里秀》(The Drew Carey Show)、《埃伦》(Ellen)、《家庭事件》(Family Matters)、《循序渐进》(Step by Step);还包括《塞布丽娜,少年魔女》(Sabrina,The Teenage Witch)、《最滑稽的美国家庭录像》(America's Funniest Home Videos)。这些节目也会在屏幕一角提示观众何时戴上或摘下立体眼镜。

21 世纪以来

剧情剧(Drama)《媒介》(Medium)和喜剧《超市特工》(Chuck)(第二季第十二集)中使用了3D技术。情景喜剧《发展受阻》(Arrested Development)的其中一集短暂使用了3D技术。

2009年11月开始,英国的第四频道(Channel 4)播出了一季3D电视节目,包括《达伦·布朗》(Derren Brown)和《女王》(The Queen),但是,时间不是很长。

2010年1月31日,英国天空广播公司(BSkyB)成为第一个进行3D体育比赛直播的电视公司,天空体育频道(Sky Sports)向观众直播了一场曼联队对阿森纳队的足球比赛,直播信号只能在一些事先选定的酒吧里接收。

2010年1月31日,第52届格莱美奖(52nd Grammy Awards)颁奖礼播出了一段向迈克尔·杰克逊致敬的3D影像。

2010年3月,专门为3D电视制作的真人出演的3D电视喜剧《Safety Geeks SVI 3D》开始发行。该节目赢得了2010年洛杉矶3D电影节"最佳试验片奖(Best Pilot or Series)"。

2010年4月,DirecTV、Comcast和Cox电视公司开始3D直播高尔夫大师赛(Masters Tournament)。

2010年5月23日至6月6日,法国网球公开赛在巴黎举行,其中央球场的比赛被用3D技术拍摄,并通过Orange TV频道向全法国登记用户进行直播。

2010年5月24日,福克斯体育频道(Fox Sports)在澳大利亚首次播出了3D电视节目,内容是澳大利亚足球队与新西兰足球队在墨尔本板球场的一场比赛。

2010年5月26日,第九电视网(The Nine Network)播出了第一个3D免费接收节目,内容是昆士兰人队(Queensland Maroons)和新南威尔士蓝调队(New South Wales Blues)在新西兰银行体育场的比赛。

2010年5月29日,天空电视台用3D形式播出了英国橄榄球超级联赛总决赛(Guinness Premiership Final),可以在一些事先选定的酒吧和俱乐部中收看。

2010年6—7月,第十九届世界杯足球赛在南非举行,有25场比赛以3D形式制作和播出。

2010年6月30日,菲律宾总统阿基诺的就职典礼成为第一次以3D形式直播的总统就职典礼,然而,该直播只能在一些特定的场所才能收看。

2010年7月3日,2010年度"零度可口可乐400(Coke Zero 400)"汽车赛以3D形式在NASCAR.com、DirecTV、Comcast、时代华纳(Time Warner)、Bright

House 有线电视系统播出。

2010 年 7 月 27 日，加拿大的卫星电视频道 Bell TV 开始向其用户提供全天候付费 3D 电视服务。

2010 年 8 月 13 日，2010 年度美国职业高尔夫锦标赛以 3D 形式转播了 4 个小时（从下午 3 点至 7 点，美国东部时间。）这次 3D 转播信号可以由 DirecTV、Comcast、时代华纳有线电视（Time Warner Cable）、Bright House 电视网、Cox Communications、Cablevision 来播出。

2010 年 9 月，加拿大广播公司（Canadian Broadcasting Corporation）播出的第一个 3D 电视节目是关于伊丽莎白二世，其中既有女王 1953 年加冕礼的 3D 影片片段，也有她 2010 年访问加拿大的 3D 视频。这标志着历史上的 3D 影像首次在电视上播出，同时，这也是加拿大首次制作和播出 3D 电视节目。

2010 年 9 月 25 日，美国足球大联盟总决赛（AFL Grand Final）以 3D 形式在七电视网（Seven Network）播出。

2011 年 1 月 19 日，日本第一个 3D 电视剧《东京控制》（Tokyo Control）首播。

2011 年 5 月，3net 电视台播出了第一个纪实性真人秀电视节目，叫做《Bullproof》，在当地拍摄，由数字革命工作室（Digital Revolution Studios）制作。

2011 年度"3D 奥斯卡奖"（3D Creative Arts Awards）颁奖礼"你的 3D 世界"（Your World in 3D）是第一个在电视上播出的 3D 颁奖礼。

2011 年 7 月 16 日，南非摇滚乐队"表演者"（The Parlotones）成为第一个被电视 3D 直播其摇滚剧（Live Rock Opera）表演的乐队，他们的演出可以通过 Direct TV 直播，也可以在 Facebook 上付费观看。他们表演的节目叫做《蜻蜓和宇航员》（Dragonflies & Astronauts）。

2011 年，BBC 用 3D 形式直播了 2011 年度温布尔登网球公开赛的决赛阶段比赛。

2012 年 6—7 月，中国 3D 试验频道直播了欧洲足球锦标赛的全部赛事。

2012 年 7—8 月，3D 试验频道转播了伦敦奥运会所有提供 3D 信号的赛事，其中主要包括开幕式、闭幕式、田径、游泳、体操等 300 小时的 3D 直播节目。

2012 年度环球小姐和美国小姐选美大赛 3D 视频节目在 Xbox Live 网络频道播出。

附录 2

国际 3D 协会历届
“3D 奥斯卡奖”奖项及获奖名单

总部在美国的国际 3D 协会(International 3D Society,简称 I3DS),集全球顶尖 3D 技术、创意、艺术、拍摄等公司、团体于一堂,早已被业界奉为最具权威性的机构,该机构每年颁发一次“创造艺术奖”(Creative Arts Awards),被业界称为“3D 奥斯卡奖”。至 2013 年,国际 3D 协会已经举办了 4 届评奖,历届奖项设置有所不同,具体获奖名单如下,其中大部分影片可以在“立体中国”、“3D 中国”等互联网站找到资源下载观赏。

第一届

真人实景影片(LIVE ACTION)

《阿凡达》(Avatar),光风暴娱乐公司(Lightstorm Entertainment)(美国)、20 世纪福克斯公司(美国)联合出品

吉奥瓦尼 · 瑞比西(Giovanni Ribisi),在《阿凡达》中饰演帕克 · 塞尔弗里奇(Parker Selfridge)

动画影片(ANIMATED)

《向上》(UP),皮克斯动画工作室(美国)、华特 · 迪士尼电影公司(美国)联合出品

鲍勃 · 怀特希尔(Bob Whitehill),担任《向上》一片的 3D 效果监制(3D Supervisor)

3D 才能奖(3D TALENT AWARD)

布兰登 · 弗雷泽(Brendan Fraser)

演员/监制(Actor/Executive Producer)

《地心历险记》(Journey to the Center of the Earth)

终身成就奖(LIFETIME ACHIEVEMENT)

杰弗瑞·卡森伯格(Jeffrey Katzenberg)

梦工厂动画公司(Dream Works Animation)

纪录片(DOCUMENTARY)

《海底世界3D》(Under the Sea 3D),IMAX公司(加拿大)和华纳兄弟电影公司(美国)联合出品

2010年度“人民选择”奖(2010 PEOPLES CHOICE AWARDS)

1. 最受欢迎3D真人实景电影(FAVORITE 3D LIVE ACTION MOVIE)

《阿凡达》(Avatar),光风暴娱乐公司(Lightstorm Entertainment)(美国)、20世纪福克斯公司(美国)联合出品

吉奥瓦尼·瑞比西(Giovanni Ribisi),在《阿凡达》中饰演帕克·塞尔弗里奇(Parker Selfridge)

2. 最受欢迎的3D动画影片(FAVORITE 3D ANIMATED MOVIE)

《鬼妈妈》(Coraline),焦点电影公司(Focus Features)(美国)

布莱恩·万特·哈尔(Brian Vant Hull),在《鬼妈妈》中任视觉效果监督(Visual Effects Supervisor)

立体摄影奖——真人电影(STEREOGRAPHY —LIVE ACTION)

《阿凡达》(Avatar),光风暴娱乐公司(Lightstorm Entertainment)(美国)、20世纪福克斯公司(美国)联合出品

乔伊斯·考克斯(Joyce Cox),《阿凡达》制片人(Producer)

立体摄影奖——动画电影(STEREOGRAPHY —ANIMATED)

《鬼妈妈》(Coraline),焦点电影公司(Focus Features)(美国)

布莱恩·万特·哈尔(Brian Vant Hull),在《鬼妈妈》中任视觉效果监督(Visual Effects Supervisor)

视觉效果奖(VISUAL EFFECTS)

《阿凡达》(Avatar),光风暴娱乐公司(Lightstorm Entertainment)(美国)、20世纪福克斯公司(美国)联合出品

乔伊斯·考克斯(Joyce Cox),《阿凡达》制片人(Producer)

故事短片奖(SHORT MOTION PICTURE/NARRATIVE)

《暴力云与送子鹳》(Partly Cloudy),皮克斯动画工作室(美国)、华特·迪士尼电影公司(美国)联合出品

鲍勃·怀特希尔(Bob Whitehill),担任《向上》一片的3D效果监制(3D Supervisor)

市场 3D 内容(MARKETING 3D CONTENT)

《阿凡达》(Avatar),光风暴娱乐公司(Lightstorm Entertainment)(美国)、20 世纪福克斯公司(美国)联合出品

吉奥瓦尼·瑞比西(Giovanni Ribisi),在《阿凡达》中饰演帕克·塞尔弗里奇(Parker Selfridge)

年度 3D 场景(3D SCENE OF THE YEAR)

《阿凡达》(Avatar)

"杰克·萨利,第一次战斗"(Jake Sully, First Flight)

《阿凡达》(Avatar),光风暴娱乐公司(Lightstorm Entertainment)(美国)、20 世纪福克斯公司(美国)联合出品

阿尔伯特·哈斯丁(Albert Hastings),《阿凡达》电脑动画监督(CG Supervisor)

2D 转 3D 影片(2D TO 3D CONVERTED FEATURE)

《豚鼠特工队》(G – Force),索尼影像工作室(日本)和华特·迪士尼电影公司(美国)联合出品

罗伯·恩格尔(Rob Engle),《豚鼠特工队》3D 视觉效果监督(3D Visual Effects Supervisor)

年度 3D 人物角色(3D CHARACTER OF THE YEAR)

《阿凡达》(Avatar)

妮特丽(Neytiri)(纳威族公主)

光风暴娱乐公司(Lightstorm Entertainment)(美国)、20 世纪福克斯公司(美国)联合出品阿尔伯特·哈斯丁(Albert Hastings),《阿凡达》电脑动画监督(CG Supervisor)

第二届

真人实景影片(LIVE ACTION FEATURE)

《创:战纪》(Tron: Legacy),华特·迪士尼电影公司(美国)出品

动画影片(ANIMATED FEATURE)

《驯龙高手》(How to Train Your Dragon),梦工厂动画公司(美国)出品

电影故事短片(SHORT MOTION PICTURE/NARRATIVE)

《日与夜》(Day & Night),皮克斯动画工作室(美国)出品

纪录片(DOCUMENTARY)

《哈勃望远镜3D版》(Hubble 3D),IMAX公司(加拿大)出品

最佳2D转3D效果奖(OUTSTANDING USE OF 2D TO 3D CONVERSION)

《爱丽丝梦游仙境》(Alice in Wonderland),华特·迪士尼电影公司(美国)和索尼影像工作室联合出品

现场演出(LIVE EVENT)

黑眼豆豆乐队音乐会直播(Black Eyed Peas 3D: Live),AEG现场制作公司(Anschutz Entertainment Group)(美国)制作

年度最佳场景(SCENE OF THE YEAR)

《灯笼》(Lanterns)、《魔法奇缘》(Tangled),华特·迪士尼电影公司(美国)

立体摄影奖——真人电影(STEREOGRAPHY —— LIVE ACTION)

《创:战纪》(Tron: Legacy),华特·迪士尼电影公司(美国)出品

立体摄影奖——动画片(STEREOGRAPHY —— ANIMATION)

《驯龙高手》(How to Train Your Dragon),梦工厂动画公司(美国)出品

2011年“人民选择”奖(2011 “PEOPLE'S CHOICE” AWARDS)

1. 最受欢迎的3D真人电影(FAVORITE 3D LIVE ACTION MOVIE)

《纳尼亚传奇:黎明踏浪号》(The Chronicles of Narnia:The Voyage of the Dawn Treader),20世纪福克斯公司(美国)出品

2. 最受欢迎的3D动画电影(FAVORITE 3D ANIMATED MOVIE)

《玩具总动员3》(Toy Story 3),华特·迪士尼电影公司(美国)出品

世纪奖:终身成就奖(CENTURY AWARD: LIFETIME ACHIEVEMENT)

林尼·利普顿(Lenny Lipton)

哈罗德·劳埃德奖(HAROLD LLOYD AWARD)

詹姆斯·卡梅隆(James Cameron)

视频游戏奖(VIDEOGAME)

《使命召唤:黑色行动》(Call of Duty: Black Ops),Treyarch游戏公司(Treyarch)(美国)出品

电视:系列音乐节目奖(TELEVISION: MUSIC SERIES)

《吉他中心演唱会》(Guitar Center Sessions),DirecTV电视公司(美国)出品

电视:娱乐节目奖(TELEVISION: ENTERTAINMENT)

《跳舞,跳舞,跳舞》(Dance, Dance, Dance),英国天空广播公司(BSkyB)

行业示范内容突出贡献奖(非广播类)【OUTSTANDING ACHIEVEMENT IN INDUSTRY DEONSTRATION CONTENT (NON BROADCAST)】

北京奥运会(Beijing Olympics),松下公司(日本)

电视:商业广告奖(TELEVISION: COMMERCIAL/MARKETING)

《卡卡 3D 版》(3D Kaka),索尼公司(日本)

杰出表演奖(EXCEPTIONAL PERFORMANCE BY AN ACTOR)

杰伊·巴鲁切尔(Jay Baruchel),饰演 Hiccup

《驯龙高手》(How to Train Your Dragon),梦工厂动画公司(美国)出品

第三届

3D 真人实景影片(LIVE ACTION 3D FEATURE)

《雨果》(Hugo),派拉蒙电影公司(Paramount Pictures)(美国)出品

3D 动画影片(ANIMATED 3D FEATURE)

《丁丁历险记》(Tintin),派拉蒙电影公司(Paramount Pictures)(美国)出品

3D 电影故事短片(Short 3D Motion Picture/Narrative)

《弃儿》(The Foundling),雷利·史考特联合电影和广告制作公司(Ridley Scott Associates Films)(英国)出品

3D 纪录片(3D DOCUMENTARY)

《被遗忘的梦的洞穴》(Cave of Forgotten Dreams),创新制作公司(Creative Differences)(美国)等联合出品

剧情片——最佳 2D 转 3D 效果奖(THEATRICAL MOTION PICTURE - OUTSTANDING USE OF 2D TO 3D CONVERSION)

《狮子王 3D》(The Lion King 3D),华特·迪士尼公司(The Walt Disney Studios)(美国)出品

年度 3D 时刻奖(3D MOMENT OF THE YEAR)

开场段落(Opening Scene)

《雨果》(Hugo),派拉蒙电影公司(Paramount Pictures)(美国)出品

立体摄影奖——真人电影(STEREOGRAPHY ——LIVE ACTION)

《雨果》(Hugo),派拉蒙电影公司(Paramount Pictures)(美国)出品

立体摄影奖——动画片(STEREOGRAPHY —— ANIMATION)

《穿靴子的猫》(Puss in Boots),梦工厂动画公司(DreamWorks Animation)(美国)出品

评审团特别奖(A SPECIAL "JURY PRIZE" FOR EXCELLENCE)

《皮娜》(Pina),Neue Road 独立电影制作公司(Neue Road Movies)(德国)出品

电子广播媒介(电视)——娱乐【ELECTRONIC BROADCAST MEDIA (TELEVISION)—— ENTERTAINMENT】

《勇士之境:美国南北战争》(Fields of Valor: Civil War),3net电视频道摄制播出

电子广播媒介(电视)——现场演出【ELECTRONIC BROADCAST MEDIA (TELEVISION) —— LIVE EVENT】

《滨崎步:巡演》(Ayumi Hamasaki: Arena Tour),索尼公司(Sony)(日本)制作

电子广播媒介(电视)——体育直播【ELECTRONIC BROADCAST MEDIA (TELEVISION) —— LIVE SPORTS】

《欧洲冠军杯足球赛总决赛》(Champions League Final),英国天空广播公司(BSkyB)制作播出

电子广播媒介(电视)——广告【ELECTRONIC BROADCAST MEDIA (TELEVISION) —— AD/COMMERCIAL】

《百思买集团3D广告》(Best Buy 3D)

电子广播媒介(电视)——短片【ELECTRONIC BROADCAST MEDIA (TELEVISION) —— SHORT】

《“Foster the People”乐队——不要停止》(Foster the People ——Don't Stop),数字革命工作室(Digital Revolution Studios)(美国)制作

特别吸引力奖(SPECIAL ATTACTION)

《金刚360 3D版》(King Kong 360 3D),环球电影公司(Universal Studios Hollywood)出品

3D视频游戏——便携类(3D VIDEOGAME —— PORTABLE)

《街头霸王4》(Street Fighter IV),Capcom游戏公司出品(日本)

3D视频游戏——操纵台类(3D VIDEOGAME —— CONSOLE)

《神秘海域3》(Uncharted 3: Drake's Deception),淘气狗公司(Naughty Dog)和索尼电脑电子公司(Sony Computer Electronics)(日本)联合制作

3D视频游戏——个人电脑类(3D VIDEOGAME —— PC)

《蝙蝠侠:阿克汉姆城》(Batman: Arkham City),华纳兄弟电影公司(Warner Brothers)(美国)出品

国际评审团奖(LNTERNATIONAI JURY PRIZES)

1. 北京电影学院(Beijing Film Academy)和北京东方全景文化传媒有限公司(Beijing Oriental Panorama Advertising Co. Ltd.)(中国)

《上海世博之光》(The Light of Shanghai Expo)

2. 韩国电信集团skylife频道(KT Skylife)(韩国)

《微观世界3D版》(3D Microspace)

3. 日本广播协会MT频道(NHK MT)(日本)

《东日本大地震和海啸》(The Great Eastern Japan Earthquake and Tsunami)

4. 日本电视放送株式会社(Nippon Television)(日本)

《3D棒球比赛直播》(3D Baseball Live)

5. 索尼公司(Sony)(日本)

《最终幻想》(Final Fantasy)(电脑游戏)

6. 万代株式会社(Bandai)(日本)

《吸血鬼》(Hipira)(视频游戏)

7. 富士电视台(Fuji Television)(日本)

《东京控制》(Tokyo Control)(电视剧)

第四届(2013年2月颁奖)

3D真人实景影片(LIVE ACTION 3D FEATURE)

《少年派的奇幻漂流》(Life of Pi),20世纪福克斯公司(美国)出品

3D动画影片(ANIMATED 3D FEATURE)

《勇士》(Brave),皮克斯动画工作室(美国)出品

3D电影故事短片奖(SHORT 3D MOTION PICTURE/NARRATIVE)

《月神》(La Luna),皮克斯动画工作室(美国)出品

3D纪录片(3D DOCUMENTARY)

《风暴冲浪者》(Storm Surfers)

影院影片——最佳2D转3D效果奖(THEATRICAL MOTION PICTURE —— OUTSTANDING USE OF 2D TO 3D CONVERSION)

《复仇者联盟》(The Avengers),奇迹工作室和迪士尼电影公司(美国)联合出品

3D现场演出(3D LIVE EVENT)

《凯蒂·派瑞:这样的我》(Katy Perry: Part of Me),派拉蒙电影公司(美国)出品

立体摄影奖——真人电影(STEREOGRAPHY —— LIVE ACTION)

《少年派的奇幻漂流》(Life of Pi),20世纪福克斯公司(美国)出品

年度3D时刻奖(3D MOMENT OF THE YEAR)

“飞鱼越过小船”("Fish Flying Over Boat")

《少年派的奇幻漂流》(Life of Pi),20世纪福克斯公司(美国)出品

立体摄影奖——动画片(STEREOGRAPHY —— ANIMATION)

《勇士》(Brave),皮克斯动画工作室(美国)出品

3D电子广播媒介——体育直播奖(3D ELECTRONIC BROADCAST MEDIA —— LIVE SPORTS)

《2012年全美大学生橄榄球联赛冠军杯》(2012 BCS Championship),ESPN(美国)摄制播出

3D电子广播媒介——娱乐(3D ELECTRONIC BROADCAST MEDIA —— ENTERTAINMENT)

《空中战士:越南战争3D版》(Sky Soldier: The Vietman War in 3D),3net频道(美国)摄制播出

3D电子广播媒介——现场演出(3D ELECTRONIC BROADCAST MEDIA —— LIVE EVENT)

《布兰尼·斯皮尔斯:蛇蝎美人演唱会》(Britney Spears: Femme Fatale Tour),3ality Technica公司(美国)出品

3D电子广播媒介——广告(3D ELECTRONIC BROADCAST MEDIA - COMMERCIAL)

大众汽车,“花的能量”(Flower Power),Stereotec公司(德国)出品

最具吸引力主题奖(THEMED ATTRACTION)

《变形金刚:征途——3D》(Transformers: The Ride—3D),环球影业公司(美国)出品

查尔斯·惠特斯通先生奖(SIR CHARLES WHEATSTONE AWARD)

梦工厂动画公司(美国)

哈罗德·劳埃德奖(HAROLD LLOYD AWARD)

李安

世纪奖(CENTURY AWARD)

松下公司(日本)

欧特克(AUTODESK)3D独立短片竞赛单元(3D INDEPENDENT SHORT FILM COMPETITION)获奖作品

《奥拉》(Ora),加拿大国家电影局出品

国际评审团奖(INTERNATIONAL JURY PRIZE)

1.《铁拳:血之复仇》(Tekken: Blood Vengeance),Namco Bandai 株式会社、Sony PCL 公司联合出品,日本

2.《3D 台湾》(3D Taiwan),吉羊数位电影公司出品,中国

3.《胎儿》(The Fetus),韩国广播公司(KBS)出品,韩国

4.《维京小英雄和神的宝藏》(Vicky and the Treasure of the Gods),Stereotec 公司(Rat Pack 电影制作公司)出品,德国

5. 3D 电视——体育直播(3DTV ——Live Sports)

《2012 年莱德杯高尔夫球赛》(The Ryder Cup,2012),天空电视台(英国)

6. 3D 电视——娱乐(3DTV —— Entertainment)

《小王子》(The Little Prince),PGS 和 Sky Italia 联合摄制

7. 3D 电视——短片(3DTV —— Short)

《小笑话》(Little Crackers),Bwark 制片公司和天空电视(英国)联合摄制

附录3

国际3D协会历届“3D科技奖”奖项及获奖名单

迄今为止，国际3D协会（International 3D Society，简称I3DS）已经举办了三届年度3D科技奖（Annual 3D Technology Awards）评选，主要授予在3D技术、软件、设备、行业规范等领域做出突出贡献的公司或个人，历届奖项设置有所不同，获奖名单如下。

第一届

3Ality数码公司（3Ality Digital）

立体图像处理器【Stereo Image Processor（SIP）】

马丁·贝克、马丁·博切特、马蒂亚斯·伦茨、霍华德·博斯特里、史蒂夫·斯克莱尔（Martin Beck、Martin Borchert、Matthias Lenz、Howard Postley、Steve Schklair）

欧特克电脑软件公司（Autodesk）

玛雅软件（Maya）

丹·普莱斯曼、詹森·沃尔特、马丁·维尔纳（Dan Pressman、Jason Walter、Martin Werner）

Colonel Robert Bernier公司

Optics软件（Optics）

克里斯·康登（Chris Condon）

终身成就奖（Lifetime Achievement）

杜比实验室（Dolby Laboratories）

杜比3D技术（Dolby 3D）

威尔逊·艾伦、盖里·戈梅斯、马蒂·理查德斯、戴夫·斯科纽尔（Wilson

Allen、Gary Gomes、Marty Richards、Dave Schnuelle)

迪士尼双机 3D 设备(Disney Dual - Camera 3D Rig)

史蒂夫・海恩斯和华特・迪士尼公司(Steve Hines & The Walt Disney Studios)

IMAX 公司(**IMAX**)

索丽德系统(Solido Systems)

肯・贝克、迈克尔・迪恩、高德・哈里斯、迈克尔・亨德里克斯、菲尔・英萨尔、布莱恩・尼尔、迈赫兰・欧米德娃、威廉姆・绍尔(Ken Baker、Michael Dean、Gord Harris、Michael Hendriks、Phil Insull、Brian Neale、Mehran Omidvar、William Shaw)

世纪奖("Century" Award)

IMAX 公司(IMAX)

双镜头 16/65 毫米和 30 抓孔单片 65 毫米 3D 摄影机(Dual 16/65MM & 30Perf Single - Strip 65mm 3D Camera)

里奥・贝尔杰特、科林・加德纳、詹姆斯・内豪斯、约翰・绍尔、威廉姆・绍尔(Leo Baljet、Colin Gardiner、James Neihouse、John Shaw、William Shaw)

金奖(Gold Award)

In - Three 公司

立体化工具(Dimensionalization)

尼尔・费尔德曼(Neil Feldman)

IRIDAS 公司

双视频流技术(Dualstream)

迈克尔・嘉露、林・S・凯泽、米甲・科玛(Michael Gallo、Lin S. Kayser、Michal Krcmar)

金奖(Gold Award)

大师映像 3D 公司(Masterimage 3D)

数字 3D 影院系统(Digital 3D Cinema System)

李永勋、江永碧(Younghoon Lee、Yongbi Jung)

金奖(Gold Award)

MSM 设计公司(MSM Design)

双镜头 16/65 毫米和 30 抓孔单片 65 毫米 3D 摄影机(Dual 16/65mm & 30Perf Single - Strip 65mm 3D Camera)

戈登・古尔、芭芭拉・穆勒、马丁・穆勒、威廉姆・尼克松、约翰・斯塔福德

(Gordon Gruel、Barbara Mueller、Martin Mueller、William Nixon、John Stafford)

英伟达公司(Nvidia)

3D vision 立体游戏工具箱(3D Vision)

大卫·库克、弗兰克·福克斯、盖瑞特·斯莱温伯格(David Cook、Frank Fox、Gerrit Slavenburg)

松下公司(Panasonic)

惠特斯通奖(Wheatstone Award)

宽泰公司(Quantel)

三维立体设备巴勃罗(Pablo)

西蒙·罗杰斯、大卫·斯如珀(Simon Rogers、David Throup)

RealD 公司

影院系统设备(Cinema System)

世纪奖(Century Award)

SASSOON 电影设计公司(Sassoon Film Design)

2D 转 3D 技术(2D to 3D Conversion)

蒂姆·萨松(Tim Sassoon)

索尼影像工作室(Sony Picures Imageworks)

3D 管道软件(3D Pipeline)

阿兰·戴维森、罗伯·恩格尔、丹·雷克、彼得·帕隆比、米莲·佩佩、J·罗伯特·雷(Alan Davidson、Rob Engle、Dan Lake、Peter Palombi、Mylene Pepe、J. Robert Ray)

德州仪器公司(Texas Instruments)

DLP 数字影院投影机(DLP Cinema)

世纪奖("Century" Award)

华特·迪士尼电影公司(The Walt Disney Studios)

3D 管道软件(3D Pipeline)

伊万·戈德伯格、安德鲁·汉迪克森、詹姆斯·胡尔、约瑟夫·隆森、菲尔·麦克纳尔、罗伯特·纽曼、保罗·艾伦·纽维尔、马修·斯特尼特克(Evan Goldberg、Andrew Hendrickson、James Hurrell、Joseph Longson、Phil McNally、Robert Neuman、Paul Allen Newell、Matthew Schnittker)

XpanD 公司

主动式 3D 影院系统(Active 3D Cinema System)

博伊德·麦克诺特(Boyd McNaught)

第二届

卢米埃尔奖(Lumiere Award)

蓝光光碟协会(Blu - ray Disc Association)

《蓝光 3D 规范》(Blu - ray 3D Specification)

"影响力"奖("Impact" Award)

1. 富士公司(Fuji)

Fujifilm Finepix 真 3D W3 数字相机(Fujifilm Finepix Real 3D W3 Digital Camera)

2. LG 电子公司(LG Electronics)

LG 影院级 3D 电视(LG Cinema 3D TV)

3. 彼得·威默(Peter Wimmer)

立体视频播放器(Stereoscopic Player)

4. YouTube

3D 频道(3D Channel)

科技奖("Technology" Award)

1. 卡梅隆/佩斯集团(Cameron/Pace Group)

Shadow D 技术和 Shadow D 系统(Shadow D Technology and the Shadow D System)

2. 全高清 3D 眼镜首创奖(Full HD 3D Glasses Initiative)

全高清 3D 眼镜标准(FHD3DGI Standard),松下公司(日本)、三星公司(韩国)、索尼公司(日本)、XPAND 公司(塞浦路斯)

3. Go Pro 公司

Go Pro Hero 3 相机(3D Hero System)

4. HDMI 许可认证机构(HDMI Licensing, LLC)

《HDMI 界面上 3D 格式标准规范》(1. 4a 版本)(Standardization of 3D Formats over the HDMI Interface. Specification Version 1. 4a)

5. 松下公司(Panasonic)

AG - 3DA1 双镜头 3D 摄像机(AG - 3DA1 Twin Lens 3D Camera Recorder)

6. Silicon Imaging 公司(美国)

SI - 3D 立体数字电影摄影机系统(SI - 3D Stereo Digital Cinema Camera System)

7. 索尼公司(Sony)

HDR－TD10 3D 数码摄像机(HDR－TD10 3D Handycam Camcorder)

8. 索尼公司(Sony)

Playstation 3 游戏机(Playstation 3)

9. Vizio 公司(美国)

剧场级 3D 电视机(Theater 3D)

第三届

3Ality Technica 公司(美国)

科技: IntelleSuite 软件

21 世纪 3D 公司(21st Century 3D)

科技:1/4 相位差膜(1/4 Wave Retarder)

21 世纪 3D 公司(21st Century 3D)

科技:光学水平图像转换(Optical Horizontal Image Translation,简称 OHIT)

TDVision 公司(美国)

科技:TDvision 系统 2D + Delta 格式(TDVision Systems 2D + Delta)

三星公司(Samsung)(韩国)

科技:SSG－4100GB 快门式 3D 眼镜(SSG－4100GB Active 3D Glasses)

InfiniteZ 公司(美国)

科技:zSpace 3D 被动偏光全息显示器(zSpace)

Innoventive 软件公司(Innoventive Software)

科技: FrameForge Previz Studio 3 软件立体版(FrameForge Previz Studio 3, Stereo Edition)

Innoventive 软件公司(Innoventive Software)

科技:适用于 iPhone 和 iPad 的 RealD 专业立体计算器,版本 2(The RealD Professional Stereo Calculator for iPhone and iPad, Version 2)

RealD 公司(Reald)

科技:适用于 iPhone 和 iPad 的 RealD 专业立体计算器,版本 2(The RealD Professional Stereo Calculator for iPhone and iPad, Version2)

图书在版编目（CIP）数据

3D 电视节目创作研究/ 郭艳民主编. —北京：中国电影出版社，2012.6

（传媒新视野丛书）

ISBN 978-7-106-03512-9

Ⅰ. ①3… Ⅱ. ①郭… Ⅲ. ①立体电视—电视节目制作——文集 Ⅳ. ①G222.3-53

中国版本图书馆 CIP 数据核字（2012）第 138533 号

3D 电视节目创作研究

郭艳民 主编

出版发行 中国电影出版社（北京北三环东路 22 号）邮编 100013

电话：64296664（总编室） 64216278（发行部）

64296742（读者服务部） Email：cfpygb@126.com

经　销 新华书店

印　刷 中国电影出版社印刷厂

版　次 2013 年 6 月第 1 版 2013 年 6 月北京第 1 次印刷

规　格 开本/710×1000 毫米 1/16

印张/16.75 字数/300 千字

书　号 ISBN 978-7-106-03512-9/G·0720

定　价 43.00 元